Für F.M.C.

Carlos A. Gebauer

RETTET EUROPA VOR DER EU!

Wie ein Traum an der Gier nach Macht zerbricht

FBV

Bibliografische Information der Deutschen Nationalbibliothek
Die Deutsche Nationalbibliothek verzeichnet diese Publikation in der Deutschen Nationalbibliografie.
Detaillierte bibliografische Daten sind im Internet über **http://dnb.d-nb.de** abrufbar.

Für Fragen und Anregungen:

info@finanzbuchverlag.de

1. Auflage 2015

ein Imprint der Münchner Verlagsgruppe GmbH
Nymphenburger Straße 86
D-80636 München
Tel.: 089 651285-0
Fax: 089 652096

Lektorat: Leonie Zimmermann
Umschlaggestaltung: Pamela Machleidt
Umschlagabbildung: unter Verwendung von shutterstock- und Fotolia-Bildern
Satz: EDV-Fotosatz Huber/Verlagsservice G. Pfeifer, Germering
Druck: CPI books GmbH, Leck
Printed in Germany

ISBN Print 978-3-89879-846-4
ISBN E-Book (PDF) 978-3-86248-369-3
ISBN E-Book (EPUB, Mobi) 978-3-86248-372-3

Weitere Informationen zum Verlag finden Sie unter

www.finanzbuchverlag.de

Beachten Sie auch unsere weiteren Verlage unter
www.muenchner-verlagsgruppe.de

Inhalt

Anhang

Ich danke Nihada Pilav, Barbara Warner und Henning Lindhoff
für die ebenso selbstlose wie vielgestaltige Unterstützung
bei der Niederschrift.

Einleitung

Nach verbreiteter Auffassung stellt die Europäische Union ein historisch einzigartiges System der Regierungsherrschaft dar. Das Selbstverständnis ihrer Akteure geht auch ohne jeden Zweifel dahin, Macht über Menschen ausüben zu wollen. Wer die EU demnach nicht nur an ihrer rhetorischen Oberfläche als »*Raum der Sicherheit, der Freiheit und des Rechts*« betrachten möchte, sondern ihre Grundlagen und Mechanismen tiefer erfassen will, der muss sich zunächst ganz grundsätzlich mit der Frage nach Herrschaft an sich auseinandersetzen. Er muss fragen: Was ist Herrschaft? Wie funktioniert sie? Was rechtfertigt sie?

Wenn – wie man sagt – das wesentlich legitimierende Element der EU eine Demokratie ist: Wie kann sie gelingen? Welche Gefahren drohen für sie und welche von ihr? Ist es einer staatsartigen Organisation überhaupt möglich, in tatsächlich demokratischer Weise über Millionen von Menschen zu herrschen, die allesamt teils Tausende und (angesichts der Einbeziehung von Gebieten in Übersee) Zehntausende Kilometer voneinander entfernt in unterschiedlichen Kulturen und mit verschiedenen Sprachen leben?

Sollte eine detaillierte Betrachtung dieser Grundlagen zu der Erkenntnis führen, dass eine einheitliche Regierungsorganisation für eine befriedigende Bewältigung all der vielen Aufgaben absehbar überhaupt nicht geeignet ist, dann wäre wohl anschließend zu fragen: Schadet das Projekt EU den Regierten zuletzt möglicherweise mehr, als dass es ihnen nutzt? In diesem Falle bestünde unter Umständen Anlass, das bislang errichtete System der EU-Regierungsherrschaft zügig zu modifizieren, um jedenfalls das zu erhalten, was uns Europäern lieb und teuer ist. Unser einzigartiges, naturschönes, geschichtsbewusstes, sprachvielfältiges, politisch zerklüftetes, Individuen achtendes, kulturmächtiges und wohlhabendes Europa.

In der bisherigen Literatur über die EU dominieren im Wesentlichen zwei Strömungen. Die eine Strömung ist geprägt von dem Versuch, die glücksbringenden, heilsversprechenden und friedenstiftenden Dimensionen des politischen Plans mit dem Namen »EU« hervorzuheben und zu lobpreisen. Die zweite Strömung hingegen befasst sich skeptisch mit den konkreten Institutionen der EU und kritisiert, zunehmend unüberhörbar, ihre mangelhaften Funktionsweisen in unterschiedlichster Gestalt.

Mit der hier vorgelegten Darstellung soll der Versuch unternommen werden, der EU auf einem davon abweichenden Weg näherzutreten. Diese Annäherung erfolgt aus der Perspektive eines deutschen Betrachters. Zwar wäre wünschenswert, einen Blick auf die Europäische Union werfen zu können, der die derzeit 28 verschiedenen mitgliedstaatlichen Betrachtungswinkel allesamt miteinbezieht. Aus naheliegenden Gründen ist es aber unmöglich, einen derart allumfassenden Blick auf das Phänomen »EU« haben zu können. Ein Betrachter mag sich in einem, zwei oder vielleicht drei Ländern halbwegs persönlich zu Hause fühlen. Einen Beobachter hingegen, der ein Vertrautsein mit allen 28 Mitgliedstaaten für sich reklamieren könnte, wird es schon rein faktisch nicht geben. Ausgangspunkt aller hiesigen Überlegungen ist daher stets der Blick aus Deutschland.

In einem ersten Schritt werden zunächst – so knapp wie möglich, aber auch so ausführlich wie nötig – die wesentlichen Prinzipien von Macht bzw. die grundlegenden Elemente von Herrschaft in Europa teils abstrakt, teils historisch hergeleitet. In einem zweiten Schritt wird anhand eines konkreten Blicks auf die aktuelle Gestalt der EU untersucht, inwieweit dieses Herrschaftskonstrukt überhaupt in der Lage ist (und sein kann), Herrschaft legitim, akzeptabel und gedeihlich auszuüben.

In einem dritten und letzten Schritt wird dann die Frage erörtert, welche andere Richtung bei allem denkbar erscheint, um die EU wieder in eine Gestalt zu bringen, in der sie dauerhaft irgendeine legitime Herrschaft im Sinne der bislang erzielten rechtlichen Fortschritte nach europäischer Tradition ausüben könnte.

Klar muss sein, dass die einzelnen Bestandteile dieser äußerst gedrungenen Beschreibung nur einen groben kursorischen und ersten Überblick verschaffenden Parforceritt quer durch das Thema darstellen können. Wenn die vorgestellten Hinweise und genannten Stichworte dem Leser Anlass und thematische Hilfestellung geben, anschließend an anderen Stellen gezielter und vertiefter nach eigenen Antworten zu suchen, wäre der Zweck dieses Buches erreicht. Warum nämlich habe ich dieses Buch überhaupt geschrieben? Weil ich glaube, dass man – in jedem Falle als Jurist – zu schlechten Gesetzen nicht einfach schweigen darf. Und weil ich überzeugt bin, dass jener Traum von einem friedlichen Europa gegen Unrecht und Machtgier verteidigt werden muss.

»Als unabhängiger Berater und Vertreter in allen Rechtsangelegenheiten hat der Rechtsanwalt seine Mandanten … gegen verfassungswidrige Beeinträchtigung und staatliche Machtüberschreitung zu sichern.«

§ 1 Absatz 3 der Berufsordnung für deutsche Rechtsanwälte

Hauptteil

Kapitel 1: Die Prinzipien und Elemente von Herrschaft

Wer Herrschaftsstrukturen beschreiben und kritisieren möchte, der ist – wenn er systematisch vorgehen will – gezwungen, zunächst die Frage zu stellen: Was überhaupt ist Herrschaft? Welches sind die zentralen kulturellen Grundlagen von Herrschaft, namentlich in Europa? Der Kritik voranzugehen hat also eine Begriffsklärung. Es muss ermittelt werden, was den einen legitimiert, dem anderen verbindlich zu sagen, was dieser richtigerweise zu tun habe. Eine solche Herrschaftsstruktur steht nicht im luftleeren Raum. Sie ist vielmehr – wie zu zeigen sein wird – über einen langen Zeitraum historisch gewachsen und kulturell verfeinert. Nur aus dem Kontext dieser Zusammenhänge lässt sich zuletzt erfassen, welches die wesentlichen Funktionsweisen von Herrschaft sind und warum sie im aktuellen Zustand der EU Kritik verdienen.

I.) Philosophiegeschichtliche Anfänge

Vor rund 2500 Jahren, also um 500 v. Chr., lebten eine Vielzahl kluger griechischer Philosophen in einem Landstrich, der heute zum äußersten Westen der Türkei gehört. An jener Stelle in Kleinasien entstand das Denken dieser Männer, die wir heute die ersten Naturphilosophen nennen. Die Art, wie sie die Welt erkannten und wie sie sich deren Zusammenhänge erklärten, gab dem europäischen Denken in einer nicht zu unterschätzenden Weise die grundlegende Richtung.

Was aus heutiger Sicht leicht wirkt wie eine halbintellektuelle Pseudowissenschaft, welche die Mitglieder eines Esoterik-Workshops an einem Wochenende miteinander betreiben mögen, war im Ursprung eine durchaus beeindruckende und in sich schlüssige Überlegung. Beim Nachdenken über die mutmaßlichen Anfänge der Welt spekulierten diese Naturphilosophen nämlich nicht nur über die Frage, woher die Welt und der Mensch komme, wo ihre eigenen Ursprünge lägen und ob es einen Gott gebe, der die Welt geschaffen habe, sondern insbesondere über die – wie sie es nannten – ursprünglichen Elemente der Welt. Sie stritten darüber, was der erste Anfang, die Arché, der Welt gewesen sei: Erde, Wasser, Luft oder Feuer?

Namentlich die Betrachtung des Elementes Wasser führte die Naturphilosophen zu der ersten Annahme, dass ein jedes dieser vier Grundelemente wohl in allen denkbaren Aggregatzuständen in der Natur vorkommen müsse. Wasser konnte nicht nur fließen, sondern in gefrorenem Zustand hart sein wie Erde, aber erhitzt eben auch dampfförmig wie die Luft. Möglicherweise – überlegten manche dieser Naturphilosophen weiter – ließen sich am (unerkennbaren oder noch unerkannten) Ende Übergänge aller Elemente ineinander feststellen. Die simple Anschauung der Natur wurde mit konsequenten Gedanken verknüpft und geriet so zum Beginn der uns heute bekannten Naturwissenschaften.

Um es nochmals zu betonen: Was uns aus heutiger Sicht vielleicht naiv oder abwegig erscheint, war aus damaliger Sicht alles andere als töricht oder banal. Sämtliche festgehaltenen Erkenntnisse beruhten auf der konsequenten Beschreibung der beobachtbaren Welt aus dem damaligen Kontext des Möglichen.

Ein experimentell tätiger Naturphilosoph konnte beispielsweise beobachten, dass ein Stein, den er in das Wasser warf, dort so lange herabsank, bis er zu seinem *»eigenen Element«* zurückgefunden hatte. Luft hingegen, die man unter Wasser freigab, stieg aus dem Wasser herauf, bis sie sich mit der anderen Luft darüber wieder verbunden hatte. Derartige Beobachtungen führten zu der Annahme von der Existenz eines *»oikos topos«*: Jedes einzelne Element schien dieser Beobachtung zufolge zu seinem eigenem »*Heimatort*« zurückzustreben. Folglich – so spekulierte man weiter – könnten diese einzelnen Elemente allesamt in sich eine Art gemeinsame Seele haben, die, mit eigener Energie versehen, ein jedes von ihnen wieder zu seinem eigenen »*oikos topos*« zurückgeleitete.

Soweit bekannt, war es dann zuerst Aristoteles, der den genannten vier Grundelementen gleichsam zur Erklärung für das Streben zum je eigenen Heimatelement ein weiteres, fünftes Seiendes hinzufügte, eine »*quinta essentia*«. Jener wesenhafte Kern eines jeden Elementes war demgemäß – das heißt dieser erweiterten Theorie zufolge – von so feiner Beschaffenheit, dass er den menschlichen Sinnen unmittelbar verborgen blieb. Gleichwohl musste eine solche fünfte, unsichtbare Wesenheit in dieser Weltsicht irgendwie existieren. Denn auch der Mensch konnte schließlich die gegenständliche Welt sinnlich wahrnehmen und sie anschließend – verinnerlicht – intellektuell erfassen. Diese menschliche Fähigkeit, zu denken, schien mit dem Geist, dem Nous, erklärt werden zu können.

Wenn nun aber Erde, Wasser, Luft und Feuer als die vier sinnlich wahrzunehmenden Grundelemente der Welt in einer beobachtbaren Ordnung zueinander bzw. übereinander feststellbar waren – die Erde zuunterst, das Wasser darüber, darüber wieder die Luft und zuletzt, über allem, die Flammen eines Feuers –, dann sprach alles dafür, jene fünfte Wesenheit an einem noch höheren Ort vermuten zu müssen, nämlich im Äther. Der Äther (»*aither*«) war der sogenannte Oberhimmel. Er umschloss wie eine Art »*Himmelszelt*« den gesamten Erdkreis, der sich zu dieser Zeit bekanntlich noch auf einer Scheibe befand.

Neben den körperlichen Dingen, als welche die vier Grundelemente verstanden wurden, gab es also ein fünftes Seiendes jenseits des für den Menschen sinnlich wahrnehmbaren Weltbereiches. Erwägungen zu dieser fremden Welt jenseits der Körper wurden dann, ganz konsequent, Gegenstand der philosophischen Disziplin namens Metaphysik.

Es ist nicht zu verkennen, dass diese ganz ursprünglichen Überlegungen der seinerzeitigen Naturphilosophen bis heute in unser Denken und in unseren Sprachgebrauch hineinragen. Den »*oikos topos*« verwendet die Landschaftsökologie sinngemäß unter dem Begriff des »*Ökotops*«. Die Suche nach dem zentralen Kern einer Botschaft bezeichnen wir als die Frage nach der Quintessenz eines Textes. Und bis vor nicht allzu langer Zeit sandten Menschen ihre (unsichtbaren) Radiowellen durch den (unsichtbaren) Äther.

Unser gegenwärtiges, vermeintlich besonders aufgeklärtes und weltkluges Wissenschaftsbild und unser täglicher Sprachgebrauch sind weit mehr von diesen ursprünglichen philosophischen Grundlagen geprägt, als dies gemeinhin im alltäglichen Bewusstsein erkannt wird. Denn auch für die seinerzeitigen Naturphilosophen und ihre Nachfolger wurde die gemeinsame, richtige Überzeugung aller Menschen, die – möglichst mit der göttlichen Vernunft übereinstimmende – menschliche Vernunft, als diejenige feinste Materie verstanden, die alles, namentlich alle Materie, durchdrang. Die für den Lateiner erkennbare Verwandtschaft zwischen einer Mutter (»mater«) und der Materie bzw. dem Material kommt folgerichtig etymologisch nicht von ungefähr.

Aristoteles unterschied bei seiner Ursachenlehre zwischen der »*causa materialis*«, welche die Mutter setze, und der »*causa formalis*«, die vom Vater beigesteuert werde. Die Formprinzipien des Männlichen gestalten demzufolge aus der (selbst prinzipiell trägen) Materie einen neuen Menschen, sofern und sobald Gott diesen beiden Ursachen seine Beseelung als weitere Wirkursache hinzugibt. Matthias Mahlmann zeigt diese Zusammenhänge anschaulich:

> *»Der Zweck des Dinges bewirke seine Veränderung, bis sein Wesen, seine Form, verwirklicht sei. Anschauungsmaterial für den Gedanken, der hinter dieser Idee steckt, liefert die organische Welt, das Wachstum von Tieren und Pflanzen. Ein*

> *ausgewachsener Baum ist der Möglichkeit nach im Samen enthalten, der Zweck, dass der Baum seine Gestalt erreicht, ist nach dieser Vorstellung der Grund, der diesen Prozess vorantreibt. Auch die Bewegung von Körpern wird auf diese Weise erklärt: Körper besäßen natürliche Orte, die von der Bewegung wiederhergestellt würden. Gott erscheint dabei als erster Grund und deswegen als ›unbewegter Beweger‹.«*[1]

Kein Zufall ist es, dass in der biblischen Weltsicht Gott zunächst aus einem Klumpen Erde Adam erschuf (Adam ist das hebräische Wort für Erde) und dieser Erde anschließend die Seele einhauchte. Erst dieses Zusammenspiel aus Körper und Geist – auf das später zurückzukommen sein wird – ließ den Menschen entstehen.

Während sich beinahe unzählbare Naturphilosophen in immer neuen Varianten, Abgrenzungen und Mischformen darum bemühten, die »*richtige*« Elementelehre und das tunlichst unangreifbar zutreffende Zusammenspiel dieser Grundelemente miteinander zu beschreiben, zeichnete sich doch über alles gesehen mehr und mehr ein Grundkonsens zu den wesentlichen Rahmenbedingungen der menschlichen Existenz auf der Welt ab. Dem »*Oben*« wurde das Göttliche und dem »*Unten*« dessen Gegenteil – das Teuflische – zugeordnet.

Je schwerer ein Gegenstand war, desto weniger schien er beseelt. Je mehr der Geist in ihm herrschte, desto mehr strebte er nach oben. In der Helligkeit des Tages und bei der Sonne wurde das Gute vermutet und in der Dunkelheit das Böse. Jedwede Substanz trug in der Folge das lateinische »*sub*« – also das »*Unten*« – in sich. Der Geist wurde fortan mehr geschätzt als die Materie. Die aus heutiger Sicht scheinbare Naivität dieser Überlegungen kennzeichnete nicht nur jene historische Periode vor 2500 Jahren. In Ermangelung entsprechender Überprüfungstechniken waren modernere Naturwissenschaftler noch bis in das 18. Jahrhundert davon überzeugt, dass alle Körper – jedenfalls aber die, die brennbar waren – zugleich eine weitere, unsichtbare Substanz namens »*Phlogiston*« enthielten. Verbrannte man also einen Gegenstand, wich diese vermeintliche Substanz Phlogiston aus dem Körper. Anschließend war sie diesem Körper auch nicht wieder zuführbar. Allenfalls ganz edle Metalle – zum Beispiel Gold – sollten nach Erhitzung jenes Phlogiston wieder so in sich aufnehmen können, dass sich ihr Ursprungszustand durch die zwischenzeitliche Erhitzung nicht auf Dauer veränderte.

Es wäre nach alledem vermessen, wollte man annehmen, dass diese ganz grundsätzlichen Überlegungen und Entstehungsvoraussetzungen eines wissenschaftlichen Weltbildes sich nicht auch zugleich auf alles übrige Denken außerhalb der Naturwissenschaften ausgewirkt hätten. Das genaue Gegenteil ist der Fall. Die beschriebenen philosophischen Grundüberlegungen haben ihren Eingang sowohl in theologisches Denken als auch – wie zu zeigen sein wird – in rechtliches und staatstheoretisches Denken genommen und gefunden.

Schon in den Ursprüngen jenes philosophischen Denkens findet sich immer wieder die Tendenz, verschiedene plausibel wirkende Einzelaspekte unterschiedlicher Ansätze miteinander zu verbinden und überzeugende Mischformen zu schaffen. Das, was in der Philosophie als »*Eklektizismus*« bezeichnet wird, nennen Theologen »*Synkretismus*«. Das darin liegende »*Crossover*« prägt auch – wie zu zeigen sein wird – die aktuelle verfassungsrechtliche Lage in weiten Teilen Europas. Die Suche nach dem ursprünglichsten, höchsten und richtigsten Begriff, der in der Philosophie mit den Transzendentalien verbunden ist, feiert in der Suche nach der gemeinsamen Herrschaft über (am liebsten) alle Völker fröhliche Urstände.

II.) Theologische Wurzeln der Herrschaft

Die Über- und Unterordnung der Elemente, welche die beschriebenen Naturphilosophen um 500 v. Chr. in Kleinasien zu entwickeln begonnen hatten, fand – rund 800 Jahre später – mit dem sogenannten Neuplatonismus eine besondere Ausprägung. Teilweise in Widerspruch, teilweise in Übereinstimmung mit dem jungen Christentum waren die Vertreter dieser philosophischen Strömung bestrebt, die ihnen erkennbaren Erscheinungen der Welt zu gliedern, zu ordnen und in eine hierarchische Stellung zueinander zu bringen.

Im Ergebnis entstand die neuplatonische Seinshierarchie: Der höchste Begriff, das Hellste und Beste alles Denkbaren war diesen Neuplatonikern, die mit ihrem Denken an Platon anknüpfen, was ihnen diesen Namen gab, Gott. Unter ihm standen die Engel und unter diesen die Seelen. Aus diesen rein geistigen Größen schufen die Neuplatoniker die »*mundus intelligibilis*«, also die nur geistig wahrnehmbare Welt. Den Gegensatz hierzu nannten sie »*mundus sensibilis*«, also die körperlich und sinnlich erfahrbare Welt. Als »*Krone der Schöpfung*« standen die Menschen hier an der Spitze der gegenständlich greifbaren Hierarchie, gefolgt von Tieren, Pflanzen und unbelebter Natur. Jene Hierarchiebildung macht zugleich auch deutlich, warum der Mensch im christlichen Verständnis ein »*Bürger zweier Welten*« ist: Mit seinem Körper steht er in der *mundus sensibilis*, wohingegen seine Seele Teil der *mundus intelligibilis* ist. Auch hier gilt im Übrigen wieder: Wer die Bedeutung und Wirkmacht dieser philosophisch-theologischen Überlegung unterschätzt, der verkennt seine Relevanz für die Gegenwart. So hat diese neuplatonische Seinshierarchie auch nach Jahrhunderten noch äußerst kraftvoll Eingang gefunden in § 1 Absatz 1 des aktuell geltenden deutschen Bundesimmissionsschutzgesetzes, der wörtlich lautet:

> »*Zweck dieses Gesetzes ist es, Menschen, Tiere und Pflanzen, den Boden, das Wasser, die Atmosphäre sowie Kultur- und*

> *sonstige Sachgüter vor schädlichen Umwelteinwirkungen zu schützen und dem Entstehen schädlicher Umwelteinwirkungen vorzubeugen.«*

Die neuplatonische Seinshierarchie ist erkennbar – fast – vollständig eingehalten, sieht man dem Gesetzgeber nach, dass er die Atmosphäre in seinem Text unter den Boden und das Wasser anordnet; offenbar enthält sie keinen göttlichen Anteil (jedenfalls keinen solchen, den der Gesetzgeber offengelegt hätte).

Innerhalb der neuplatonischen und christlichen Seinshierarchien kann folgerichtig nicht erstaunen, dass der in Ungnade gefallene Engel namens Luzifer der »*gefallene*« Engel ist, der aus den Höhen des Himmels in die Tiefen der Hölle hinabfährt. Ebenso konsequent ist es, nach dem Tod eines Menschen das »*Auffahren*« seiner Seele in den Himmel zu beobachten bzw. mindestens zu vermuten. Je weniger der Mensch auf die Stimmen seines Körpers hört, je mehr er also ein tunlichst »*körperloses*« Leben führt, desto gottgefälliger lebt er als Christ. Der Körper ist, im Vergleich zum Geist, das niedrigere und weniger wertvolle Gut.

Jene Diskussion um das »*gottgefälligere*« Leben – mit mehr oder weniger Körperanteilen – prägte und prägt jedoch nicht nur die Antworten auf die Frage nach dem möglichst richtigen Leben des einzelnen Menschen. Insbesondere für den hier zentral interessierenden Gegenstand der Herrschaft über Menschen wurde diese Abgrenzung bald sehr bedeutsam. Sie schlug sich nämlich nieder in der historisch gewichtigen Frage, welcher »*Anführer*« wohl für seinen herrschaftlichen Führungsanspruch die höhere Legitimität reklamieren kann: Ein Papst oder ein Kaiser? Während zweifelsohne der Kaiser – als weltlicher Herrscher – auf alle materiellen Machtinstrumentarien zurückgreifen konnte, wurde der Papst über die Zeit materiell immer machtloser. Zum Unterschied hiervon allerdings verfügte er über die größere intellektuelle und geistliche Macht. Christliche Theologen argumentierten, Gott habe dem Menschen zwei Schwerter überreicht (Lukas 22, 38). Eines davon stehe dem Kaiser, das andere dem Papst zu. Faktisch dauerte es wenigstens bis in das Jahr 1122, zum sogenannten »*Wormser Concordat*«, bis zwischen diesen beiden Machtsphären der sogenannte Investiturstreit geklärt war: Weltliche Herren konnten geistliche Führer nun nicht mehr ernennen. Das Primat der Kirche als der übergeordneten Instanz blieb als eine Art Zwischenergebnis nach dem Jahr 1122. Wer als Kaiser weltlich machtvoller, materieller Führer sein wollte, der bedurfte der entsprechenden höheren Weihe des Papstes. Ohne diese besondere »*Beseelung*« sollte der Kaiser machtlos bleiben. In den darauffolgenden Jahrhunderten hat sich dieses Verhältnis zwischen Staat und Kirche dann wieder in das direkte Gegenteil verkehrt. Wolfgang Reinhard schreibt:

> *»Die staatliche Kirchenherrschaft erreichte im 18./19. Jahrhundert ihren Höhepunkt, weil sie von einer voll entwickelten Staatsgewalt betrieben wurde, voll entwickelt auch insofern, als sie die Dienste der Kirche nun nicht mehr benötigte. Auch ideologisch war sie [scil: die Staatsgewalt] durch rationale Staatsbegründung zur Selbstversorgerin geworden. Die frühneuzeitliche Rolle der Kirche als Juniorpartner der Staatsgewalt war damit ausgespielt. Bis zum ersten Weltkrieg war es weltweit auch üblich, dass katholische Bischöfe dem Staat einen Treueeid zu leisten hatten. In Spanien wurde er 1953 abgeschafft, in Italien 1984. Er existiert noch in Haiti sowie teilweise im Bistum Basel und in Deutschland, wo ihn das Reichskonkordat auf Verlangen Hitlers wieder eingeführt hatte.«*[2]

III.) Der naturwissenschaftliche Entwicklungsgang

In der gesamten Wissenschaftsgeschichte lässt sich ein immer wiederkehrendes Muster der Erkenntnisfortschritte beobachten. Haben Menschen bzw. Wissenschaftler mit den ihnen verfügbaren Erkenntnismethoden und Erkenntnismöglichkeiten einen bestimmten Wissensstand erreicht, dann trägt dieses als »*Wahrheit*« verstandene Erklärungsmodell so lange, bis es durch neuere Erkenntnisse widerlegt ist und neu formuliert werden muss. Die modernere Wissenschaftsgeschichte spricht hier gerne davon, dass Erkenntnisfortschritte regelmäßig dann gemacht wurden und werden, wenn sogenannte »*Grundlagenkrisen*« überwunden werden. Das, was bis zu einem bestimmten Zeitpunkt als vermeintlich unverbrüchlich richtig angenommen wurde, wird (plötzlich) durch eine bislang nicht gekannte Infragestellung in Zweifel gezogen und schließlich durch einen neuen Erklärungsansatz ersetzt.

Auch dem über Jahrhunderte gewachsenen europäischen Weltbild erging es insoweit nicht anders. Die neuplatonische Seinshierarchie mit ihren scheinbar sicheren Über- und Unterordnungsverhältnissen musste neu überdacht werden, nachdem sich erwies, dass die Erde keine Scheibe war. Das Weltbild des Ptolemäus, das über Jahrhunderte allgemeine Überzeugung war, wurde mit der kopernikanischen Wende über Bord geworfen. Zuvor war es allerdings noch von allen, die ein Interesse an unterbleibender Veränderung hatten, emsig verteidigt worden.

Die durch neue Techniken ermöglichten Beobachtungen des Himmels hatten es zunehmend schwierig gemacht, die alte Theorie des geozentrischen Weltbildes zu verteidigen. Interessengeleitete Astronomen argumentierten gegen Ende des alten Weltbildes unter anderem sogar mit sogenannten »*Hilfszirkeln*«: Mit derartigen zusätzlichen Kreisbewegungen von Himmelskörpern versuchten sie zu erklären, warum Planeten nicht »*ordentlich*« um die Erde im Mittelpunkt des Universums kreisten, sondern bisweilen merkwürdige – mit der alten Theorie nicht erklärbare – »*Rückwärtsbewegungen*« am Himmelszelt vollführten. Immer mehr derartiger Hilfszirkel mussten in die alte Theorie eingefügt werden, bis sich diese endgültig nicht mehr halten ließ.

Vor dem Hintergrund des über Jahrhunderte gewachsenen Weltbildes mit seinen (scheinbar) gottgegebenen Über- und Unterordnungsverhältnissen musste es zwangsläufig als erschütternde Erkenntnis aufgenommen werden, dass alles menschliche Existieren in der Welt nicht mehr simpel mit gottgegebenen Hierarchien zu erklären war. Zudem »*verrückten*« sich jahrhundertealte, sicher geglaubte Koordinaten in der Welt. Warum sollten Kirchen architektonisch nach wie vor noch in Richtung Sonnenaufgang nach Osten errichtet werden, wenn doch die Sonne gar nicht »aufging«? Konnte der »*Orient*« noch weiter Orient heißen, obwohl sich die Sonne nicht mehr länger im Osten erhob (oriri heißt »*sich erheben*«)? Auch die als »*Levante*« bezeichneten Landstriche konnten plötzlich nicht mehr diejenigen sein, über denen die Sonne sich – wie das Wort besagt – erhob. Selbst die elementarsten Worte und Begrifflichkeiten schienen durch diese neuen naturwissenschaftlichen Erkenntnisse reif, in Gänze verworfen zu werden.

Wie wir aber wissen, überlebten diese Benennungen – hartnäckig – den seinerzeitigen Erkenntnisfortschritt. Bis heute ist unser Reden und unser Denken maßgeblich geprägt von der Vorstellung einer geozentrischen Erdscheibe. Wir erfreuen uns an einem »*Sonnenuntergang*«, obwohl sich tatsächlich eher der Horizont hebt, wie wir wissen. Zur Weihnachtszeit behaupten wir singend, das Christuskind komme »*auf die Erde nieder*«, und mit den Kindern singen wir, dass der Mond »*aufgegangen*« sei. Segler erzählen ungerührt von begeisternden Ausflügen rund um die »*Westindischen Inseln*«, obwohl diese weder indisch noch gar im Westen Indiens gelegen sind. Vormalige Bezeichnungen und ursprüngliche Irrtümer halten sich augenscheinlich hartnäckig in unserem Denken.

In welchem erheblichen Ausmaß unser Denken – mit nachstehend zu beschreibenden Auswirkungen auf unser Herrschaftsverständnis – bis heute auch jenseits aller Philosophie, Theologie und Astronomie von diesen ursprünglichen Denkkategorien mittelalterlicher Seinshierarchien geprägt ist, erweist eine Vielzahl von bis heute gegenwärtigen Vorstellungen und Bezeichnungen.

Erlassen Behörden in öffentlich-rechtlichen Verhältnissen Verwaltungsakte gegenüber Bürgern, so sprechen Juristen bis heute von einem »*Hoheitsakt*«. Der Begriff suggeriert daher schon, dass die Entscheidung zur Handlungsaufforderung von einem höheren Ort herrührt. Zwischen Behörden und Bürgern herrscht – in juristischer Terminologie – ein »*Über-Unterordnungs-Verhältnis*«. Bis heute beschweren sich einfache Bürger über »*die da oben*« und sprechen von den »*oberen Zehntausend*«. Die Bediensteten der öffentlichen Verwaltungen träumen vom höheren oder gehobenen Dienst und streben nach »*höheren*« Gehaltsstufen. Größere und teurere Autos heißen »*Oberklassefahrzeug*«. Wer sich in den Höhen einer Diensthierarchie nicht halten kann, von dem heißt es, er sei »*abgerutscht*« oder habe einen gesellschaftlichen »*Abstieg*« erlebt. Wer einen anderen Menschen tötet und dies in besonders verwerflicher Weise tut, der hat »*niedrige*« Beweggründe. Die Interessen eines einzelnen Bürgers können juristisch wegen »*überragender*« Belange des Gemeinwohls übergangen werden. Die »*höchstrichterliche*« Rechtsprechung trägt dazu inzwischen beinahe täglich bei.

Die psychologische Wirkung derartiger in Worten aufgehobener Werteskalen kann in ihrer Bedeutung und Auswirkung auf das allgemeine Denken nicht zu gering veranschlagt werden. Diese Worte wiederholen und fördern immer wieder das Hochzonenwollen von Verantwortlichkeiten und das Gutheißen eines solchen »*Hochzonens*«. Denn »*die da oben*« haben (vermeintlich) den besseren Überblick. Alle anderen dürfen »*niedergemacht*« werden. Die »*vor Ort*« kennen nur einen beschränkten, kleinen Ausschnitt der Wirklichkeit. Aus diesen Gründen gilt der Lokalreporter unter den Journalisten auch am wenigsten. Nur der Journalist, der mit den Spitzen der Politik an Gipfeltreffen teilnehmen kann, bringt die besten Erkenntnisse ans Licht. In den Niederungen will er nicht mehr arbeiten, ist ihm einmal gelungen, die Hoheiten und Hohen Kommissare zu treffen. Wie schon unter mittelalterlichen Geistlichen gilt: Die richtigsten Entscheidungen werden auf höchster Ebene getroffen, nicht aber unter der Gürtellinie.

IV.) Geistesgeschichtliche Dimensionen

Im Verlaufe der menschlichen Geschichte und im Zuge der immer präziseren Erkenntnis über die Zustände der Welt lassen sich ungezählte Entwicklungslinien erkennen und aufzeigen. Zwei dieser für den hiesigen Zusammenhang besonders wesentlichen Entwicklungslinien sollen nunmehr beleuchtet werden. Zum einen die Entdeckung, dass arbeitsteilige Organisationen eine erhebliche Kraftquelle für allen menschlichen Fortschritt wurden. Zum anderen aber auch die Entdeckung des Menschen als Individuum. Diese beiden – gleichzeitigen und gegenläufigen – Tendenzen mussten geradezu zwangsläufig zu einem Spannungsverhältnis zwischen dem Einzelnen und der Gemeinschaft führen, das ein wesentliches Grundthema aller weiteren gesellschaftlichen und juristischen Dynamiken wurde.

Der Mensch als Gemeinschaftswesen

Man wird nicht fehlgehen in der Annahme, dass schon zu einem frühen Zeitpunkt der Geschichte die Erkenntnis gewonnen wurde: Je mehr Menschen gemeinsam an einem Projekt arbeiten, desto zügiger kann es fertiggestellt werden. Je mehr Menschen einen Acker bearbeiten, ein Haus bauen, einen Damm errichten, desto früher wird diese Arbeit fertig. Mehr noch: Die Errichtung von Bauwerken, die einem einzelnen Menschen während seiner gesamten Lebenszeit nicht möglich wäre, lässt sich organisieren, sobald nur eine Vielzahl von Menschen entsprechend zusammenwirken. Durch derartige Kooperation kann daher sogar gleichsam die Zeit besiegt werden. Einzelne Projekte wurden Wirklichkeit, die – ohne Kooperation – nie zur Welt hätten kommen können.

Das Prinzip der Arbeitsteilung führte darüber hinaus durch seine Synergieeffekte bald zu einer erheblichen Steigerung aller Arten von Produktivität. Während ein einzelner Mensch, der mit seiner Arbeitskraft täglich gebunden war, einen Fisch zu fangen, keine Ressourcen hatte, ein Netz zu knüpfen, um anschließend mit geringerem Arbeitsaufwand mehr Fische fangen zu können, war eine Gruppe von Menschen durch entsprechende Arbeitsteilung viel eher befähigt, Arbeitszeit in die Herstellung von Werkzeugen zu investieren, welche die anschließende Aufgabenbewältigung vereinfachten und beschleunigten. Die Techniken zur Verbesserung von Sicherheit und Bequemlichkeit machten bald erhebliche Fortschritte. Durch die Steigerung landwirtschaftlicher Erträge konnten vormals naturgegebene Instabilitäten bewältigt werden. Rein intellektuelle Planung wurde mit materieller Umsetzung verbunden, Geist und Technik wirkten zusammen und das allgemeine Lebensniveau stieg.

Während derartige Kooperation die Gemeinschaft insgesamt begünstigte, bedeutete sie im Inneren, gegenüber dem individuellen Menschen, allerdings auch immer wieder Nachteile. Denn die Aufteilung von Arbeit musste zwangsläufig zu ungleichen Aufgaben führen. Die Anteile einzelner Mitglieder einer Gesellschaft an der gemeinsamen Aufgabenerledigung führten zu Ungleichheit unter den Beteiligten. Unter dem »*übergeordneten*« Adel standen Gesellschaftsmitglieder in unterschiedlichen Freiheitsgraden (Vollfreie, Minderfreie, Freigelassene, Knechte, Hörige oder gar Sklaven). Steuerndes und bestimmendes Gesellschaftsmitglied war innerhalb einer Gemeinde – oder innerhalb einer Großfamilie – der Patriarch. Der durch die Arbeitsteilung auch ermöglichte zunehmende Straßenbau erhöhte die Mobilität der Menschen und weckte somit bei manchem den Impetus, einer als unbefriedigend empfundenen Lage räumlich auszuweichen. Das Entstehen von Städten, in denen Patriarchen – anders als auf dem Land – keine Bestimmungsmacht hatten, brachte schließlich auch die berühmte glücksbringende Verheißung »*Stadtluft macht frei*«.

Mit der höheren Bewegungsfreiheit aller Menschen entstanden allerdings auch neue Gefahren für Einzelne und ihre Gesellschaften. Gemeinsame äußere Feinde aus der Ferne weckten neue Sicherheitsbedürfnisse. Die Möglichkeit, von fremden Völkern angegriffen zu werden, steigerte den (im wahrsten Sinne des Wortes) notwendigen Zusammenhalt von Gemeinschaften nach innen. Völkerwanderungen und Kreuzzüge brachten – dem Gedanken der Arbeitsteilung folgend – ein Bedürfnis nach Experten auch für den Kampf. Einzelne Gesellschaftsmitglieder mussten sich entscheiden, ob sie durch Beten, Kämpfen oder Arbeiten zum Wohl der Gemeinschaft beitragen wollten. Jeder Einzelne war dadurch zunehmend gehalten, sich in den gegebenen gesellschaftlichen Kontext durch entsprechende Anpassungen »*einzuordnen*«. Dies minimierte umgekehrt allerdings auch seine individuell freien Entscheidungsmächte über das eigene Leben und dessen Gestaltung.

Während die Vergemeinschaftung und zunehmende Arbeitsteilung innerhalb der Gesellschaften höhere Produktivität und bessere Techniken, mithin verstärkte Beherrschung natürlicher Gegebenheiten förderte, mussten unausweichliche Fehlschläge gleichermaßen irgendwie erklärt werden. In den Zusammenhang dieser Konflikte gehört insbesondere auch das Gedankenmodell der »*Hexe*«. Fehlschläge und Misserfolge bei gemeinschaftlichen Aktivitäten provozierten die Suche nach Schuldigen. Zunächst noch unverstehbare Kausalitätsabläufe wollten erklärt sein. Was lag näher, als der Einfachheit halber unbeliebte Gesellschaftsmitglieder zu einschlägig Schuldigen zu erklären?

Der Versuch, Hexen für Misserfolge aller Art verantwortlich zu machen, scheiterte dankenswerterweise auf lange Sicht, da ein zunehmend rational agierendes Gemeinschaftswesen die Legitimität von Hexenprozessen infrage stellte. Mit guten Gründen lässt sich argumentieren, dass die Frage nach der Schuld einer angeklagten Hexe und die Versuche einer rationalen Aufklärung ihrer wirklichen Schuld die ersten Anfänge einer beginnenden Rechtsstaatlichkeit markieren. Mit wachsender rationaler Aufklärung verflüchtigte sich zunehmend die Überzeugung, dass im Wesentlichen nur Geistliche und Kleriker gottgefällig – also gut – lebten, während »*niedere Stände*« gottesfern weniger wertvolle Tätigkeiten für die Gemeinschaft entfalteten. Die Aufteilung zwischen Laien, Priestern und Mönchen wurde durch die sogenannte »*devotio moderna*« zunehmend aufgehoben. Auch dasjenige Gesellschaftsmitglied, das mit der richtigen persönlichen Einstellung gewöhnlichen Tätigkeiten nachging, konnte ein gottgefälliges Leben leben. Wer nur mit der richtigen Frömmigkeit Gesellschaftsmitglied war, hatte dadurch Aussicht auf eine von der Gemeinschaft respektierte und anerkannte Existenz.

Der Mensch als Individuum

Neben diese Vereinnahmung des einzelnen Menschen durch die Gemeinschaft, in der er lebte, um sich und anderen – arbeitsteilig – ein »*besseres Leben*« zu ermöglichen, tritt über die Jahrhunderte jedoch umgekehrt auch eine deutliche Tendenz, den einzelnen Menschen als Individuum zu sehen und ihn in seinem bloßen Menschsein als Einzelnen zu respektieren.

Einen wesentlichen Meilenstein für die Entstehung des Rechtsstaates und für den wachsenden Respekt gegenüber anderen Menschen bildet die *Magna Charta Libertatum* des englischen Königs vom 15. Juni 1215. Soweit ersichtlich, wurde mit ihr erstmals in Schriftform verbrieft anerkannt, dass bestimmte Menschen das Recht hatten, sich und ihre Eigentumssphären gegenüber dem König und seinen Befugnissen definitiv abzugrenzen. In dem grundsätzlich zweigeteilten Vorstellungsbild, wie es aus der neuplatonischen Seinshierarchie bekannt war, lässt sich somit formulieren: Das einzelne (selbst das adlige) Individuum war spätestens seit diesem Zeitpunkt nicht mehr nur willenlos unterworfene Durchgangsstation eines vom Herrscher obrigkeitlich in Gang gesetzten Kausalitätsablaufes. Die Rechte des Königs waren nunmehr darüber hinaus beschränkt und fanden ihre Grenzen nicht nur in natürlichen Hindernissen, sondern auch in dem bloß entgegenstehenden Willen eines anderen.

Die noch mit »*Hilfszirkeln*« astronomisch verteidigte alte Ordnung der Über- und Unterordnung zwischen prinzipiell ungleichen Menschen erlitt mit der Reise von Christopher Columbus im Jahre 1492 die vielleicht entscheidende Niederlage. Die Schwächung der Vertreter jener alten Ordnung bereitete den Boden für die Reformation ab dem Jahr 1517. Es wurde zunehmend schwierig, einerseits Hexen mit kirchlicher Legitimation Zauberei vorzuwerfen, andererseits aber – dogmatisch offiziell – in der Transsubstantiation Brot und Wein in Leib und Blut Jesu Christi zu verwandeln. Zunehmend wurde dem einzelnen Menschen nun die Befugnis zugesprochen, nicht nur auf dem »*Umweg*« über die eine allumfassende katholische Kirche einen eigenen Bezug zu Gott herzustellen, sondern dies durch eigene Lektüre der Heiligen Schrift unmittelbar selbst zu tun.

Der 30-jährige Krieg zwischen 1618 und 1648 fügt sich in diesen Kontext als der Kampf zwischen den Verteidigern der alten Ordnung einerseits und den Streitern für eine gleichsam individualisierte Theologie andererseits.

Während es nun über einen längeren Zeitraum schien, als könne sich das Individuum durch ein »*richtiges*« Leben in individuell gottgefälliger Frömmigkeit den ordnungsgemäßen Platz in einer guten, gottgewollten Ordnung erarbeiten, wodurch die Welt geistig und materiell immer besser werde, wurde doch zugleich auch zunehmend diskutiert, warum Gott an den verschiedensten Stellen immer wieder auch Leid zulasse. Dieses sogenannte »*Theodizee-Problem*« gewann mit dem 1. November 1755 erheblich an Bedeutung. An diesem Tag wurde – von der damaligen Welt weithin beachtet und diskutiert – die Stadt Lissabon durch ein Erdbeben beinahe vollständig zerstört. Während der im Juli 1646 geborene deutsche Philosoph Gottfried Wilhelm Leibniz noch der Auffassung war, der Mensch lebe in »*der besten aller möglichen Welten*«, nahm Voltaire exakt dieses Erdbeben zum Anlass, zu erklären, unsere Welt sei im Gegenteil die schlechteste aller denkbaren Welten. Wenn demgemäß richtig war, dass Gott keine Gewähr gegen Katastrophen wie das Erdbeben von Lissabon bot, so bedurfte es offenbar einer anderen Instanz, um Menschen Sicherheit zu verschaffen. In der Folge rückten zunehmend der Mensch und die Güte seiner Handlungen in den Mittelpunkt der Verantwortung für ein wahrhaft richtiges und gutes Leben.

Nur weniger als elf Jahre nach diesem den europäischen Pessimismus begründenden Erdbeben von Lissabon verfassten Thomas Jefferson und seine Mitstreiter dann die amerikanische Unabhängigkeitserklärung, in der es unter anderem heißt:

> »*Wir halten diese Wahrheiten für selbsterklärend, dass alle Menschen gleich erschaffen wurden, dass sie von ihrem Schöpfer mit bestimmten unveräußerlichen Rechten ausgestattet wurden, worunter Leben, Freiheit und das Bestreben nach Glückseligkeit sind. Dass zur Absicherung dieser Rechte Regierungen zwischen den Menschen eingeführt worden sind, die ihre gerechte Gewalt von der Einwilligung der Regierten ableiten, dass, sobald eine Regierungsform diesen Endzwecken verderblich wird, es das Recht des Volkes ist, sie zu verändern oder abzuschaffen und eine neue Regierung einzusetzen, die sich auf solche Grundsätze stützt und deren*

> *Macht und Gewalt so gebildet wird, wie es zur Erhaltung ihrer Sicherheit und Glückseligkeit am zweckdienlichsten zu sein scheint.«*

Man könnte formulieren: Mit dieser Unabhängigkeitserklärung wird auf staatsrechtlichem Terrain nachvollzogen, was naturwissenschaftlich und (theologisch) zuvor in der kopernikanischen Wende geschehen war. Ebenso wie sich dort nun nicht mehr die Sonne um die Erde drehte, sondern die Erde um die Sonne, wurde hier ein politischer Perspektivwechsel vollzogen. Herrschaftsansprüche sollten nicht mehr »*von oben*« deduktiv von einem »*höheren*« Anführer abgeleitet werden, sondern induktiv von einem Volk aus je gleichen Individuen einer Regierung »*von unten*« zugewiesen werden. Jedem Einzelnen dieser Individuen wurde zugleich »*unveräußerlich*«, das heißt unverrückbar und unaufgebbar, das Recht auf Leben, auf Freiheit und (mit dem »*Bestreben nach Glückseligkeit*«) eine individuelle, autonome Lebensführung zugestanden und garantiert. Würde sich eine Regierung gegen diese Spielregeln wenden, wurde klargestellt, dass das Volk wiederum induktiv legitimiert war, diese dann illegitime Regierung zu verjagen.

Nur folgerichtig war demgemäß, dass die französische Nationalversammlung am 26. August 1789 in der »*Erklärung der Menschen- und Bürgerrechte*« die Rechte genau dieses Individuums hervorhob. Jedermann sei »*frei und gleich an Rechten geboren*« und bleibe es. Jedwede politische Vereinigung diene der »*Erhaltung der natürlichen und unantastbaren Menschenrechte*«. Als diese verstand die französische Nationalversammlung »*das Recht auf Freiheit, das Recht auf Eigentum, das Recht auf Sicherheit und das Recht auf Wiederstand gegen Unterdrückung*«. In Artikel 3 der Erklärung heißt es:

> *»Der Ursprung jeder Souveränität liegt ihrem Wesen nach beim Volk. Keine Körperschaft und kein Einzelner kann eine Gewalt ausüben, die nicht ausdrücklich von ihm ausgeht.«*

In der Präambel zur Erklärung der Menschen- und Bürgerrechte wurde darüber hinaus formuliert, diese natürlichen und unveräußerlichen Rechte der Menschen seien »*sacrés*« – also heilig (!). Es ist schwerlich zu übersehen, dass die Rechtsposition des einzelnen Menschen, des Individuums, durch diese Abfolge historischer Ereignisse und die Gewähr seiner Rechte eine ganz erhebliche juristische Aufwertung erfahren hatte. Der Versuch des Wiener Kongresses von September 1814 bis Juni 1815, das alte Regime tunlichst wieder zu restaurieren, blieb für Europa weitgehend ohne Erfolg. Das Hambacher Fest im Mai 1832, das als Höhepunkt bürgerlicher Opposition in der Zeit der Restauration gilt, diente zentral der Verteidigung von Freiheit und Volkssouveränität. Die am 28. März 1849 verkündete »*Paulskirchenverfassung*«, die erste gesamtdeutsche und demokratische Verfassung Deutschlands, erklärte Eigentum für unverletzlich, Freizügigkeit als gewährleistet und insbesondere auch (individuelle) Redefreiheit als garantiert.

Die Proklamation eines neuen deutschen Kaisers am 18. Januar 1871 im Spiegelsaal von Versailles ohne Beteiligung des Volkes (und erst recht ohne Beteiligung eines legitimierenden Papstes!) durch bloße Einigung unter den Monarchen der deutschen Einzelstaaten fügte sich folglich zu diesem Zeitpunkt schon nicht mehr in das entstandene individuelle Selbstbewusstsein einzelner Menschen und Bürger. Die Weimarer Reichsverfassung vom 31. Juli 1919 schaffte die »*Standesunterschiede*« unter den Bürgern definitiv ab. Das Grundgesetz für die Bundesrepublik Deutschland vom 23. Mai 1949 macht die Würde des Menschen insgesamt unantastbar und gewährt jedem das Recht auf die freie Entfaltung seiner Persönlichkeit einschließlich des Rechtes auf Leben und körperliche Unversehrtheit. Insbesondere die Gleichheit vor dem Gesetz wurde nunmehr als unmittelbar geltendes Recht festgeschrieben.

Vereinnahmung durch Gruppendefinitionen

Mit der beschriebenen »*kopernikanischen Wende*« des Staatsrechtes – weg von der »*deduktiven*« Legitimation kraft göttlicher Anordnung und hin zu der »*induktiven*« Legitimation durch individuellen Konsens von unten – wurden allerdings herrschaftstechnisch völlig neue Instrumentarien möglich und für den einzelnen gänzlich neue Gefahren der Vereinnahmung begründet.

Während der Untertan seinem (gleichsam noch geozentrisch höhergestellten) Monarchen untergeordnet war, steht der gleichberechtigte Bürger ohne Standesunterschiede nicht mehr vertikal unter seiner Regierung, sondern horizontal neben seinen gleichberechtigten Mitbürgern. Die Segmentierung von Menschengruppen orientiert sich also nicht mehr vertikal in bestimmten Königreichen, sondern horizontal in der Fläche. Der entstandene Nationalstaat ist demnach eine horizontale Machtsegmentierung. Da, wo die »*natio*« – die Geburt – stattgefunden hat, dort befindet sich die nationale Zugehörigkeit. Die europäische Erdoberfläche zergliedert sich fortan in Nationalstaatsgebiete.

In der Nationalversammlung des neuen französischen Nationalstaates wurden die in verschiedene Interessengruppen zerbrochenen Parteien demgemäß in unterschiedliche Fraktionen (von lat. *fractio* (Bruch-) Teil) gegliedert. Die königstreuen Royalisten setzten sich – aus Blickrichtung des Parlamentspräsidenten gesehen – auf die rechte, die Revolutionäre auf seine linke Seite. Vorbild hierfür war die Sitzordnung des britischen Unterhauses, in dem die regierende Partei auf der rechten Seite des Parlamentssprechers saß.

Mit dieser Unterteilung der politischen Gegner in ein rechtes und ein linkes Lager wurde wiederum eine neue Unterscheidung der politischen Kräfte etabliert, die – unter Beachtung der neuplatonischen

Seinshierarchie – in ihrer Bedeutung nicht zu gering veranschlagt werden kann.

Vor dem Hintergrund nämlich, dass die Royalisten, das heißt Monarchisten, dem »*alten*« Regime loyal gegenüber eingestellt waren und die Revolutionäre den Anspruch hatten, das progressive Element im Parlament zu sein, trat die vormalige Zweiteilung der Welt in göttlich Gutes und teuflisch Schlechtes in eine neue Qualität. Nunmehr galt der Fortschritt als das Gute und der Rückschritt (die Reaktion) als das Schlechte. Wenn also richtig war, dass der technische Fortschritt, die arbeitsteilige Schicksalsbewältigung und die menschliche Gestaltbarkeit von Erde und Leben nunmehr beherrschbar waren, so musste jeder, der sich dem guten Fortschritt verschloss, als ein böser, konservativer Reaktionär betrachtet werden.

Wer »*konservativ*« war, der wollte folglich in dieser Weltsicht nicht mehr nur – wie der Wortlaut besagt – das Alte erhalten. Er fiel stattdessen geradezu teufelsgleich immer wieder in die überwunden geglaubten Höllen der Vergangenheit. Demgegenüber strebte der Progressive in eine helle, lichte und gute Zukunft. Der Kampf gegen das Böse war zum Kampf gegen das Alte geworden. Gut und Böse hatten einen neuen Ort gefunden. Statt oben und unten unterschied man nun links und rechts. Sehr lesens- und bedenkenswert ist in diesem Zusammenhang die libertäre Sicht von Murray N. Rothbard:

> *»Eine der Methoden, mit denen die neuen etatistisch orientierten Intellektuellen ihre Arbeit taten, bestand darin, die Bedeutung alter Begriffe zu verändern. … Die neue Schicht der etatistischen Akademiker und Intellektuellen vereinnahmte für sich selbst die Wörter ›liberal‹ und ›progressiv‹ und schaffte es, ihre Laissez-faire-Opponenten mit dem Wort ›altmodisch‹ und ›reaktionär‹ zu belegen. … Der Sozialismus begann seine Entwicklung in den 30er-Jahren des*

19. Jahrhunderts und breitete sich besonders nach1880 aus. Das Besondere am Sozialismus war, dass er eine verworrene, zusammengestückelte Bewegung war, die von beiden vor ihr existierenden, sich gegenüberstehenden Ideologien beeinflusst war, vom Liberalismus und vom Konservativismus. Von den klassischen Liberalen übernahmen die Sozialisten eine aufrichtige Zustimmung zur Industrialisierung … und zuletzt eine rhetorische Hingabe an die klassischen liberalen Ideen wie Frieden, individuelle Freiheit und einen steigenden Lebensstandard. … Auf der anderen Seite übernahmen die Sozialisten von den Konservativen den Glauben an den Zwang und die etatistischen Methoden, um diese liberalen Ziele zu erreichen. Industrielle Harmonie und Wachstum sollten durch die Aufblähung des Staates zu einer allmächtigen Institution erreicht werden, die Wirtschaft und Gesellschaft im Namen der ›Wissenschaft‹ beherrscht. … Während der Französischen Revolution hatten die Verteidiger des ancien règime ihren Platz auf der rechten Seite des Parlaments und die Liberalen und die Radikalen saßen links; von da an bis zum Aufkommen des Sozialismus waren die klassischen Liberalen ›die Linken‹, sogar die ›extremen Linken‹ im ideologischen Spektrum. Noch 1848 saßen solche militanten französischen Laissez-faire-Liberalen auf der linken Seite der Nationalversammlung. … Es war ein schlimmer strategischer Fehler, sich links überholen zu lassen, den Sozialisten zu erlauben, als die ›linke Partei‹ zu posieren, und damit zu erlauben, dass die Liberalen fälschlicherweise eine unklare Position in der Mitte zwischen Sozialismus und Konservatismus als den sich gegenüberstehenden Polen gelangten.«[3]

Mochten also die – in der Terminologie der Weimarer Reichsverfassung von 1919 – allesamt nun standesgleichen Parlamentarier auch gleiche angeborene Rechte und gleichberechtigte Befugnisse haben, so waren sie dennoch in den von ihnen jeweils politisch verfolgten Zielsetzungen deutlich in gute und schlechte Parlamentarier zu unterscheiden.

Vergegenwärtigt man sich diese Aufteilung der Welt in Nationalstaaten (nach Maßgabe bestimmter Erdoberflächen) und berücksichtigt man, dass – zumindest in Europa – weitere Flächen zum politischen Machtzuwachs nicht hinzuzugewinnen waren, so war mit der Aufteilung der Welt in Nationalstaaten »*nach außen*« und in gute/linke bzw. böse/rechte »*nach innen*« ein Endpunkt des Entwicklungspotenzials für Gruppenbildungen (und damit für Machtfülle) erreicht.

Die marxistische Idee, die »*Proletarier aller Länder*« aufzurufen, sich zu »*vereinigen*«, stellt unter diesem Blickwinkel praktisch nichts anderes dar als den Versuch, wiederum Menschengruppen unter einen neuen Begriff (dem des »*Proletariates*«) zusammenzufassen, um hierdurch – unter der demokratischen Prämisse der stets angestrebten Mehrheitsbeschaffung – eine noch größere Menschenmasse zu versammeln. Die durch Definition konstituierten gesellschaftlichen »*Klassen*« schufen damit erneut eine vertikale Machtsegmentierung. Ungeachtet der horizontalen Abgrenzungen zwischen Nationalstaaten wurden hier Menschenmassen wieder innerhalb eines Territoriums in Arme und Reiche geteilt, um sie gegeneinander in Stellung zu bringen. Das »*Vermögen*« des Einzelnen galt in dieser marxistischen Weltsicht als Feind der Freiheit aller.

Der (faktisch rein monarchistische) Zusammenschluss des deutschen Reiches 1871 zu einer großen, das heißt machtvollen, territorialen nationalen Einheit musste folglich durch diesen marxistisch-vertikalen Gruppenbildungsprozess gefährdet werden. Reichskanzler Otto von Bismarck erkannte diese Gefahr und deutete die zum deutschen Reich vergrößerte preußische Staatsmaschine – in historischer Kontinuität zu den Vorbereitungen des Soldatenkönigs, Friedrichs des Großen von

Preußen – in ein Gesamtunternehmen zur Herstellung sozialer Wohlfahrt für alle um. In seinen Memoiren notierte Otto von Bismarck zu diesem staatspolitischen Streich die bemerkenswerten Worte:

> *»Mein Gedanke war, die arbeitenden Klassen zu gewinnen, oder soll ich sagen zu bestechen, den Staat als soziale Einrichtung anzusehen, die ihretwegen besteht und für ihr Wohl sorgen möchte.«*

Die Motivation hinter diesem staatspolitischen Tun ist klar: Der Proletarier sollte tunlichst davon abgehalten werden, sich mit den Proletariern anderer Länder zusammenzuschließen, und lieber durch emsiges Steuern- und Beiträgezahlen im eigenen Land die vorgeblich primär ihm selbst dienende (deutsche) Staatsmaschine unterstützen.

Betrachtet man jenes Wechselspiel aus vertikalen und horizontalen Gruppenbildungen in dieser Abfolge, dann erhellt sich zugleich, aus welchem Grunde die im Jahr 1933 in Deutschland an die Regierungsmacht gekommenen nationalen Sozialisten äußerstes Interesse an den sogenannten »*Rassentheorien*« entwickelt hatten. Denn der Zusammenschluss von »*Rassen*« in diesem Sinne barg wiederum das Potenzial, über die bestehenden, mehr oder minder festgefügten Grenzen von Nationalstaaten hinaus definitorisch Menschengruppen zu konstituieren, die über jenes Gemeinsamkeitsmerkmal Machtpotenziale erschließbar zu machen versprachen.

Spätestens mit dem Ende des Zweiten Weltkrieges in Europa am 8. Mai 1945 musste daher allen europäischen Politikern bewusst geworden sein, dass Versuche, nationalstaatliche Organisationen entweder durch gewaltsame Grenzverschiebungen oder aber durch (nicht minder gewaltsame) innere Klassen- oder Rassenkämpfe neu aufzustellen, eine überwiegend destruktive Perspektive hatten.

Bei dieser historischen Entwicklung konnte daher praktisch nur sinnvoll sein, nationalstaatliche Außengrenzen nach Kräften formal anzuerkennen und – im Machterhaltungs- und Machausweitungsinteresse – Beherrschungsinstrumentarien zu ersinnen, die derartige Grenzen nicht länger offen infrage stellten.

Was also lag in dieser Konstellation näher, als dass die jeweiligen Vertreter bestehender nationaler Staaten miteinander in Verhandlungen traten, um internationale Zusammenarbeit zu verabreden und einvernehmlich supranationale Strukturen zu schaffen, die anschließend den sie steuernden Personen die gewünschte Gelegenheit gaben, den jeweils angepeilten Einfluss effektiv auszuüben?

Während der Versuch einer entsprechenden internationalen Einigung nach dem Ende des Ersten Weltkrieges, den Gustav Stresemann, Austen Chamberlain und Aristide Briand mit den Verträgen von Locarno im Jahre 1925 unternommen hatten, mit dem Ausbruch des Zweiten Weltkrieg als gescheitert angesehen werden musste, versprach der neuerliche Versuch, den Konrad Adenauer und Robert Schuman in Aussicht nahmen, weit erfolgreicher zu sein. Beide Politiker brachten mit ihrer deutsch-französischen Kooperation über bestehende Nationalstaatsgrenzen hinaus die staatsrechtliche Integration innerhalb Europas – und mithin auch die heute existierende EU – auf den Weg.

V.) Rechtsgeschichtliche Anmerkungen

Welche Rolle spielt das Recht und welche Rolle spielen Gesetze für das Zusammenleben einerseits von einzelnen Menschen und andererseits von Gruppen von Menschen miteinander? Wer setzt das Recht? Wer erlässt die Gesetze? Und: Wie kann – im Rahmen einer induktiven Machtausübung durch »*das Volk*« – sichergestellt sein, dass nur solches

Recht gilt, das auch tatsächlich von den selbst mit diesem Recht lebenden Menschen legitimiert ist?

- Jedwede menschliche Kooperation erfordert Verständigung unter den Beteiligten. Je mehr Menschen miteinander kooperieren sollen, desto mehr koordinierende Verständigung muss es zwischen ihnen geben. Die Erwartungen, welche die Beteiligten aneinander stellen, und die Versprechen, die sie sich geben, müssen miteinander abgestimmt werden. Umgekehrt muss sichergestellt werden, dass unkooperatives Verhalten einzelner Beteiligter möglichst vermieden wird. Diese ersten Grundüberlegungen zeigen bereits, dass es innerhalb menschlicher Gemeinschaften ein elementares Bedürfnis nach Regeln gibt. Regeln sollen Verhalten und Verhaltenserwartungen stabilisieren. Regeln sind jedoch kein Selbstzweck. Sie sollen zumindest auch als sachlich angemessen erfahren werden können. Insbesondere müssen ihre Regelungsgehalte auf Dauer tragfähig sein. Diese Vorüberlegungen führen zur Frage nach dem richtigen Recht für eine Gemeinschaft von Menschen.

- Fragt man heute einen durchschnittlichen Bürger aus europäischen Rechtsstaaten, wer »*das Recht*« setze, so erhält man – jedenfalls von Nichtjuristen – in aller Regel die Antwort: Das Parlament macht die Gesetze. Auf weiteres Nachfragen wird man, empirisch ermittelt, vielleicht noch die übliche Formulierung hören, Bürger hätten sich »*an Recht und Gesetz*« zu halten. Die Frage allerdings, welches denn der Unterschied zwischen einerseits Recht und andererseits Gesetzen sei, wird kaum noch ein Nichtjurist leichthin beantworten können. Dieses in der breiten Bevölkerung verloren gegangene (vielleicht aber auch nie vorhanden gewesene) Wissen über den Unterschied zwischen einerseits Recht und andererseits Gesetzen gibt Anlass, im Folgenden einige grundlegende Bemerkungen hierzu zu machen.

– In ihrem Studienbuch über die »Römische Rechtsgeschichte« formulieren Wolfgang Waldstein und Michael Rainer:

»Im Volksleben der archaischen Zeit ist das Rechtsbewusstsein mit magischen und religiös-sakralen Vorstellungen eng verbunden; es erwächst geradezu unmittelbar auf dieser Grundlage. Ebenso erscheint das Recht noch in einer ungeschiedenen Einheit mit dem Begriff des Sittlichen und der Sitte. Äußere und innere Ordnung, Rechtszwang und Pflichtbindung fallen zur einheitlichen Sozialnorm zusammen. Was dem Brauch entspricht, ist ebensosehr Recht. Diese einheitliche soziale Urnorm ist jedoch nicht Gewohnheitsrecht. Man hat es sich vielmehr als seit alters vorgegeben gedacht [vorzustellen]. Die begriffliche Verselbstständigung des Rechts leitet eine weltgeschichtliche Wende in der Entfaltung des Rechtsbegriffs ein. Die Eigenständigkeit des Rechts ist erstmalig vom römischen Geist erfasst worden. Das Recht richtet sich als Forderung an unser Wollen. Die Loslösung des Rechts aus der sozialen Gesamtnorm hat es auch den sakralen Ordnungen weitgehend entrückt. Das der Gottheit gegenüber Rechte (fas) wird nunmehr streng von dem geschieden, was im menschlichen Zusammenleben rechtens (ius) ist. Fas ist jedes Verhalten, welches das von den Göttern in Anspruch genommene, das sacrum, nicht antastet; ius ein solches, das den Rechtsgenossen nicht verletzt. Nach römischer Auffassung stehen fas und ius jedoch nicht – wie später im Christentum ius divinum und ius humanum – als verschiedene Weltordnungen göttlichen und menschlichen Rechtes einander gegenüber. Vielmehr unterwerfen fas und ius die unter Umständen gleichen Lebenstatbestände lediglich einem verschiedenen Beurteilungsmaßstab, weil die Geltung ihrer Normen jeweils in verschiedenem Grund wurzelt. Besonders deutlich zeigt sich dies an ihrer negativen Seite: nefas ist Beleidigung der Gottheit, iniuria Verletzung des Rechtsgenossen (unmittelbar in seiner Person oder mittelbar in seinem Eigen[tum]).«[4]

Indem also bei den Römern gottgefälliges, traditionsgemäßes und rechtmäßiges Verhalten gleichsam noch eine Einheit bildeten, erschließt sich, dass ein »Gesetzgeber« im Sinne unseres heutigen parlamentarischen Verständnisses nicht schlichtweg durch förmlichen Gesetzgebungsakt in dieses Gefüge aus Recht und Unrecht eingreifen konnte. Die Beteiligten lebten diejenigen Regeln und Brauchtümer, die ihnen von alters her und damit seit jeher vertraut waren. Unser heutiges Verständnis, dass ein vom Volk gewähltes Parlament in einem fein gegliederten Zusammenspiel mit Regierung und sonstiger Verwaltung durch geordnete Gesetzgebungsverfahren ein immer feineres Netz der Rechtsordnung knüpft, ist also kein mit den römischen Verhältnissen auch nur ansatzweise deckungsgleiches Konzept. Erst über Jahrhunderte und Jahrtausende hat Europa eine Kultur entwickelt, in der das gewachsene Recht mehr und mehr von staatlichen Gesetzen ersetzt oder verdrängt wurde. Im rechtspraktischen Alltag unserer Gegenwart erscheinen überkommene Rechtsregeln und Rechtsverständnisse häufig nur noch als Korrektiv bei der Lösung solcher Fälle, in denen das Gesetz nicht bereits eine definitive Regelung enthält und vorgibt.

Wenn aber heute in Europa »das Recht« fast ausnahmslos gesetzlich geregelt ist, dann stellt sich umso dringender die Frage nach dem zuständigen Gesetzgeber für derartige Regelwerke. Es stellt sich die Frage: Wer »macht« das Recht? Ist es der von dem Volk hierzu durch Wahlen ermächtigte Gesetzgeber? Ist es mithin das Volk selbst durch seine Stellvertreter? Lebt Recht somit faktisch durch allgemeine Akzeptanz seiner Richtigkeit und Angemessenheit? Und wenn dies so ist: Was geschieht mit förmlich ordnungsgemäß erlassenen Parlamentsgesetzen, die vom Volk nicht als akzeptabel aufgefasst werden?

- Nach dem gegenwärtigen Selbstverständnis der Staaten, die der EU angeschlossen sind, handelt es sich bei ihnen allesamt – mehr oder minder – um demokratische Rechtsstaaten. In demokratischen Wahlen werden Parlamente konstituiert, die per Mehrheitsentscheidung Gesetze erlassen. Da eine als reine Mehrheitsmacht missverstandene Demokratie faktisch nur die Macht der stärkeren Gruppe gegen die schwächere Gruppe durchsetzen würde, muss Demokratie in einem Rechtsstaat mehr sein. Auch Minderheitenrechte müssen – gegen die Mehrheit der Demokraten – abgesichert sein. Bestimmte Rechtspositionen einzelner Bürger müssen folglich gegen Mehrheitsentscheidungen der Masse resistent bleiben. Derartige Rechte und Rechtsgüter des Einzelnen sind durch Mehrheitsbeschluss nicht abzuschaffen. Kann man aber eine »Volkswillensbildung« in einer modernen Massendemokratie unter Millionen von Menschen an unterschiedlichen Orten überhaupt realistisch organisieren? Kann ein einzelner Parlamentarier überhaupt – wie es beispielsweise das Grundgesetz für die Bundesrepublik Deutschland fordert – Vertreter des »ganzen Volkes« sein, wie es Artikel 38 Absatz 1 GG verlangt? Mehr noch: Kann es ein »ganzes Volk« überhaupt geben, wenn bereits im Parlament – wie in der französischen Nationalversammlung – unterschiedliche Fraktionen einander widerstreitende Interessen vertreten?

In der Rechtswirklichkeit der Bundesrepublik Deutschland hat sich inzwischen eine zweifelhafte Übung etabliert. Im Ausgangspunkt gehörte es zur parlamentarischen Arbeitsteilung, nicht jeden einzelnen Abgeordneten die gesamte gesetzgeberische Arbeit in eigener Person leisten zu lassen. Über die Fraktionen sollten die Abgeordneten einander Kompetenzen zuweisen, um die unterschiedlichen Kenntnisse der Abgeordneten für die legislative Tätigkeit zu nutzen. Jener im Ansatz vernünftige Arbeitsteilungsmodus erscheint inzwischen jedoch in unerfreulicher Weise modifiziert. Üblich ist heute, dass Abgeordnete nach Vorgabe ihrer Fraktionsspitzen Gesetze durch parlamentarischen Beschluss in Kraft setzen, die sie zuvor weder selbst gelesen noch gar persönlich verstanden haben. Einzelne Experten innerhalb der Fraktion, in den Ministerien oder bisweilen auch völlig außerhalb des parlamentarischen Apparates bereiten Gesetze in der Regel bis in einzelne Formulierungen hinein vor, beraten sie dann (mehr oder minder intensiv) allenfalls noch in den Bundestagsausschüssen, lassen sie sodann dort beschließen, legen sie dann erst dem Parlamentsplenum vor und bewirken so die Gesetzwerdung, mithin die Rechtsetzung im verfassungsrechtlichen Sinne.

Was innerhalb der Bundesrepublik Deutschland mit einer Bevölkerung von über 80 Millionen Menschen fragwürdig erscheint, kann – realistisch gesehen – wohl nicht einmal innerhalb des kleinsten Bundeslandes funktionieren. Wie könnte man annehmen, ein Gesetzgebungsverfahren mit allen Anhörungen, die für einen klaren und wahren Volkswillensbildungsprozess erforderlich sind, könnte in Vertretung von 500 Millionen Menschen (der EU) überhaupt auch nur ansatzweise realistisch durchgeführt werden?

Ein vergleichender Blick auf das allgemeine Zivilrecht erscheint geeignet, die Fragwürdigkeit dieses üblichen parlamentarischen Gesetzgebungsverfahrens für eine ernsthafte demokratische Willensbildung vom Volk bis in die einzelnen Formulierungen der geltenden Gesetze zu erhellen: Vergegenwärtigt man sich, dass beispielsweise der Erwerb des unbedeutendsten Grundstückstreifens gemäß § 13 Absatz 1 des deutschen Beurkundungsgesetzes die gleichzeitige Anwesenheit aller Beteiligten und des Notars erfordert und das gänzliche Vorlesen der Niederschrift durch den Notar Wirksamkeitsvoraussetzung für den Vertrag ist, dann ist im Grunde schwerlich einzusehen, warum nicht erst recht auch ein jedes parlamentarisch erlassenes Gesetz in Anwesenheit sämtlicher gewählter Parlamentarier in seinem vollen Wortlaut verlesen werden muss, bevor es förmlich in Kraft treten kann. Das – für jede notarielle Urkunde nur minimal eingeschränkte – Verbot, auf anderweitige Urkunden Bezug zu nehmen, belegt ersichtlich die Erkenntnis des Gesetzgebers des Beurkundungsgesetzes, dass die Beteiligten in solchen Fällen nicht zuletzt verlässlich wissen, was überhaupt von ihnen beurkundet wurde. Die Rechtspraxis der exzessiven Bezugnahmen auf Anlagen in deutschen Parlamenten führt nach allem faktisch zu einer Art Homöopathisierung des Volkswillens.

Nicht anders ist es in modernen Massendemokratien, wenn Volksabstimmungen oder Referenden abgehalten werden. Jeder Meinungsforscher weiß, dass schon die jeweilige Variante der konkreten Fragetechnik darüber entscheiden kann, welches Ergebnis erzielt wird.

Die Tatsache, dass in Deutschland alleine von Parlamentariern (und über den Bundesrat von Landesregierungen) Gesetze erlassen werden, mit denen – unter anderem – der Vertrag von Lissabon für die EU sowie diverse »*Geldrettungssysteme*« beschlossen wurden, lässt an einer hinlänglichen Beteiligung des Volkswillens an der Entstehung derartigen »*Rechtes*« mehr als zweifeln.

Im »*Internationalen Pakt über bürgerliche und politische Rechte*« vom 16. Dezember 1966 sowie im »*Internationalen Pakt über wirtschaftliche, soziale und kulturelle Rechte*« vom gleichen Tage heißt es jeweils wortgleich im ersten Artikel:

(1) »*Alle Völker haben das Recht auf Selbstbestimmung. Kraft dieses Rechtes entscheiden sie frei über ihren politischen Status und gestalten in Freiheit ihre wirtschaftliche, soziale und kulturelle Entwicklung.*

(2) *Alle Völker können für ihre eigenen Zwecke frei über ihre natürlichen Reichtümer und Mittel verfügen, unbeschadet aller Verpflichtungen, die aus der internationalen wirtschaftlichen Zusammenarbeit auf der Grundlage des gegenseitigen Wohles sowie aus dem Völkerrecht erwachsen. In keinem Fall darf ein Volk seiner eigenen Existenzmittel beraubt werden.*

(3) *Die Vertragsstaaten, einschließlich der Staaten, die für die Verwaltung von Gebieten ohne Restregierung und von Treuhandgebieten verantwortlich sind, haben entsprechend der Charta der Vereinten Nationen die Verwirklichung des Rechts auf Selbstbestimmung zu fördern und dieses Recht zu achten.*«

Der zitierte Text aus den Menschenrechtspakten gilt seit 1976 mit einigen Ausnahmen in nahezu allen Ländern der Erde. Ob es dem Selbstbestimmungsrecht der Völker in diesem Sinne genügt, wenn ein Parlament über die Verschiebung von Souveränitätsrechten von einzelnen europäischen Staaten auf die EU entscheidet, erscheint – vorsichtig formuliert – fraglich. Insbesondere bei der sogenannten »*Euro-Rettungspolitik*« muss auf Unverständnis stoßen, wenn die »*Einzahlerländer*«, namentlich die Bundesrepublik Deutschland, Bürgschaften in exzessiver Höhe übernehmen. Ob die einzahlenden Länder hierdurch nicht schon faktisch ihrer »*eigenen Existenzmittel beraubt*« werden, wird abzuwarten sein.

Geht man davon aus, dass ein Rechtsstaat eine Veranstaltung ist, in der Rechtssätze als verbindliche Wenn-dann-Verknüpfungen aus Tatbestand und Rechtsfolge bestehen, so wird man konsequent annehmen müssen, dass insbesondere auch staatliche Organe verpflichtet sind, für den Fall des Vorliegens der Voraussetzungen einer bestimmten Norm die von dieser angeordneten Rechtsfolgen zu akzeptieren bzw. umzusetzen.

Während eine solche »*rule of law*« für die Bürger im immer dichter werdenden Gesetzesstaat mit mannigfaltigen Sanktionen bewehrt wird, gibt es viele Beispiele, in welchem Ausmaß staatliche Stellen Rechtsnormen zu überdehnen, zu quetschen oder zu ignorieren bereit sind. Auf die Einzelheiten hierzu wird im zweiten Kapitel dieses Buches gesondert und ausführlicher zurückzukommen sein.

Eine von der bundesrepublikanischen Verfassungsrechtsprechung gerne gewählte Figur zur Legalisierung zweifelhaften Regierungshandelns besteht in der Konstruktion einer sogenannten »*Einschätzungsprärogative*« der Regierung. Sie besagt Folgendes: Ist zur Regelung eines bestimmten Sachverhaltes zum Zeitpunkt der Regelung noch nicht abschließend und verlässlich klar, welche tatsächliche Entwicklung ein bestimmter Sachverhalt in der Zukunft nehmen wird, so kann sich der von dieser Rechtsregel Betroffene nicht auf die Verteidigung seiner Rechte berufen, sofern es der Regierung gelingt, darzulegen, dass sie (irgendeine) Hoffnung hat, die weitere Entwicklung könne sich irgendwie als im Einklang mit ihren Mutmaßungen darstellen. Diesbezüglich hat sie das alleinige – und von Gerichten nicht zu überprüfende bzw. zu kritisierende – Einschätzungsermessen. Auch eine demokratisch gewählte Regierung in einem Rechtsstaat hat sich auf diese Weise prärogative Handlungsfreiräume geschaffen, die denen eines absolutistischen Monarchen praktisch gleichkommen. An anderen Stellen wird in diesem Kontext gerne vom »*Primat der Politik*« gesprochen, dem sich alle anderen Sachzwänge zu unterwerfen hätten. Beides, sowohl das prärogative Einschätzungsermessen als auch das Primat der Politik, lassen sich schwerlich auf demokratisch gebildete Überzeugungen des Volkes insgesamt zurückführen. In den Mittelpunkt der Betrachtung treten demnach Fragen der bloßen Technik einer Gesetzesanwendung.

VI.) Rechtsmethodische Herrschaftskomponenten

Gesetze sind bei alledem – in erster Linie – Texte. Texte bestehen aus Worten. Worte sind der Versuch, Gedanken zu benennen. Im Idealfalle bezeichnet ein Wort einen Gedanken so exakt, dass derjenige, der das Wort liest oder hört, exakt denselben Gedanken fassen kann wie derjenige, der das Wort geäußert hat.

Welche Vorstellung aber hat derjenige, der das Wort »*Stein*« hört? Ist der von dem Hörer vorgestellte Stein genauso groß und genauso schwer wie just der Stein, den der Äußernde sich zuvor in seinem Kopf gedacht und vorgestellt hat? Welche Vorstellungen haben zwei Menschen, wenn der eine von einem »*Stück Schnur*« spricht? Welches Bild entsteht im Kopf des Hörers, wenn sein Gegenüber sagt: »*Die Müllers sahen die Kraniche bei ihrem Flug nach Süden.*«? Flogen die Eheleute Müller mit einem Flugzeug und sahen Kraniche oder stand eine Großfamilie Müller im eigenen Garten, während ein Schwarm Kraniche über diesen flog?

Worte sind – in aller Regel – nur dann ansatzweise verlässliche Benennungen von Gedanken, wenn sie im Kontext eines oder mehrerer Sätze geäußert werden. Sätze sind nur dann verlässlich verstehbar, wenn sie im Zusammenhang eines gesamten Textes erfasst werden.

Kurz: Jeder Text – auch ein Gesetzestext – ist der Interpretation fähig bzw. der Auslegung unterworfen. Hans-Hermann Hoppe sagt: »*Menschen können irren. Auch absichtlich.*«[5] In gleicher Weise muss gelten: Texte können missverstanden werden. Auch absichtlich. Die Frage also, wie ein Text von seinem Leser bzw. Hörer verstanden wird, ist ebenfalls eine eminent juristische. Wie wird ein Vertrag und wie wird ein Gesetz ausgelegt? Stützt man sich auf grammatikalische Auslegungsmethoden? Zieht man systematische Erwägungen heran? Fragt man nach historischen Bezügen der Gesetzesformulierung oder nach genetischen der vormaligen Gesetzesänderungen? Wird eine Norm »*verfassungskonform*« interpretiert oder folgt die Auslegung anderen, »*übergeordneten*« Interessen?

Für die Auslegung von Willenserklärungen gilt in Deutschland – zumindest unmittelbar für das gesamte Zivilrecht – die Regelung des § 133 BGB. Sie lautet:

»Bei der Auslegung einer Willenserklärung ist der wirkliche Wille zu erforschen und nicht an dem buchstäblichen Sinne des Ausdrucks zu haften.«

Verbietet daher beispielsweise die Hausordnung eines Bahnhofes »*Hunde auf dem Bahnsteig*«, so ist nicht buchstäblich an dem Wort »*Hund*« festzuhalten, sondern – dem wirklichen Willen des Regelgebers folgend – auch davon auszugehen, dass er keine Ziegen, keine Gämsen und keine Giraffen auf dem Bahnsteig dulden möchte. Umgekehrt wird man richtigerweise davon ausgehen dürfen, dass das Mitführen eines Zwergpinschers im Korb oder der Einsatz eines Blindenhundes nicht verboten sein sollen.

Anders als im Vertragsrecht, wo die Vertragsparteien nötigenfalls ergänzend nach ihrem bei der Formulierung vorhandenen tatsächlichen Willen gefragt werden können, ist dies bei Gesetzen – insbesondere solchen, die durch förmlichen Parlamentsakt erlassen worden sind – nicht möglich und nach herrschender Meinung auch nicht geboten. Hier gilt das Dogma von der sogenannten »*objektiven Auslegung*« eines Gesetzes. Eine solche »*objektive*« Auslegung des Gesetzes sieht ganz bewusst von der Frage ab, ob sich der Gesetzgeber bei seiner Verwendung des einschlägigen Wortes oder Begriffes selbst derjenigen Bedeutung bewusst gewesen sein könnte, die der Auslegende der interpretierten Norm nunmehr zuweist. Mit anderen Worten: Die objektive Auslegungsmethode gestattet dem Rechtsanwender, in eine jede wörtliche Norm schlicht das hineinzulegen, was ihm – mit welchem anderen Begründungsaufwand auch immer – gerade beliebt.

Damit wird die Methodik der Auslegung zum eigenen Machtmittel. Bernd Rüthers hat dies in seiner herausragenden Habilitationsschrift über die »*unbegrenzte Auslegung*« am Beispiel der nationalsozialistischen Auslegung des Vertragsbegriffes eindringlich beschrieben. Seine mahnende Darstellung kann nicht oft genug zitiert werden:

»Der Vertragsbegriff des BGB wurde [von den Nationalsozialisten] kritisiert, weil er allein auf den übereinstimmenden und erklärten Willen der Parteien abstelle, ohne dass der Sinn und die Bedeutung des jeweiligen Vertragsinhaltes für die Stellung der Partner in der Gemeinschaft berücksichtigt werde. … Der Vertragsbegriff müsse statt der formalen Willenseinigung einen zweckgebundenen, sinnvollen Vorgang erfassen, der eine bestimmte Funktion im Aufbau der Gesamtordnung erfülle. … Das Bestreben der neuen Vertragstheorie ging dahin, das vertragliche Rechtsverhältnis nicht nur als eine Beziehung unter den Beteiligten, sondern als ein Verhältnis des objektiven Rechts zu begreifen. Es sollte seinen Inhalt nicht allein aus dem übereinstimmend erklärten Parteiwillen, sondern aus der ›Ordnung des Volksganzen‹ empfangen. Der Vertragsinhalt musste mit den Belangen der Volksgemeinschaft vereinbar sein. Der Parteiwille musste sich der Gemeinschaftsordnung eingliedern. … Das Kernproblem der neuen Vertragstheorie war die Einordnung des Einzelvertrages in den Gesamtplan der Volksordnung. Als Mittel dieser Einordnung kamen entsprechende staatliche Beschränkungen der Abschlussfreiheit und der Gestaltungsfreiheit in Betracht. … Dem entsprach es, die Willensherrschaft der Parteien im Vertrag erheblich einzuschränken. Die Bindung der Parteien sollte in der auf die Gemeinschaft bezogenen Pflicht, nicht allein im Willen wurzeln. … Die Vertragsfreiheit, soweit sie überhaupt noch anerkannt wurde, war nach der völkischen Rechtswissenschaft nur noch ein Mittel zur Verwirklichung von Gemeinschaftszielen. … Als ein ›Stück Gemeinschaftsleben‹ und ›Gestaltungsmittel der völkischen Ordnung‹ hatte der Vertrag die Aufgabe, an einer sinnvollen Güterverteilung und zur Erreichung immer höherer Leistungen mitzuwirken. Er war ganz auf die ›Bedürfnisse der Gesamtordnung ausgerichtet‹. … Der

> *Parteiwille war nur dann rechtlich verbindlich, wenn er in diesem Sinne ›sittlich ausgerichtet‹ war. ... Bei der Ermittlung des Vertragsinhaltes galt der Parteiwille nur als Anstoß und Grundlage des Vertrages, nicht als einziger Gestalter des Vertragsinhaltes. Die Partner eines Vertrages waren jetzt der Volksgemeinschaft gegenüber verpflichtet. Der Satz ›Gemeinnutz geht vor Eigennutz‹ galt als ›der grundlegendste und beherrschendste Satz des ius cogens [also des zwingenden Rechtes] im Recht, auch im Recht der Schuldverhältnisse‹. Der einseitige Vorrang der Gemeinschaftsgebundenheit aller Vertragspartner bedeutete eine starke Einschränkung ihres Selbstbestimmungsrechtes. Der Vertrag hatte nicht mehr selbstständige, sondern lediglich dienende Funktion im Rahmen ideologisch vorgegebener Gemeinschaftsziele. ... Raiser weist zutreffend darauf hin, dass damit eine für totalitäre Systeme besonders brauchbare Vertragstheorie entwickelt worden war. Ihr wesentliches Merkmal liegt in der Einschnürung der freien Selbstbestimmung des Einzelnen und in seiner Ausrichtung auf die ideologisch vorbestimmten Ziele des jeweiligen Staates.«*[6]

Die Verwendung von unklaren, undeutlichen oder »*breit streuenden*« Begriffen in Rechtsnormen oder gar die Verwendung widersprüchlicher Terminologien entkleidet somit die Rechtsnorm um denjenigen Anteil an Regelungsgehalt, der ihr von dem ursprünglichen Normgeber mit auf den Weg gegeben wurde. Sie eröffnet hingegen demjenigen, der die Rechtsnorm später zur Kenntnis nimmt und anzuwenden hat, alle Möglichkeiten, im Wege der Auslegung in sie hineinzuinterpretieren oder aus ihr herauszuinterpretieren, was immer ihm – als Rechtsanwender – beliebt. In seiner *Rechtstheorie* formuliert Bernd Rüthers weiter:

»Methodenfragen sind Machtfragen. Die Entscheidung über die Rechtsanwendungsmethode legt, genau gesehen, fest, wem die Definitionskompetenz über die materialen Inhalte der geltenden Rechtsordnung zusteht. … Daraus folgt: Methodenfragen sind Verfassungsfragen. … Die demokratischen Verfassungsstaaten scheinen einem Strukturwandel unterworfen zu sein, der die Schwergewichte der Rechtspolitik von der Normsetzung vom Parlament auf die Justiz verlagert. Der Trend geht zum Richterstaat. Deshalb gewinnt die Frage, wer die Richter bestellt, entscheidende rechts- und machtpolitische Bedeutung.«[7]

VII.) Anthropologische Zwischenbemerkung

Bevor in der weiteren Darstellung dieses Kapitels die Frage nach der faktischen Umsetzung rechtlicher und gesetzlicher Machtansprüche thematisiert wird, sind – gleichsam zur Vorklärung – einige wenige anthropologische Bemerkungen angezeigt.

Menschen können, wie bereits gesagt, irren. Sie können aber eben auch absichtlich irren. Insbesondere irren sie dann gerne absichtlich, wenn sie sich hiervon einen Vorteil für sich selbst versprechen.

Der menschliche Irrtum ist im Menschsein ebenso angelegt wie das menschliche Wissen. Selbst in Sätzen wie dem, dass sich das Wissen der Menschheit alle fünf Jahre verdopple, ist die Erkenntnis verborgen, dass sich auch die Irrtümer der Menschheit in diesen fünf Jahren verdoppeln dürften. Denn jeder Erkenntnisprozess, mit dem Menschen sich neues Wissen verschaffen möchten, ist faktisch unausweichlich mit dem Risiko des Irrens bei dieser weiteren Wissensaneignung verbunden.

Die Kräfte eines jeden Menschen bei der Wissensaneignung sind begrenzt. Die Aufnahme von Informationen durch die fünf Sinne birgt Fehlerpotenziale. Richtig Erkanntes kann unrichtig verarbeitet (also durchdacht) werden. Richtig Erkanntes und richtig Durchdachtes kann fehlerhaft weitergegeben oder mit Fehlern behaftet verstanden werden. Das potenzielle Reich der Irrtümer ist folglich (mindestens) so groß wie das Reich des potenziellen Wissens.

Neben den auf diese Weise eingeschränkten Verständnismöglichkeiten des Menschen (und der Menschheit insgesamt) tritt eine weitere naturgegebene Einschränkung des menschlichen Handlungspotenzials. Niemand kann weiter von sich greifen, als seine Arme lang sind. Will jemand Gegenstände greifen, die außerhalb der Reichweite seiner Arme liegen, muss er entweder seinen Standort wechseln oder aber andere Hilfsmittel oder helfende Hände anderer einbeziehen. Immer dann, wenn ein Mensch etwas wissen will, was er nicht unmittelbar selbst wissen kann, und immer dann, wenn ein Mensch etwas tun möchte, was er nicht selbst unmittelbar bewirken kann, bedarf er der Hilfe anderer. Dies aber setzt wiederum Kommunikation und Verständigung mit diesen anderen voraus. Will ein Mensch – im Rahmen der hier interessierenden Herrschaft – andere Menschen ohne oder gegen deren Willen motivieren, in seinem Sinne tätig zu werden oder untätig zu bleiben, so hat er – will er Erfolg haben – entsprechende Vorkehrungen hierfür zu treffen. Das Reservoir einschlägiger Instrumentarien hierzu, die im Laufe der Menschheitsgeschichte entwickelt wurden, ist beeindruckend, bunt und breit. Wird es kumulativ und erfolgreich eingesetzt, werden die Handlungs- und Bewegungsspielräume der Herrschaftsunterworfenen sehr effektiv eingeschränkt und ihr Verhalten gelenkt. Überschätzt der Herrschende indes seine Einflussmöglichkeiten, setzt er seine effektiven Herrschaftsmittel fehlerhaft ein oder kommt es zu sonstigen Verirrungen im Geflecht des Handelns zwischen Herrschendem und Beherrschten, so entstehen schnell Situationen, die von keinem der Beteiligten an einem Herrschaftsverhältnis je intendiert oder nur abstrakt vorgestellt worden waren.

VIII.) Polizei und Militär

Die elementarste und augenfälligste Ausübung der Herrschaft eines Menschen über einen anderen besteht in der Anwendung offener Gewalt. Übt ein Mensch gegen einen anderen unmittelbaren Zwang aus, so ist deutlich, wer der Herrschende und wer der Beherrschte ist.

Polizisten, die mit Absperrungen, Tränengas, Wasserwerfern, Gummiknüppeln, Handschellen, Schusswaffen oder sonstigem Gerät gegen Bürger vorgehen, haben – gegen unbewaffnete Gegner – alle Chancen, den ihnen aufgetragenen Herrscherwillen faktisch durchzusetzen. Gleiches gilt für Einsätze mit militärischem Gerät. Wer sich solcher Gewalt ausgesetzt sieht und nicht mit entsprechenden Gegenwaffen versehen ist, dessen Wille wird gebrochen. Er wird beherrscht.

Indes kann das Brechen des Willens eines anderen auf diese Weise nicht endlos durchgesetzt werden. Selbst in den heute modernen Staaten, für die bald 20 Prozent aller Beschäftigten tätig sind[8], reicht das personelle Gerüst des Staates nicht aus, um die verbleibenden 80 Prozent der Bevölkerung gewaltsam zu Verhaltensweisen zu bewegen, zu denen diese nicht auch freiwillig bereit wären. Von zentraler Bedeutung für die Anordnung bestimmter Verhaltensweisen ist daher, dass die Herrschafts- bzw. Machtunterworfenen die zugrunde liegenden Gesetzes- und Rechtsquellen freiwillig akzeptieren und ihnen ohne Widerstand folgen.

Die überragende Vielzahl aller Verpflichtungen – beispielsweise zur Zahlung von Kaufpreisen – wird von den Verpflichteten freiwillig erfüllt. Müsste eine jede Kaufpreisforderung zunächst eingeklagt, tituliert und von einem Gerichtsvollzieher vollstreckt werden, bräche das System der Rechtspflege bald vollständig zusammen. Gleiches gilt für die Anordnungen von Verkehrspolizisten, die Erhebung von Steuern und Beiträgen durch Finanz- und Verwaltungsbehörden oder die Erfüllung sonstiger auferlegter Verpflichtungen. Die staatliche Organisation kann insgesamt nur dann »*reibungslos*« funktionieren, wenn der Bruch einer Gesetzesregel die faktische Ausnahme, die Befolgung der Rechtsregel aber die Norm darstellt.

Eingedenk dieser Erkenntnisse waren Herrscher zu allen Zeiten interessiert und bestrebt, Machtausübungstechniken zu ersinnen, die ohne derartige Gewalt, das heißt insbesondere ohne unmittelbaren Zwang oder angedrohten Zwang, auf »*sanftere*« Weise zu dem gewünschten Ergebnis führen.

IX.) Herrschaft durch Steuern

Egal, ob ein Staatswesen in der Geschichte monarchisch (oder diktatorisch) »*vertikal*« organisiert war oder ob es »*horizontal*« durch induktive Machtzuweisung an vorübergehend ermächtigte Volksvertreter regiert wurde: In allen Fällen haben Herrscher Beherrschte besteuert. Dies bedeutet, sie haben die individuellen wirtschaftlichen Handlungspotenziale der Herrschaftsunterworfenen durch Wegnahme von Steuern minimiert und – anschließend – durch gezielte Verteilung dieser Steuern in Gestalt von Subventionen ihnen geneigte Bürger oder Institutionen wirtschaftlich handlungsmächtiger gemacht.

Eine derartige Umverteilung von Handlungsmöglichkeiten durch einerseits Steuern und andererseits Subventionen erfreut sich beispielsweise aktuell in Deutschland einer hohen Beliebtheit. Während auf der einen Seite Kraftstoffe exzessiv besteuert werden, wird andererseits durch Subventionierung der Erzeugung »*alternativer*« Energien ein bestimmtes wirtschaftliches Segment erheblich finanziell ertüchtigt.

Die Erhebung von Steuern erfolgt – überwiegend – nicht durch unmittelbaren Zwang oder unmittelbar angedrohten Zwang, sondern mittelbar (»*sanft*«) durch die nur geschwungene Keule der strafbaren Steuerhinterziehung. Die einzigen Grenzen für derartige Steuerpolitik ziehen einerseits die Akzeptanz der Besteuerten (die derzeit in Deutschland zu einer bemerkenswerten Totalkontrolle bereit sind) und andererseits die faktischen Durchsetzungsaussichten für die Steuererhebung. Auch hier allerdings gelten die Grenzen des Ökonomischen. Der Aufwand zum Eintreiben einer Steuer darf – aus Herrschersicht – nicht den prognostisch erwartbaren Erlös übersteigen. Zusätzliche Strafzahlungen und Säumniszuschläge verschieben diese ökonomischen Grenzen zwar zugunsten des herrschenden Steuereintreibers. Allerdings kann dieser nur ein begrenztes Interesse haben, auf Dauer den Baum zu fällen, von dessen Früchten er leben will. Steuerjuristen sprechen von einer nicht wünschenswerten »*Erdrosselungssteuer*«.

Der von dem Bundesverfassungsgericht einstmals in die Debatte gebrachte »*Halbteilungsgrundsatz*«, ausweislich dessen dem Bürger von den Früchten seiner Arbeit jedenfalls die Hälfte des Ertrages belassen werden muss und nicht mehr als die Hälfte an Steuern eingetrieben werden kann, ist zwischenzeitlich gegenstandslos geworden. Jedenfalls in Deutschland gilt: Der Staat ist ermächtigt, seine Bürger mehr als sechs Monate pro Jahr nur für sich und seine eigenen Ausgabengelüste arbeiten zu lassen.

Ob die Bezeichnung jener Regelungsmaterie als »*Steuerrecht*« dementsprechend überhaupt noch legitim ist, soll hier nicht diskutiert werden. Denn »*Recht*« muss – wie gesehen – auf Dauer funktionsfähig und allgemein akzeptabel sein. Ob also das, was Steuergesetz ist, auch noch Steuerrecht ist oder ob Steuerrecht inzwischen ein Widerspruch in sich selbst ist, mag an anderer Stelle erörtert werden. Maßgeblich ist: Neben dem unmittelbaren Zwang wird Herrschaft – noch relativ offensichtlich – durch wegnehmende Steuern und zuteilende Subventionen ausgeübt.

Weniger offensichtlich ist die Ausübung von Herrschaftsmacht durch sogenannte Geldpolitik, was nun zu zeigen sein wird.

X.) Herrschaft durch Geldpolitik

Geld, sagt man, bewegt die Welt. Wer also über Geld verfügt, kann Einfluss nehmen auf den Gang der Dinge. Ungleich größeren Einfluss auf die Geschicke der Welt kann jedoch derjenige nehmen, der das Geld selbst bewegt. Denn obwohl wir im Alltag stets mit Geld konfrontiert sind, bleiben den meisten Menschen doch die tatsächlichen Funktionsweisen des Phänomens Geld gänzlich verborgen. Mithin erscheint legitim, zunächst zu fragen: Was ist Geld?

Hier ist nicht der Ort, eine Geschichte des Geldes zu schreiben. Gleichwohl besteht Anlass, einige elementare Begrifflichkeiten zu klären, um anschließend die Merkwürdigkeiten der Herrschaftsfunktion von Geldpolitik zu erläutern. Am ehesten wird die Funktion des Phänomens »*Geld*« klar, wenn man historisch an dem Zeitpunkt anknüpft, zu dem es noch kein Geld im eigentlichen Sinne gab. Tauschgeschäfte unter Menschen mussten zu diesem Zeitpunkt jeweils unmittelbar ausgeführt werden. Wer Früchte besaß, aber Fleisch essen wollte, der musste – solange seine Früchte nicht verdorben waren – exakt denjenigen als Tauschpartner finden, der Fleisch besaß, dieses wegzugeben bereit war und im Gegenzug Interesse hatte, hierfür Früchte zu erwerben. Dass eine derartige Tauschwirtschaft nur sehr zähflüssig zu Warenumschlägen kommt, liegt auf der Hand. Alleine die tatsächliche Schwierigkeit, den richtigen Tauschpartner zu finden, behindert derartige Geschäftsabläufe erheblich.

Vor dem Hintergrund dieser Interessenlage kann nicht erstaunen, dass die Beteiligten an einer solchen ersten Tauschwirtschaft ein Bedürfnis hatten, ihre Transaktionen flüssiger zu gestalten. Der vermeintliche Umweg über ein drittes Tauschgut brachte die Lösung. Anstelle desjenigen Gutes, das von dem an einer Weggabe von Waren interessierten Vertragsteil mittelfristig gewünscht war, trat deshalb zunächst das bloße Tauschgut »*Geld*«. Es diente ausschließlich der Tauschfunktion, war also jenseits seiner Eintauschbarkeit nicht von sonstigem Interesse. War im Gegenzug für die wegzugebende Ware dann dieses Tauschgut in Besitz genommen, konnte es anschließend gegenüber jedem anderen potenziellen Tauschpartner wiederum als reines Tauschmittel eingesetzt werden, um von diesem Dritten – ohne Beteiligung des ersten Tauschpartners – eine andere, nunmehr gewünschte Ware zu erhalten.

Mit dieser ersten Geldfunktion ist zugleich die erste Zweckbestimmung des Geldes beschrieben. Es dient – wenn auch vielleicht nicht ausschließlich, so aber jedenfalls doch in erster Linie – als Tauschmittel. Sonstige Zweckbestimmungen des Tauschmittels »*Geld*« treten in den Hintergrund. In der Währungsgeschichte wurden demgemäß zunächst die verschiedensten Gegenstände eingesetzt, um als Tauschmittel zu dienen. Muscheln, Salz oder Perlen boten sich in der Anfangsphase der Geldgeschichte an, da sie nicht verdarben, anders als die Früchte in dem genannten ersten Tauschbeispiel. Mit dieser Art von Unverderblichkeit des Tauschmittels trat sogleich auch die zweite wesentliche Geldfunktion in den erwachenden Geldhandel. Geld sollte eine Wertaufbewahrungsfunktion erfüllen. Anders als Fleisch, das verdarb, oder Früchte, die verrotteten, mussten die als Geld genutzten Gegenstände haltbar sein, um ihren Wertbestand zu sichern.

Da nicht alle durch Tausch zu erlangenden gewünschten Gegenstände ein- und denselben Wert hatten, weil beispielsweise der Erwerb eines Hasen weniger Geldeinsatz erforderte als der Kauf eines Kamels, wurde bald auch die dritte wesentliche Funktion des Geldes bedeutsam.

Geld hatte eine (wie auch immer von den Beteiligten jeweils subjektiv eingeschätzte) Maßstabsfunktion zu erfüllen. Um möglichst gut tauschbar zu sein, war daher interessant, solche Gegenstände zum Zwecke des Tauschens einzusetzen, die sich auch in verschiedene Einheiten zerlegen ließen, ohne hierdurch ihre Geldfunktion einzubüßen. Eine Muschel konnte nicht zerbrochen werden, um für zwei kleinere Tauschgeschäfte eingesetzt zu werden, ohne ihre spezifische Gestalt als Muschel zu verlieren. In der Menschheitsgeschichte entwickelten sich folglich bald Edelmetalle als die optimalen Tauschmittel. Gold, Silber und Kupfer konnten zu Tauschzwecken eingesetzt werden, verdarben nicht und waren damit perfekte Wertaufbewahrungsmedien. Darüber hinaus konnten diese Metalle in verschiedenen Stückelungen getauscht werden, was ihre Maßstabsfunktion wesentlich förderte. Zudem waren die genannten Edelmetalle knapp. Anders als beispielsweise Sand, der von einem potenziellen Tauschpartner ohne nennenswerten Aufwand in schier unbegrenzter Menge hätte herbeigeschafft werden können, boten Edelmetalle bei dem alltäglichen Tausch die Gewähr, ihren ursprünglichen Wert im Rahmen des angenommenen Maßstabes auch im Wesentlichen zu behalten.

Nachdem die Menschen durch ihren Handel und Wandel die herausragende Bedeutung von Edelmetallen für einen funktionsfähigen Tauschhandel erkannt hatten, stellte sich der Entwicklung der Geldgeschichte bald eine neue Herausforderung. Denn obwohl Edelmetalle sich – aus den genannten Gründen – perfekt für Tauschhandel eigneten, so wiesen sie doch auch zwei einschlägige Nachteile auf. Der eine Nachteil war (und ist), dass sie ein erhebliches Gewicht haben, was ihren Transport erschwert. Der zweite Nachteil lag darin, dass derjenige, der dieses Gewicht zu Handelszwecken mit sich trug, eher schutzlos diebischen und räuberischen Angriffen ausgesetzt war.

Üblicherweise wird an dieser Stelle der Geldgeschichte die Entstehung des Bankgeschäftes verortet. An die Stelle des Tausches unmittelbar mit einem Edelmetall trat fortan der gleichsam stellvertretende Tausch mit Lagerscheinen. Der Eigentümer des Edelmetall-Geldes lagerte sein Eigentum sicher an einer bewachten Stelle – einer Bank – ein und erhielt von dem Bankier eine schriftliche Bestätigung über sein dort eingelagertes Eigentum. Anschließend konnte der Geldeigentümer Tauschgeschäfte tätigen, ohne sein Gold, sein Silber oder sein Kupfer aus der Bank gegenständlich fortbewegen zu müssen. Er übergab nunmehr lediglich noch das leichte (und vor Dieben und Räubern leichter zu versteckende) Papier, das seine Eigentumsposition an diesem Metall auswies, an seinen Tauschpartner. Der Herausgabeanspruch auf das Edelmetall gegen den verwahrenden Bankier wurde an den Tauschpartner abgetreten. Dieser konnte daraufhin die Herausgabe des Edelmetalls von dem Bankier an sich verlangen.

Dieser historische Exkurs auf die geschichtliche Entstehung von Geld und Bankhäusern genügt im Wesentlichen bereits, um nun die tatsächlichen Grundlagen der Herrschaft durch Geldpolitik erläutern zu können. Lediglich zwei ergänzende Gesichtspunkte sind an dieser Stelle zum Verständnis noch anzufügen. Denn auch in historischer Zeit drohten dem Geldverkehr bereits zwei zentrale Gefahren. Die eine bestand darin, dass das gehandelte Edelmetall – ab einem bestimmten Zeitpunkt in der Geschichte auch insbesondere in Gestalt von Münzen – metallurgischen Angriffen ausgesetzt war. Der Goldgehalt eines Barrens oder der Silbergehalt einer Münze konnte in böser Absicht »*verdünnt*« werden. Barren und Münzen wurden in diesem Falle mit unedleren, das heißt leichter verfügbaren und in größeren Mengen erhältlichen Metallen vermischt. Die Nutzer der Edelmetallbarren und Münzen glaubten dann, noch immer werthaltiges Geld tauschen zu können, hielten aber in Wahrheit geringerwertige Geldgegenstände in ihren Händen. In den geschichtlichen Kontext dieser Münzverschlechterungen gehört auch der bekannte Menschheitstraum, künstliches Gold von Alchimisten herstellen zu lassen. Die Vermehrung des knappen und nur unter erheblichen Anstrengungen vermehrbaren Gutes

Gold hätte in diesem Falle denjenigen deutlich begünstigt, der auf einfacherem Wege in den Besitz von Gold gekommen wäre.

Der zweite Angriff auf diese durch eine Zwischenschaltung von Banken als Lagerhäusern geschaffene Art der Geldgeschäfte drohte jedoch von den nunmehr gegründeten Bankhäusern selbst. Bald nämlich entdeckten die Bankiers, dass nicht jeder Inhaber eines papierförmigen Lagerscheines auch regelmäßig bei ihnen erschien, um sich das eingelagerte Edelmetall tatsächlich aushändigen zu lassen. Infolge dieser empirischen Beobachtung wurde für die Bankiers der Anreiz begründet, im illegitimen eigenen Interesse mehr Lagerscheine für eingelagertes Metall auszugeben, als bei seriöser Auswaage des vorhandenen Edelmetalls tatsächlich (im Verhältnis 1:1) hätte ausgegeben werden können und dürfen.

Je häufiger dieses tatsächliche Ungleichgewicht unbemerkt blieb, desto größer wurde die Risikobereitschaft der Bankiers, immer mehr Lagerscheine für in Wahrheit nicht vorhandenes Edelmetall auszugeben. Die mit Lagerscheinen in Papierform handelnden Geschäftsleute wähnten sich daher durch vermeintlichen Edelmetallbesitz weit wohlhabender, als sie in Wahrheit waren. Flog der Schwindel dann auf, weil zu viele Lagerscheininhaber gleichzeitig in ihrem Bankhaus erschienen und Herausgabe des Edelmetalls – über den tatsächlich vorhandenen Fundus hinaus – verlangten, schloss das Bankhaus seine Türen. Die Geschichte kennt viele Beispiele, in denen es in solchen Fällen zu nur allzu verständlichen Gewaltakten gegen Bankiers gekommen ist.

Im weiteren Verlauf der Geschichte haben nicht nur Kaiser und Könige für sich das – wie dargelegt zuletzt aus göttlichem Recht abgeleitete – Privileg reklamiert, dass nur sie selbst Münzen prägen dürfen, die für den Handel genutzt werden können. Bis in unsere Gegenwart hat sich tatsächlich die weithin akzeptierte Vorstellung verfestigt, dass alleine ein staatlich ausgegebenes »*Geld*« legitim zu Tauschzwecken eingesetzt werden dürfe. § 14 Absatz 1 Satz 2 des Bundesbankgesetzes der Bundesrepublik Deutschland lautet aktuell:

> »*Auf Euro lautende Banknoten sind das einzige unbeschränkte gesetzliche Zahlungsmittel.*«

Korrespondierend hierzu bestimmt § 128 des Vertrages über die Arbeitsweise der Europäischen Union (im Folgenden: AEUV):

> »*(1) Die Europäische Zentralbank hat das ausschließliche Recht, die Ausgabe von Euro-Banknoten innerhalb der Union zu genehmigen. Die Europäische Zentralbank und die nationalen Zentralbanken sind zur Ausgabe dieser Banknoten berechtigt. Die von der Europäischen Zentralbank und den nationalen Zentralbanken ausgegebenen Banknoten sind die einzigen Banknoten, die in der Union als gesetzliches Zahlungsmittel gelten.*
>
> *(2) Die Mitgliedstaaten haben das Recht zur Ausgabe von Euro-Münzen, wobei der Umfang dieser Ausgabe der Genehmigung durch die Europäische Zentralbank bedarf.* …«

Im heutigen Zahlungs- und also Tauschverkehr gibt es allerdings nicht nur Bargeld in der Gestalt von Euro-Banknoten und Euro-Münzen, wie sie § 128 AEUV thematisiert. Vielmehr akzeptieren die Teilnehmer des Wirtschaftsverkehrs neben dieser Art von Bargeld gemeinhin auch bloße »*bargeldlose*« Überweisungen von Geldbeträgen auf Konten. Diese Art von Geld auf einem Bankkonto wird als »*Giralgeld*« bezeichnet. Weil es nicht wie Bargeld in der Hand gehalten werden kann, heißt dieses Giralgeld auch »*Buchgeld*«. Denn lediglich aus den Büchern (Handelsbüchern oder Sparbüchern) geht hervor, dass es überhaupt existiert.

Faszinierend an dieser grundsätzlichen Zweiteilung des Geldes in Bargeld und Giralgeld ist – abgesehen von hier nicht weiter interessierenden zusätzlichen Verästelungen – das System der Entstehung dieses Geldes. Anders als Bargeld, das in Gestalt von Banknoten gedruckt und in Gestalt von Münzen geprägt werden muss, kann Giralgeld durch bloße Buchungsvorgänge produziert werden. Und anders als in dem geschilderten historischen Ablauf entsteht zusätzliches Geld demgemäß nicht nur dadurch, dass (aufwendig) Gold gesucht, gefunden, geschürft, verarbeitet und in den Geldkreislauf eingespeist wird. Geld kann vielmehr so entstehen, als griffe ein Handelsteilnehmer eine zusätzliche Handvoll Sand und bezahle mit dieser. In bemerkenswerter Offenheit wird dieser Prozess beispielsweise in der bekannten Online-Enzyklopädie »*Wikipedia*« beschrieben:

> *»Geld entsteht heutzutage üblicherweise im zweistufigen Bankensystem aus Zentralbank und (Geschäfts-)Banken. Zentralbankgeld besteht aus dem Bargeld und den Guthaben der Geschäftsbanken bei der Zentralbank. ... Giralgeld entsteht aus Nettokreditaufnahmen. Beispiel: Bank A hat eine Einlage von einem Bankkunden erhalten, davon kauft sie Zentralbankgeld. Bank A gewährt einem Bankkunden Kredit und zahlt ihm Zentralbankgeld (in Form von Bargeld) aus. Der Bankkunde tätigt einen Kauf und überweist das Zentralbankgeld als Kaufpreis an das Girokonto seines Geschäftspartners bei Bank B. In dem Beispiel ist die Menge des Zentralbankgeldes gleich geblieben, es sind aber zusätzliche Kredite und Einlagen entstanden. Bank B kann mit der Einlage nun einen erneuten Giralgeldschöpfungsprozess auslösen. Insgesamt kann sich der Vorgang viele Male wiederholen, das nennt man dann multiple Giralgeldschöpfung durch Kreditvergabe. Durch den Giralgeldschöpfungsprozess könnte theoretisch eine unendlich große Giralgeldmenge entstehen. Die Zentralbank begrenzt die Giralgeldschöp-*

fung jedoch durch die Mindestreserve: Geschäftsbanken sind dazu verpflichtet, für jeden Euro, den ein Bankkunde bei der Bank eingelegt hat (Sichteinlagen), einen bestimmten Prozentsatz bei der Zentralbank zu hinterlegen (wofür sie ein Zentralbankguthaben erhalten). Bei der EZB beträgt der Mindestreservesatz derzeit ein Prozent. Es kann also im gesamten Bankensystem theoretisch maximal die 100-fache Menge des Zentralbankgeldes als Giralgeld entstehen. Weitere begrenzende Faktoren sind die Bargeldquote, also die Menge an Bargeld, die eine Geschäftsbank für tagtägliche Bargeldabhebungen bereithalten muss, und natürlich generell die Bereitschaft der Banken zu Kreditvergabe (im Falle von Banken-, Wirtschaft- oder Finanzkrisen kann die Giralgeldschöpfung nachlassen und die Giralgeldmenge sinken).«

Die Geldmenge, mit der die Wirtschaftsteilnehmer ihre realwirtschaftlichen Tauschgeschäfte tätigen, ist demgemäß mindestens über diesen Prozess erheblichen Unsicherheiten ausgesetzt. Denn die rein psychologische Befindlichkeit eines Bankiers, ob er eine Krise fürchtet oder nicht, hat Einfluss auf die Geldmenge. Da die Geldmenge für eine stabile Wirtschaft sinnvollerweise in einem ausgewogenen Verhältnis zu realwirtschaftlich vorhandenen und geschaffenen Gütern steht, kann das gesamte Geflecht aus Tauschgeschäften in diesen Rahmenbedingungen schnell sehr instabil werden. Die in der vorstehend zitierten Passage des Online-Lexikons »*Wikipedia*« beschriebene Mindestreserve von einem Prozent stellt sich im historischen Kontext des Bankwesens keinesfalls als neue Entwicklung dar. Einer der bedeutendsten Vertreter der sogenannten Österreichischen Schule der Nationalökonomie, Friedrich August von Hayek, der 1974 mit dem Nobelpreis für Wirtschaftswissenschaft ausgezeichnet worden ist, hatte zu diesem Problem bereits in seiner Habilitationsschrift aus dem Jahre 1929 wörtlich formuliert:

»Da jede Bank 90 Prozent des bei ihr eingezahlten Betrages weiterverleiht und dadurch einen Depositenzugang zu einer anderen Bank im gleichen Betrag veranlasst, wird die erste Einlage der Anlass zu Kreditgewährungen, die [ein Vielfaches] jener Einlage an Depositen erzeugen. Da die Summe dieser konvergenten unendlichen Reihe 9 beträgt, werden die Banken also äußerstenfalles für einen ihnen von außen zufließenden Barbetrag das Neunfache an Depositen schaffen können, was sich übrigens schon daraus ergibt, dass der Prozess eben erst aufhört, wenn das letzte Teilchen jenes Barbetrages als 10-prozentige Deckung für Depositen festgelegt wurde.«[9]

Was zur Zeit der Habilitationsschrift von Friedrich August von Hayek eine 10-prozentige Teil- oder Mindestreserve war, ist in den Folgejahren – wie vorstehend dargelegt – auf einen Mindestreservesatz von einem Prozent zusammengeschrumpft. Man wird wohl nicht fehlgehen in der Annahme, dass die Seriosität der Bankgeschäfte sich in vergleichswcisc ähnlichem Maße reduziert hat.

Der wohl berühmteste Schüler Friedrich August von Hayeks, der Publizist Roland Baader, hat diesen Betrachtungen zur zweifelhaften Geldschöpfung eine durchaus dramatische weitere Warnung hinzugefügt. Sein Blick auf den Internationalen Währungsfonds brachte ihn 2004 zu folgender Erkenntnis:

»Der Internationale Währungsfonds wurde im Dezember 1945 gegründet. Zu seinen deklarierten Aufgaben und Zielen gehören die ›Förderung der Stabilität der Währungen‹ und die ›Aufrechterhaltung geordneter Währungsbeziehungen zwischen den Mitgliedsländern‹. Die währungsgeschichtliche Realität sieht jedoch ganz anders aus, als die hehren Ziele vorgeben. Dies liegt schon in der Logik der Fondsfunktion als eine Art internationaler Ober-Geldzauberanstalt.

Was die Zentralbanken auf nationaler Ebene treiben – allen voran die ›Königin aller Zentralbanken‹, die Fed (Federal Reserve in den USA) –, nämlich die Rettung zusammenbrechender Bankinstitute, das macht der IWF international. Wobei gelegentlich nicht nur Banken und sonstige Finanzinstitutionen an den IWF-Tropf gehängt werden, sondern ganze Regierungen samt ihrer Monsterschulden. Und während die Zentralbanken mit der heißen Luft des aus dem Nichts gezauberten Geldes agieren, treibt der IWF seine Vieltausendmilliarden-Spiele mit dem heißen Dampf eines buchstäblichen ›Super-Nichts‹. Haben Mitgliedsländer bestimmte Devisenbeträge eingezahlt, so können sie unter gewissen Umständen – zum Beispiel bei Zahlungsbilanzschwierigkeiten – ein Vielfaches der eigenen Einzahlung als Kredit in Anspruch nehmen, und zwar in Form sogenannter Ziehungsrechte und Sonderziehungsrechte; Milliarden, die einfach dadurch entstehen, dass der IWF die entsprechende Zahlung auf ein Stück Papier schreibt. Existenz und Tätigkeit des Fonds bewirken das Gegenteil dessen, was seiner Aufgabe entspräche.«[10]

Die Geldschöpfung aus dem Nichts, die inzwischen nicht mehr nur von den Vertretern der Österreichischen Schule der Nationalökonomie als »*Fiat Money*« bezeichnet wird, hat sich zu einem Problem ausgewachsen, das schwerlich noch seriös beherrschbar erscheint. In Anlehnung an die biblische Schöpfungsgeschichte, in der Gott bekanntlich anordnete »*fiat lux*«, es werde Licht, und es ward Licht aus dem Nichts, wird die Giralgeldschöpfung aus dem Nichts einer bloßen Buchung »*Fiat Money*« genannt. Die langjährigen Warnungen der »Österreicher« unter den Nationalökonomen, dass diese Form der Geldpolitik nicht auf Dauer nachhaltig tragfähig sein kann, sind bislang noch ungehört geblieben. Roland Baader musste auch sechs Jahre nach seiner zitierten Kritik aus dem Jahr 2004 feststellen:

> *»Kein Ökonom der herrschenden Lehren (die Österreichische Schule also ausgenommen) stellt das Fiat-Money-System infrage – und somit auch nicht das Zentralbankwesen. Nicht nur die Keynesianer, sondern auch die Monetaristen sind der Ansicht, dass sich die Geldmenge (das Geldangebot) von einer unabhängigen und verantwortlich agierenden Zentralbank ›steuern‹ lässt.«*[11]

Ein Weiteres kommt hinzu: Wenn Geld – wie eingangs dargelegt – auch die wesentliche Funktion hat, einen wie auch immer gearteten Maßstab für den Wert von Tauschgütern zu geben, dann verliert Geld diese seine wesentliche Funktion naheliegender Weise sofort, wenn sich die vorhandene und verfügbare Geldmenge massiv verändert. Verdoppelt sich beispielsweise die Geldmenge bei gleich bleibender Warenmenge, dann ist eine Verdoppelung aller Preise für sämtliche Waren rein mathematisch naheliegend. Halbiert sich die Geldmenge hingegen bei angenommen stabiler Gütermenge, so halbieren sich auch die in Geldeinheiten ausgedrückten Werte der realwirtschaftlichen Güter.

Das in der zitierten Textpassage aus der Online-Enzyklopädie »*Wikipedia*« unkritisch beschriebene System der sogenannten Mindestreserve (oder, wie man auch sagt, Teilreserve) erinnert bei allem fatal an die bereits thematisierten kriminellen Bankiers der Geldgeschichte, die mehr Lagerscheine für eingelagertes Edelmetall ausgaben, als tatsächlich in ihren Lagern vorhanden war. Mit anderen Worten: Verlangen Bankkunden der Gegenwart die von ihnen bei einer Bank eingelieferten Banknoten wieder an sich zurück, weil diese Banknoten das – mit den Worten des Bundesbankgesetzes – »*einzige unbeschränkte gesetzliche Zahlungsmittel*« sind, so ist bei einer gesetzlichen Mindestreserve von nur einem Prozent mathematisch zwangsläufig davon auszugehen, dass 99 Prozent aller Bankkunden bei einem angenommenen gleichzeitigen Erscheinen auf ihrer Bank kein Bargeld für ihr Buchgeld erhalten können.

Jörg Guido Hülsmann hat im Jahre 2007 deutlich auf die ethische Problematik dieser Teilreserve hingewiesen. Er schreibt:

> *»Eine Rechtfertigung der Wertminderung und des Teilreserve-Bankwesens ist nicht möglich. Keine Theorie der Ethik verteidigt Lügen oder auch Geldfälscherei. Gerade aus christlicher Sicht kann es keinen Zweifel geben, wie sie zu beurteilen ist.«*[12]

Und Jörg Guido Hülsmann zitiert zwei Bibelstellen:

> *»Ihr sollt keine Verdrehung beim Rechtsprechen, beim Längenmaß, Gewicht und Gefäß machen! Richtige Waage, richtige Gewichtssteine, richtiger Scheffel und richtige Kanne sollen bei Euch sein (Levitikus 19: 35-36) … Zweifach Gewicht und zweifach Maß, sie beide sind dem Herrn ein Greuel … Ein Greuel für den Herrn ist zweierlei Gewicht; nichts nützt die falsche Waage (Sprüche 20: 10, 23).«*[13]

Hinterfragt man dieses von dem gegenwärtigen Gesetzgeber politisch für gut geheißene »Fiat Money«-System unter gesellschaftswissenschaftlichen Kriterien, so fällt auf, dass es ausgerechnet Karl Marx war, der für die Einrichtung einer staatlichen Zentralbank für ein gelenktes Geldwesen eintrat. Im Kommunistischen Manifest aus dem Jahre 1848 plädieren die Verfasser für eine »Nationalbank mit Staatskapital und ausschließlichem Monopol« in staatlicher Hand. In der einschlägigen Passage heißt es:

> *»Das Proletariat wird seine politische Herrschaft dazu benutzen, der Bourgeoisie nach und nach alles Kapital zu entreißen, alle Produktionsinstrumente in den Händen des Staats, d. h. des als herrschende Klasse organisierten Proletariats, zu zentralisieren und die Masse der Produktions-*

kräfte möglichst rasch zu vermehren. Es kann dies natürlich zunächst nur geschehen vermittelst despotischer Eingriffe in das Eigentumsrecht und in die bürgerlichen Produktionsverhältnisse, durch Maßregeln also, die ökonomisch unzureichend und unhaltbar erscheinen, die aber im Lauf der Bewegung über sich selbst hinaustreiben und als Mittel zur Umwälzung der ganzen Produktionsweise unvermeidlich sind. Diese Maßregeln werden natürlich je nach den verschiedenen Ländern verschieden sein. Für die fortgeschrittensten Länder werden jedoch die folgenden ziemlich allgemein in Anwendung kommen können:

1. *Expropriation des Grundeigentums und Verwendung der Grundrente zu Staatsausgaben.*
2. *Starke Progressiv-Steuer.*
3. *Abschaffung des Erbrechts.*
4. *Konfiskation des Eigentums aller Emigranten und Rebellen.*
5. *Zentralisation des Kredits in den Händen des Staats durch eine Nationalbank mit Staatskapital und ausschließlichem Monopol.*
6. *Zentralisation alles Transportwesens in den Händen des Staats.*
7. *Vermehrung der Nationalfabriken, Produktionsinstrumente, Urbarmachung und Verbesserung der Ländereien nach einem gemeinschaftlichen Plan.*
8. *Gleicher Arbeitszwang für alle, Errichtung industrieller Armeen besonders für den Ackerbau.*
9. *Vereinigung des Betriebs von Ackerbau und Industrie, Hinwirken auf die allmähliche Beseitigung des Gegensatzes von Stadt und Land.*
10. *Öffentliche und unentgeltliche Erziehung aller Kinder. Beseitigung der Fabrikarbeit der Kinder in ihrer heutigen Form. Vereinigung der Erziehung mit der materiellen Produktion.*«

Den wenigsten unserer aktuellen *»Kapitalismuskritiker«* ist – wie einschlägige Diskussionen immer wieder erweisen – bewusst, dass unser gegenwärtiges Geldsystem alles andere als marktradikal-kapitalistisch organisiert ist, sondern dass es – ganz im Gegenteil – genau diejenige staatliche Zwangsverwaltungswirtschaft im Geldwesen zu seinem Grund gemacht hat, die Karl Marx an eben dieser zitierten Stelle so vehement und gewaltsam eingefordert hat.

Doch auch ungeachtet dieser historischen Dimension erweist sich unter heutigem juristischen Blickwinkel des geltenden Rechtes bald Erstaunliches im Hinblick auf Eigentum und Geld.

In der jedem deutschen Juristen bestens bekannten Standard-Kommentierung zu dem Bürgerlichen Gesetzbuch namens *Palandt* führt der Bearbeiter Christian Grüneberg – inhaltlich völlig zutreffend – wörtlich aus:

> *»Für die im Rechtsverkehr am häufigsten vorkommende Geldschuld fehlt im BGB eine Regelung. ... Die Begriffe Geld und Geldschuld werden nirgends definiert, sondern vorausgesetzt.«*[14]

Dies bedeutet, wer sein Eigentum an einem Gegenstand gegen Geld tauscht, der erhält hierfür ein definitorisches Nullum im juristischen Sinne. Wenig tröstlich ist dabei, dass der weitere Bearbeiter Peter Bassenge in demselben Kommentar zur Frage der Eigentumsdefinition – wiederum zutreffend – bemerkt:

> *»Das BGB enthält keine Legaldefinition des Eigentumes.«*[15]

Während der Eigentümer einer Sache immerhin noch diese Sache in seinem Besitz hat, die bestimmten Funktionen dient und gewisse Eigenschaften aufweist, verfügt derjenige, der Geld für diese Sache getauscht hat, faktisch über nichts mehr. Da der Wert einer Geldeinheit – wie gezeigt – mit dem Umfang des vorhandenen Geldes insgesamt erheblich schwanken kann, nützt dem jeweiligen Geldinhaber aber auch nicht sein rechtlicher Status. Denn die Rechtsordnung schützt den Geldbesitzer nicht substanziell vor Kaufkraftverlusten. Christian Grüneberg erläutert insoweit das sogenannte »*Nennwertprinzip*« für die juristische Betrachtung von Geldschulden:

> »*Geldsummenschuld: ... Für sie gilt der Grundsatz des Nominalismus (Nennwertprinzip), der als ungeschriebener Rechtssatz zu den tragenden Grundlagen der Geldwertstabilität und unserer Rechts- und Wirtschaftsordnung gehört. ... Der Wert der Schuld wird durch den Nennwert, nicht durch den inneren Wert des Geldes bestimmt. ... Der Gläubiger trägt daher das Risiko der Geldentwertung.*«[16]

Auch der hilfsweise Blick auf die Regelung von Eigentumsfragen und den Schutz des Eigentumes durch das Strafrecht kann dem Inhaber von Geld keine wirkliche ökonomische und rechtliche Ruhe bringen. Der anerkannte Strafrechtskommentator Thomas Fischer, immerhin Richter am Bundesgerichtshof, bemerkt in seiner Kommentierung zum Strafgesetzbuch im Kontext des Diebstahlsparagraphen (§ 242 StGB):

> »*Fremd ist eine Sache, die nach bürgerlichem Recht im Eigentum einer anderen Person steht.*«[17]

Wenn aber – wie gesehen – das Zivilrecht Eigentum nicht definiert, erscheint der Diebstahlsschutz durch das Strafgesetzbuch unzureichend. Dies gilt insbesondere dann, wenn ausgerechnet das Eigentum an einem Geldschein (an einer Banknote) nicht ohne Weiteres juristisch greif- und definierbar ist (!).

Anders als der Bankier, der – nach eigener Befindlichkeit – durch Kreditvergabe die Geldmenge erhöhen oder vermindern kann, steht derjenige, der sich selbst einen Geldschein herstellt, um hierdurch Vorteile zu generieren, erheblich unter strafrechtlichem Druck. Geldfälschung ist strafbar gemäß § 146 StGB. Der schon zitierte Strafrichter Thomas Fischer formuliert in diesem Kontext:

> *»Rechtsgut der Fälschungsdelikte des Achten Abschnittes, die systematisch als Sonderfall der Urkundendelikte anzusehen sind, ist die Sicherheit und Funktionsfähigkeit des Geldverkehrs und des Verkehrs mit Wertpapieren und Wertzeichen, nicht also das Vermögensinteresse einzelner durch Falschgeld getäuschter Personen. Da das Allgemeininteresse am Geldmonopol des Staates (und mittelbar an der Währungshoheit fremder Staaten) durch einzelne Geldfälschungen faktisch nicht ernstlich bedroht wird (Falschgeldmenge im Umlauf durchschnittlich ca. 0,001 Prozent), handelt es sich bei den §§ 146, 147, 149, 150 [StGB] um einen weit vorverlagerten Rechtsgutschutz.«*[18]

An dieser Stelle erscheint angebracht, die Ungleichbehandlung zwischen strafrechtlich verfolgten Geldfälschern und staatsrechtlich geschützten und geduldeten Geldschöpfern kurz unter dem Gesichtspunkt der Gerechtigkeitstheorie zu betrachten. Hans-Hermann Hoppe weist ohne Zweifel zutreffend darauf hin, dass eine gerechte Ordnung strikte allgemeine Geltung der einschlägigen Regelungen erfordert. Er formuliert:

> *»Gerecht ist eine soziale Ordnung, die sich aus dem Zusammenspiel von Handlungen ergibt, die in ihrem Ablauf ausschließlich solchen Regeln folgen, die hinsichtlich ihrer Geltung allgemein anerkannt sind. Anders gesagt: Eine gerechte Ordnung erfordert, dass nur solche Regeln, Normen, Gesetze*

> *etc. in Kraft sind, die strikt allgemein anerkannt sind, und dass Handlungen entweder diesen Regeln entsprechend regelgerecht ablaufen oder, wenn sie diese Regeln brechen, die Feststellung und Behandlung von Regelbrüchen ihrerseits aufgrund allgemein gültiger Regeln – also ebenfalls regelgerecht – erfolgt.«*[19]

Warum also die »*Sicherheit und Funktionsfähigkeit des Geldverkehrs*« in strafrechtlicher Hinsicht gegenüber Geldfälschern bereits einen »*weit vorverlagerten Rechtsgutschutz*« erfordern könnte, wenn der »*Angriff*« auf die Sicherheit und Funktionsfähigkeit des Geldverkehrs nur mit einer Falschgeldmenge von ca. 0,001 Prozent ausgeführt wird, andererseits aber Banken und Zentralbanken die Funktionsfähigkeit des Geldverkehrs mit schier unendlichen Geldmengen mit Billigung des Gesetzgebers gefährden, erschließt sich also – unter genau diesen Gerechtigkeitsgesichtspunkten – nur schwer bis gar nicht.

Zur weiteren Erläuterung dieser bemerkenswerten Kontexte ist an dieser Stelle eine weitere Klarstellung notwendig. Das deutsche Zivilrecht unterscheidet zwei Kategorien von Rechtsmaterien. Die eine Kategorie ist das sogenannte »*Schuldrecht*«, die andere Kategorie das »*Sachenrecht*«. Während das Sachenrecht die Rechtsbeziehungen zwischen einer (natürlichen oder juristischen) Person und einer Sache betrifft, regelt das Schuldrecht die Rechtsverhältnisse zwischen Personen untereinander. Besitz und Eigentum sind sachenrechtliche Rechtsbeziehungen. Demgegenüber betreffen Zahlungsansprüche, Forderungsangelegenheiten oder Unterlassungsansprüche etc. das Schuldrecht.

Dieser Unterschied hat äußerste praktische Relevanz, betrachtet man die rechtliche Einordnung des Geldes. Geldschulden sind nämlich deswegen in erster Linie rein schuldrechtliche Schulden, weil Geld nicht als Sache angesehen wird. Geld ist kein körperlicher Gegenstand, sondern lediglich Ausdruck eines schuldrechtlichen Anspruchs gegen eine andere Person. Raimund Brichta und Anton Voglmaier haben diesen Mechanismus der Geldschuld, die keinen sachenrechtlichen Bezug (mehr) hat, anschaulich mittels eines Sandhaufens beschrieben:

> »*Wenn Geld nämlich dadurch gemacht wird, dass jemand einen Bankkredit aufnimmt, entsteht gleichzeitig auch immer eine neue Schuld – die Schuld des Kreditnehmers gegenüber der Bank. Das heißt: Geld und Schuld sind eng miteinander verbunden. Sie sind zwei Seiten derselben Medaille. Es ist in etwa so, wie wenn Sie an einem Strand ein Loch buddeln und den ausgegrabenen Sand daneben anhäufen. Der Sandhaufen kommt nur dadurch zustande, dass gleichzeitig auch das Loch entsteht. Und genauso ist es beim Geld: Dies gibt es nur deshalb, weil es auch Schulden gibt. Damit sollte bereits deutlich werden, dass durch die Herstellung von Geld kein zusätzliches Vermögen in die Welt gesetzt wird. Denn wenn dem neuen Geld eine gleich hohe neue Schuld gegenübersteht, hebt sich beides gegenseitig wieder auf. Das auf der Erde vorhandene Gesamtvermögen bleibt damit unverändert. Genauso ist es übrigens am Strand: Dort entsteht durch den neuen Haufen ja auch kein zusätzlicher Sand, da gleichzeitig ein Loch gegraben wird. Allerdings ist die Menge an vorhandenem Geld nicht so leicht zu erkennen wie etwa Sandhaufen an Stränden. Das einzige Geld, das man tatsächlich anfassen kann, ist Bargeld. Es macht aber nur einen Bruchteil des gesamten Geldes aus. Viel größer ist der Teil, der nur auf Bankkonten als sogenanntes Buchgeld existiert – in einer Geldform also, die man nicht greifen kann. Man kann sie nur in Form von Zahlen auf Kontoauszügen darstellen.*«[20]

Diese grundlegende Unterscheidung zwischen Geld als schuldrechtliche Forderung und Geld als Sache hat ganz wesentliche Bedeutung. Insbesondere in der jüngsten zivilrechtlichen Entwicklung der Bundesrepublik Deutschland hat diese Differenzierung erhebliche Relevanz erlangt. Seit Inkrafttreten des Bürgerlichen Gesetzbuches mit dem 1. Januar 1900 waren darlehensrechtliche Rechtsbeziehungen nämlich in den §§ 607 ff. BGB geregelt. Mit dem sogenannten Schuldrechtsmodernisierungsgesetz, das mit dem Jahr 2002 in Kraft trat, brach der Gesetzgeber mit dieser langen rechtlichen Tradition. Die §§ 607 ff. BGB betreffen nun nur noch den sogenannten »*Sachdarlehensvertrag*«, während Darlehensverträge bezogen auf Geld nunmehr in den §§ 488 ff. BGB geregelt sind. In der schon zitierten Standard-Kommentierung bei »*Palandt*« beschreibt der Bearbeiter Walter Weidenkaff die gesetzgeberische Motivation hierzu wie folgt:

> *»Das Darlehensrecht in den §§ 607-610 alter Fassung umfasste Geld- und Sachdarlehen. Es ging von der Realvertragstheorie aus, wonach grundsätzlich der Darlehensvertrag durch die Übertragung von Geld oder vertretbaren Sachen auf den Darlehensnehmer zustande kam und nur das Vereinbarungsdarlehen als Verpflichtungsvertrag angesehen wurde. Das entsprach schon lange nicht mehr dem üblichen Geschäftsverkehr. Seit dem 1. Januar 1991 galt als Sonderregelung für Verbraucherdarlehen das Verbraucherkreditgesetz. Dieses wurde durch das Schuldrechtsmodernisierungsgesetz ab dem 1. Januar 2002 in das BGB integriert, das Gelddarlehen in die frei gewordenen §§ 488 ff. eingebracht und das Sachdarlehen als eigener Titel in den §§ 607-609 belassen.«*

Ein Schelm, der Böses dabei denkt. In § 607 Absatz 1 BGB heißt es:

> *»Durch den Sachdarlehensvertrag wird der Darlehensgeber verpflichtet, dem Darlehensnehmer eine vereinbarte vertretbare Sache zu überlassen. Der Darlehensnehmer ist zur Zahlung eines Darlehensentgelts und bei Fälligkeit zur Rückerstattung von Sachen gleicher Art, Güte und Menge verpflichtet.«*

Was bedeutet dies? Üblicherweise versteht man unter Bankgeschäften, dass der Kunde der Darlehensnehmer der Bank ist, seine Bank ihm also Geld (Bargeld oder Giralgeld) überlässt. Was aber ist, wenn umgekehrt ein Kunde bei seiner Bank eigenes Geld einlegt? Wird er damit zum Darlehensgeber und die Bank zu seiner Darlehensnehmerin?

Würde man ein solches Geschäft zwischen den beiden Parteien in diesem Sinne verstehen, dann wäre eine Bank nach altem Darlehensrecht stets verpflichtet, die eingelegten Gelder nach Ablauf der Vertragslauffrist in »*gleicher Art, Güte und Menge*« herauszugeben.[21] Vor dem Hintergrund der Mindest- bzw. Teilreserve erscheint aber zunehmend fraglich, ob Bankinstitute zu einer solchen Herausgabe von Euro-Banknoten als dem »*einzig unbeschränkten gesetzlichen Zahlungsmittel*« in der Lage sein würden. Die Herausgabe von Banknoten »*gleicher Art, Güte und Menge*« bei einer solchen Einlagerung durch den Bankkunden als Darlehensgeber erscheint somit – vorsichtig gesprochen – fraglich.

Bezieht sich das Geschäft demgemäß nicht mehr auf die »*Sache*« Banknote, sondern nur noch auf eine rein schuldrechtliche Zahlungsverpflichtung, bestehen für Banken weitaus größere Handlungsspielräume. Die Europäische Zentralbank (EZB) ist folgerichtig mit ihren sämtlichen Steuerungsinstrumentarien, der Geldmengenpolitik, der Zinspolitik und der Zurverfügungstellung von Krediten an Geschäftsbanken, in weitaus größerem Maße frei, Geldpolitik zu gestalten, als sie es wäre, würden alle Geschäftsbanken darlehensrechtlich verpflichtet sein, stets Banknoten von gleicher Art, Güte und Menge bereitzuhalten und auf Verlangen des Kunden herauszugeben.

Besonders pikant wird der Blick auf diese Zusammenhänge, wenn man sich juristisch noch auf einen ganz anderen Standpunkt stellt. Versteht man nämlich die Einlage von Geld durch einen Bankkunden bei seinem Bankhaus nicht als Darlehen, das der Kunde seiner Bank gewährt, sondern als Verwahrungsvertrag (wie bei der Einlagerung von Edelmetallen in historischer Zeit), dann wird der Bankkunde zum Hinterleger und die Bank zum Verwahrer. In dieser Sichtweise wäre dann die Rückforderungsregel aus § 695 BGB anwendbar. Diese lautet:

> *»Der Hinterleger kann die hinterlegte Sache jederzeit zurückfordern, auch wenn für die Aufbewahrung eine Zeit bestimmt ist. …«*

Auch hier allerdings hat der Gesetzgeber inzwischen Vorsorge getroffen. § 700 Absatz 1 BGB bestimmt:

> *»Werden vertretbare Sachen in der Art hinterlegt, dass das Eigentum auf den Verwahrer übergehen und dieser verpflichtet sein soll, Sachen von gleicher Art, Güte und Menge zurückzugewähren, so finden bei Geld die Vorschriften über den Darlehensvertrag … Anwendung. …«*

Der »*Geldeigentümer*« ist folglich zivilrechtlich nicht besonders stark gestellt, wenn er als Kunde einer Geschäftsbank dieser gegenüber seine Rechte wahren möchte. Die Unannehmlichkeiten seiner Position intensivieren sich, zieht man das sogenannte Eigentumsgrundrecht aus Artikel 14 Absatz 1 des Grundgesetzes hinzu. Hier gilt zwar nach der Rechtsprechung des Bundesverfassungsgerichtes einerseits, dass der Eigentumsfreiheit im Gefüge der Grundrechte die Aufgabe zukomme, *»dem Träger des Grundrechtes einen Freiheitsraum im vermögensrechtlichen Bereich zu sichern und ihm dadurch eine eigenverantwortliche Gestaltung seines Lebens zu ermöglichen«*.[22]

Andererseits stellt das Bundesverfassungsgericht in ständiger Rechtsprechung jedoch immer wieder klar, dass Vermögen als solches durch das Eigentumsgrundrecht grundsätzlich nicht geschützt wird. Der Schutz des allgemeinen Vermögens werde lediglich durch Artikel 2 Absatz 1 GG gewährleistet. Dieses Grundrecht ist bekanntermaßen durch jedwedes förmliche oder nur materielle Gesetz, jede Landesgesetzgebung und sogar jede Gemeindesatzung einschränkbar. In einem gängigen juristischen Lehrbuch für das Bank- und Börsenrecht werden diese Zusammenhänge wie folgt beschrieben:

> *»In unserer Geldordnung ist das umlaufende Geld nicht durch Gold oder andere Wertobjekte ›gedeckt‹. Der Geldinhaber kann sein Geld nicht bei der Geld ausgebenden Instanz in einen Deckungswert eintauschen, wie dies für die Geldordnungssysteme mit Golddeckung kennzeichnend war und wie es Kant in der ›Metaphysik der Sitten‹ verlangte … Der Volksmund nennt ungedeckte Währung ›Papierwährung‹, das Recht und die Volkswirtschaft nennt sie ›ungedeckte Währung‹. Der Verzicht auf Golddeckung bedeutet allerdings nicht, dass eine Währung deshalb ohne Gegenwert wäre, sondern die Deckung liegt in den Werten der Volkswirtschaft, dem Gewerbefleiß der Werktätigen und im Vertrauen in diese Währung. Die Geld- und Währungsordnung der Bundesrepublik unterlag früher der alleinigen Gesetzgebungshoheit des Bundes. Ab 1. Januar 1999 ist der Euro die neue gemeinsame Währung.«*[23]

Doch auch über den Schutz des Geldes als Wertaufbewahrungsmittel erfahren die Studenten des Bank- und Börsenrechtes aus diesem Lehrbuch verfassungsrechtlich durchaus Unbefriedigendes:

> *»Der Schutz des Geldes als Wertaufbewahrungsmittel obliegt dem Staat, er hat den Geldwert stabil zu halten, um den Sparern die von ihnen erarbeiteten Werte zu erhalten und um der staatlichen Wirtschaftspolitik Orientierung und Grenzen zu setzen. Geldwertstabilität wird auch als ein verfassungsrechtliches Gebot gesehen, weil Geldwertschwund das durch Artikel 14 GG geschützte Eigentum beeinträchtigt.*

> *Allerdings gewährt das Verfassungsrecht keinen Anspruch des Einzelnen gegen den Staat wegen verminderten Geldwertes … Wertsicherungsklauseln sind Klauseln, in denen die von einem Schuldner zu zahlende Summe nicht nur nach ihrem Nominalwert, sondern auch nach ihrem inneren Wert bestimmt wird, in dem sie zum Beispiel an den Goldpreis … geknüpft wird. … Solche Wertsicherungsklauseln waren seit alters her verboten – Indexierungsverbot –, weil sie ein Misstrauen gegen die Stabilität des Geldwertes ausdrückten und sich inflationsfördernd auswirkten.«*[24]

In § 1 Absatz 1 des Gesetzes über das Verbot der Verwendung von Preisklauseln bei der Bestimmung von Geldschulden (Preisklauselgesetz) heißt es konsequenterweise:

> *»Der Betrag von Geldschulden darf nicht unmittelbar und selbsttätig durch den Preis oder Wert von anderen Gütern oder Leistungen bestimmt werden, die mit den vereinbarten Gütern oder Leistungen nicht vergleichbar sind.«*

In Anbetracht der aktuellen Erfahrungen im Zusammenhang mit der Geldmengenvermehrung durch die Europäische Zentralbank muss die zitierte Lehrweisheit, Preissicherungsklauseln wirkten sich »*inflationsfördernd*« aus, irritieren. Intellektuell redlich wird man eher in umgekehrter Kausalitätsfolge die zutreffende Erkenntnis gewinnen: Inflationiert der Staat »*sein*« Geld, dann löst dies ein zunehmendes Bedürfnis der Geldnutzer aus, Wertsicherungsklauseln zu verwenden. Dass der Gesetzgeber Wertsicherungsklauseln weitgehend verbietet, spricht also für sich. Das Verbot zementiert den staatlichen Herrschaftsanspruch im Bereich des Geldwesens.

Wer diese sämtlichen rechtlichen Konstruktionen und Erläuterungsversuche für intellektuell unbefriedigend hält, liegt sicher nicht falsch.

Denn für den Maßstab Geld gelten bezeichnenderweise markant andere Regelungen als für Maße und Gewichte oder Zeitbestimmungen im Übrigen. Nach Artikel 73 Absatz 1 GG hat die Bundesrepublik Deutschland innerhalb ihres Territoriums die ausschließliche Gesetzgebungsbefugnis über »*das Währungs-, Geld- und Münzwesen, Maße und Gewichte sowie die Zeitbestimmung*«. Stellt man in Rechnung, dass der Verkauf eines zu kleinen Grundstückes, der Verkauf eines zu leicht gewichtigen Gurkenglases oder die zu kurz bemessene Überlassung eines Hotelzimmers stets als rechtswidrig angesehen werden, so wird die Frage zu stellen sein, ob sich die vorstehend beschriebenen Unbestimmtheiten im Kontext von Schuld- und Sachenrecht, Verwahrungs- und Darlehensvertrag und Bargeld bzw. Giralgeld im Rahmen des Währungs-, Geld- und Münzwesens sich auf Dauer als juristisch einwandfrei erweisen.

Inflation, also die Vermehrung der Geldmenge ohne entsprechende Vermehrung der realen Warenmenge, wird – wie gesehen – alleine politisch ausgelöst. Hinter der Fassade einer rechtsstaatlichen Wirtschafts- und Geldordnung, die Geld und Eigentum nicht verbindlich definiert, besteht daher (politisch manipulierbar) die Möglichkeit, Geldmengen zu erweitern und zu schrumpfen, monetäre Lockerung (quantitative easing) oder monetäre Kontraktion zu betreiben. Derjenige, der das Geld hat, herrscht. Der, dem es genommen wird, wird beherrscht. Wer hingegen die Spielregeln des Geldes insgesamt bestimmt, der herrscht sowohl über denjenigen, der das Geld besitzt, als auch über denjenigen, dem es genommen wird. Inwieweit dieser übergeordnete Beherrschungsmechanismus der Geldpolitik mit den Prinzipien eines Rechtsstaates überhaupt vereinbar ist, erschließt sich – wenn überhaupt – nur schwerlich.

Das Verbot von Wertsicherungsklauseln – also die zusätzliche Absicherung des Tauschwertes ausgetauschter Güter nicht nur am nominalen Maßstab des staatlichen Geldes, sondern an effektiver Werthaltigkeit der getauschten Güter – zementiert, wie gesehen, den staatlichen Machtanspruch, das Geld politisch zu beherrschen. Über die (formell unabhängige) Europäische Zentralbank kann das gesamte Wirtschaftsgeschehen durch Manipulationen an der Geldmenge und mithin Beeinflussung der Kaufkraft pro Geldeinheit massiv gesteuert werden. Die EZB bestimmt faktisch sowohl über die Menge des vorhandenen Geldes als auch – mittels des von ihr bestimmten Basiszinses – über den Preis des Geldes.

Das erklärte Ziel der EU-Politik ist gegenwärtig, wie später hier detailliert auszuführen ist, die Herstellung einheitlicher Lebensverhältnisse im gesamten Territorium der Europäischen Union. Das Jonglieren mit allen nur irgend denkbaren Geldinstrumenten stellt inzwischen die zentrale Strategie zur Herstellung dieses gewünschten Endzustandes dar.

Der Düsseldorfer Bankier Sieghardt Rometsch hatte anlässlich eines Vortrages vor den Vorstandsmitgliedern der VEBA AG am 28. April 1998 die in den Jahren seither bekanntermaßen Wahrheit gewordenen Ereignisse um die Gemeinschaftswährung der Europäischen Union geradezu hellseherisch vorausgesehen, vor ihnen gewarnt und sogar erklärt, warum seine Prognose ohne jeden ernsten Zweifel zutreffend sein müsse. Wörtlich führte er an diesem Tag, acht Monate vor der Einführung des Euro, unter anderem aus:

> *»Das Volk befindet sich mit seiner Skepsis gegenüber dem Euro in der allerbesten Gesellschaft. … Es geht in jeder Hinsicht vor allem um grundlegende ökonomisch-sachliche Zusammenhänge, für die die Wirtschaftswissenschaften hinreichend empirisch gesicherte Erkenntnisse und die Wirtschaftsgeschichte umfassende Erfahrungen liefern bzw. beitragen kann. … Mit der Einführung des Euro per 01. Januar 1999 wird innerhalb der Währungsunion ein Sys-*

tem fester Wechselkurse endgültig etabliert. … Bisher ließen sich Schwankungen der internationalen Nachfrage nach den Produkten eines Landes über eine Veränderung der Wechselkurse auffangen. Die endgültige Fixierung der Währungen verschiedener Volkswirtschaften untereinander und deren daraufhin erfolgende Umwandlung in eine gemeinsame Währung hat nur dann eine Chance auf Erfolg, wenn die Funktionen der flexiblen Wechselkurse von anderen volkswirtschaftlichen Stabilisatoren übernommen werden. Daraus folgt, dass reale Vorgänge die mangelnde Flexibilität der Wechselkurse kompensieren müssen. Die die Wechselkursflexibilität ersetzenden realen Vorgänge beschränken sich erschöpfend auf

a) Senkung der realen Kosten – insbesondere der Reallöhne,
b) Mobilität der Arbeitskräfte,
c) Transferzahlungen [und]
d) protektionistische Maßnahmen.

Andere Möglichkeiten, wohl auch überirdische, sind einfach nicht zu erkennen.«

Anschließend erklärte Sieghardt Rometsch seinen Zuhörern, warum keine dieser vier ersatzweisen »*Dehnungsfugen*« zwischen den Volkswirtschaften – anstelle der wegfallenden Wechselkursschwankungen – innerhalb Europas Aussicht auf Erfolg hatten und haben konnten.

Eine »*Flexibilität der Reallöhne*« widerspreche aller Erfahrung. Wichtige Interessenverbände, so seine zutreffende Einschätzung, stellten sich traditionell vehement und auch erfolgreich gegen jedwede realen Einkommensverluste. Zwar haben die deutschen Gewerkschaften in den ersten Jahren der europäischen Gemeinschaftswährung eine ebenso außergewöhnliche wie auch weithin gelobte, sogenannte »*Lohnzurück-*

haltung« geübt. In Zusammenschau mit den exzessiven Geldmengenerweiterungen ist es hierdurch trotz nominal unterlassener Lohnkürzungen faktisch bereits zu realen Kaufkraftverlusten gekommen. Gleichwohl findet diese Phase der Lohnzurückhaltung inzwischen ihr Ende. Denn der interne Druck aus den Gewerkschaften auf die Gewerkschaftsführer wächst, endlich zumindest Lohnanpassungen zum Inflationsausgleich durchzusetzen. Eine reale Senkung des Lohnniveaus ist demgemäß auf Dauer nicht ernsthaft zu erwarten.

Gleiches gilt aber auch für die Mobilität der Arbeitskräfte als ersatzweisen Flexibilitätsmechanismus. Anders als in den – gerne als Vorbild herangezogenen – USA steht einer solchen Mobilität der Arbeitskräfte innerhalb des europäischen Kontinentes schlicht die Problematik der unterschiedlichen Sprachen entgegen. Während höchst qualifizierte Kräfte noch bereit sind, mehrfach ihren Standort innerhalb Europas zu wechseln, zumal es ihnen im Hinblick auf ihren Qualifizierungsgrad in der Regel möglich ist, in der *»Weltsprache«* Englisch zu kommunizieren, besteht für geringer und geringst qualifizierte Arbeitskräfte eine solche Mobilitätsoption nicht. Der Geringverdiener in Europa ist an seinen Heimatstandort gebunden.

Was also als weitere Variante zur Wechselkursschwankung in Betracht kommt, ist drittens die Idee von Transferzahlungen. Trocken stellte Sieghardt Rometsch gegenüber den Vorständen der VEBA AG fest:

> *»Politiker versichern darüber hinaus den deutschen Bürgern bei jeder Gelegenheit, dass an Transferzahlungen nicht gedacht wird und es dazu auch nicht kommen wird. Angesichts der bereits konfiskatorische Merkmale erreichenden Steuerquote kann man als zahlender Steuerbürger durchaus Verständnis dafür aufbringen, dass die Politiker sich der möglicherweise bohrenden Frage, wer für die unvermeidbaren Transferzahlungen aufzukommen hat, gar nicht erst*

stellen wollen. Nur löst sich die unausweichliche Realität der Transferzahlungen durch bloßes Ignorieren bedauerlicherweise nicht in Wohlgefallen auf.«

Weiter, noch deutlicher:

»Die Wahrscheinlichkeit dafür, dass wir es hier mit einer finanziellen Zeitbombe zu tun haben, ist sehr groß. Die teure Quittung für die Währungsunion wird dem Volk zu einem späteren Zeitpunkt ganz unweigerlich präsentiert werden.«

Aus heutiger Sicht lesen sich die Darlegungen von Sieghardt Rometsch aus dem Jahre 1998 geradezu prophetisch. Gleichwohl sind sie in der Sache nichts anderes als die konsequente Weiterführung fester Erkenntnis und sicherer Prinzipien. Leider sah Sieghardt Rometsch auch die unerfreuliche politische Rhetorik der letzten Jahre exakt voraus:

»Die Bereitschaft zu Transferzahlungen wird als unvermeidbarer Preis für die erforderliche Sicherung der europäischen Wirtschaftsgemeinschaft propagiert und begriffen werden. Dass mit den Transferzahlungen aber eine steuerliche Zusatzbelastung der eigenen Volkswirtschaft einhergeht, die die Konkurrenzfähigkeit eines global ausgetragenen Wettbewerbs negativ beeinträchtigen wird, ist offensichtlich. Ob die politische Solidarität als notwendige Basis für einen solchen Finanzausgleich vorhanden sein wird, muss mit einem großen Fragezeichen versehen werden.«

Geradezu absurd gerät schließlich die vierte und letzte Ausweichvariante zum verlorenen Instrument der Wechselkursanpassung. Denn protektionistische Maßnahmen sind – nach der Ursprungsidee der Europäischen Union – gerade exakt das, was eigentlich nicht gewollt war. Sieghardt Rometsch formuliert:

> *»Das Arsenal an protektionistischen Maßnahmen kann von freiwilliger Exportbeschränkung, restriktiven Vertriebspraktiken, Zöllen, unberechenbaren Produktgenehmigungen bis hin zu undurchsichtigen Lizenzbestimmungen reichen. ... Die Konsequenz wäre, man hätte zwar auf der einen Seite eine Währungsunion realisiert, der Freihandel, die erste Stufe des 1957 in Rom geschlossenen Vertrages zur europäischen Wirtschaftsgemeinschaft, wäre jedoch wieder gefährdet.«*

Angesichts der im Übrigen klaren Worte von Sieghardt Rometsch ist diese Rede von einer Gefährdung noch geradezu schönfärberisch. Wird der Binnenhandel innerhalb der Europäischen Union nämlich auf diese Weise geknebelt und unterbunden, dann wird sich bald realistisch auch von einem Konterkarieren des Freihandels reden lassen. Die Idee der friedlichen und gedeihlichen Wirtschaftsgemeinschaft auf dem Kontinent wäre schlechterdings in ihr Gegenteil verkehrt und damit beerdigt.

Dass jener Sieghardt Rometsch, der dem VEBA-Vorstand vortrug, hinreichend kompetent ist und war, sich dieser Fragen anzunehmen, liegt auf der Hand. Schon 1968 hatte er zum Thema »*Monetäre Integration – das Problem einer Währungsunion im gemeinsamen Markt*« eine Dissertation vorgelegt. Zugleich stellte er – als Mitarbeiter im Kabinett des seinerzeitigen Präsidenten der EG-Kommission in Brüssel, Walter Hallstein in den Jahren 1965 und 1966 – heraus, alles andere als ein »*Anti-Europäer*« zu sein. Gleichwohl war Sieghardt Rometsch kraft seiner Sachkenntnis bewusst, dass eine Währungsunion innerhalb der EU einen ganz anderen Prozess darstellte als der Einigungsprozess des deutschen Reiches nach 1871. Zwischen der seinerzeitigen politischen Einheit und der Schaffung einer einheitlichen Währung lagen damals 38 Jahre. Im Bereich der Europäischen Union hingegen soll heute mit geldpolitischen Maßnahmen die fehlende politische Union erst herbeigeführt werden. Was wir also empirisch vor uns sehen, ist eine bewusste Verkehrung jeder seriösen ökonomischen und schlicht logischen Kausalität, eine Rebellion des politischen Willens gegen die Fakten.

Schon Murray N. Rothbard hatte in seiner Arbeit »*What has goverment done to our money?*« im Jahre 1963 – und in den Folgeauflagen – das permanente Scheitern dieser Art von geldpolitischen Einflussnahmen im internationalen Rahmen beschrieben. In der Übersetzung von Jörg Guido Hülsmann aus dem Jahre 2000 (*Das Schein-Geld-System – Wie der Staat unser Geld zerstört*) heißt es:

> *»Seit der ersten Auflage dieses Buches (1963) haben die staatlichen Eingriffe in das Geldwesen ihre bösen Früchte zum Tragen gebracht. Die Weltwährungskrise von Februar/ März 1973 und der Sturz des Dollars im darauffolgenden Juli war nur die letzte Krise in einer sich beschleunigenden Reihe, die unsere Analyse der unvermeidbaren Konsequenzen staatlicher Eingriffe in das Geldwesen lehrbuchmäßig veranschaulicht. Nachdem jede Krise vorübergehend durch einige Erste-Hilfe-Maßnahmen gelindert wird, verkünden die Regierungen des Westens lauthals, dass das Weltwährungssystem nun auf sicherem Grund stehe und dass alle monetären Krisen behoben seien. … Jede ›Lösung‹ zerbröckelte schneller als ihre Vorgängerin.«*[25]

Rothbard beschreibt in der Folge den Zusammenbruch des klassischen Goldstandards der Jahre 1815 bis 1914 und weist dem Zusammenbruch eine klare Ursache zu:

> *»Nicht das Gold scheiterte, es war vielmehr eine Torheit, dem Staat zu glauben, dass er seine Versprechen einhalten würde. Um den katastrophalen Ersten Weltkrieg führen zu können, musste jede Regierung ihre eigene Papier- und Bankengeldmenge ausdehnen. Diese Inflation war derart heftig,*

> *dass es für die kriegführenden Staaten unmöglich wurde, ihre Versprechungen einzuhalten, und so ›verließen sie den Goldstandard‹, das heißt, kurz nach Kriegseintritt erklärten sie ihren eigenen Bankrott.«*

Auch der sogenannte Gold-Devisen-Standard (1926 bis 1931) scheiterte. Gleiches gilt für die nächste Phase, in der es Zeichengeldwährung bei freiem Wechselkurs gab (1931 bis 1945). Das System von Bretton Woods, mit dem nach dem Zweiten Weltkrieg eine internationale Währungsordnung mit Wechselkursbandbreiten geschaffen worden war, und der neue Gold-Devisen-Standard hielten ebenfalls nur von 1945 bis 1968. Die anschließende Auflösung des Systems von Bretton Woods mündete in das sogenannte »*Smithson'sche Abkommen*«, das unter anderem eine Dollarentwertung um 7,9 Prozent und eine Aufwertung der D-Mark um 4,6 Prozent im Vergleich zum früheren Goldpreis bestimmte, faktisch jedoch nur ein Jahr hielt. An das anschließende Zeichengeldwährungssystem von freien Wechselkursen seit März 1973 schlossen sich das Europäische Währungssystem (EWS) und ihm letztlich die Konstruktion der Europäischen Zentralbank für Europa an. In einem Beitrag von Dieter Lindenlaub, der von der Deutschen Bundesbank über ihre Homepage unter dem Titel »*Für eine stabile Gemeinschaftswährung*« publiziert wird, werden die währungspolitischen Interessen der beteiligten europäischen Länder umrissen. Für Frankreich führt Lindenlaub aus:

> *»Frankreich litt bis Ende der 1980er-Jahre unter einer im Vergleich zu Deutschland schwachen Währung. Es strebte im Grunde lediglich einen europäischen Reservefonds an, mit dessen Hilfe die Wechselkurse zwischen den europäischen Währungen auf einen Durchschnittswert stabilisiert und die Kursschwankungen zum Dollar minimiert werden sollten. Preisstabilität als Ziel war lange Zeit von nachrangiger Bedeutung. Die Übertragung geldpolitischer Kompetenzen auf*

> *eine gemeinsame europäische Institution akzeptiert man – notgedrungen – erst in der letzten Integrationsphase. Die deutsche Außenpolitik war bereit, Frankreich vergleichsweise weit entgegenzukommen; sie wollte Deutschland stärker in Europa einbinden und zugleich die Akzeptanz ihrer Ost- (und schließlich der Wiedervereinigungs-)Politik fördern. … Der erste groß angelegte Vorstoß für eine Währungsunion, der ›Werner-Plan‹ des Jahres 1970, scheiterte, weil er aufgrund der deutschen Einflussnahme … Bedingungen enthielt, die für Frankreich unannehmbar waren. Und der 1972 errichtete Europäische Wechselkursverband (EWV), das konkrete Integrationsergebnis des Werner-Plans, brach bald auseinander; die Währungen der Länder mit höherer Inflation, zum Beispiel der französische Franc, konnten den festen Wechselkurs zur D-Mark nicht halten.«*

Lindenlaub beschreibt dann auch den Herrschaftsmechanismus namens Geldpolitik und den Lenkungsanspruch der Politik:

> *»Der Interventionsmechanismus des Europäischen Währungssystems (EWS) und die Stabilitätspolitik der Bundesbank beflügelten gleichzeitig den Wunsch der Länder mit schwächeren Währungen, der faktischen Lenkung ihrer Geldpolitik durch die Bundesbank zu entkommen, etwa indem man ein gemeinsames Lenkungsorgan schafft. … An den vorbereitenden Beratungen zum Maastricht-Vertrag zwischen den EU-Regierungen war die Bundesbank intensiv beteiligt. … Bundesbank-Direktoriumsmitglied Hans Tietmeyer war Mitglied des Währungsausschusses der EWG, der unter anderem die Eintrittskriterien in die EWU entwarf; so ging es auf eine Anregung der Bundesbank zurück, dass diese Eintrittskriterien quantitativ und damit handhabbar definiert wurden. … Die Europäische Zentralbank erhielt*

> *die Entscheidungskompetenz zwar nicht für das Wechselkursregime, aber doch für die Deviseninterventionen. ... So sehr die Bundesbank ihr ›Modell‹ durchgesetzt sah (ohne das hätte Deutschland die Währungsunion nicht akzeptiert), alle ihre Vorstellungen wurden nicht verwirklicht.«*[26]

Warnungen gegen die Vorstellung, Volkswirtschaften ließen sich durch Manipulationen am Geldwesen dauerhaft, nachhaltig und erfolgreich zielgerichtet lenken, hatte es seit Langem gegeben. Insbesondere die Vorstellung, ein zentrales Steuerungsgremium könne in der Lage sein, Tauschakte gleichsam mathematisch exakt zu steuern, war bereits vor mehr als 100 Jahren – im Jahre 1912 – von Ludwig von Mises widerlegt worden. In seinem Kapitel »*Über Wertmessung*« führte Ludwig von Mises dann in der Zweitbearbeitung seiner *Theorie des Geldes und der Umlaufmittel* aus dem Jahre 1924 wörtlich aus:

> *»Der Wertungsakt ist jeder Messung unzugänglich. ... Ändern sich die Verhältnisse des Individuums, dann ändert sich auch die Skala seiner Wertung. ... Auf den Wertskalen der Individuen baut sich der wirtschaftliche Verkehr auf. ... Will ein Individuum einen Tauschakt wirtschaftlich vornehmen, dann hat es lediglich zu erwägen, welche Stellung die in Betracht kommenden Gütermengen in seiner eigenen Wertschätzung einnehmen. In diesem skalierten Werturteil ist für die Erwägungen des Messens überhaupt kein Platz. ... Die Austauschverhältnisse der Güter gehen aus den Wertskalen der am Verkehr teilnehmenden Individuen hervor. ... Aufgrund dieser Werturteile kommt ein Tauschakt zustande.«*[27]

Glaubt eine zentrale Instanz, in solche Tauschakte gedeihlich intervenieren zu können, weil sie der Auffassung ist, die Wertskalen der beteiligten Handelsindividuen besser beurteilen zu können als diese, so muss das Chaos stets programmiert sein. Herrschaft durch Geldpolitik stellt folglich einen erheblichen Anreiz für jeden machtbewussten Politiker dar. Sie ist jedoch nie erfolgreich und nie zielführend, wie alle historische Empirie eindrucksvoll belegt.

Was in der allgegenwärtigen Berichterstattung über die Gemeinschaftswährung namens »Euro« in aller Regel verschwiegen wird, ist nämlich beispielsweise die Tatsache, dass es ein vergleichbares geldpolitisches Großprojekt bis vor nicht allzu langer Zeit schon einmal gab. Sogar ein Teil der heutigen Bundesrepublik war an diesem – zuletzt grandios gescheiterten – Projekt beteiligt. Dieser Vorgänger des Euro hörte auf den Namen *»Transferrubel«* und wurde im Bereich des untergegangenen Ostblocks eingesetzt.

Den zwischenstaatlichen Handel zwischen allen Bruderstaaten koordinierte dort bekanntlich seit 1949 der *»Rat für gegenseitige Wirtschaftshilfe«* (RGW). Ihm gehörten Länder wie Polen, Rumänien, Albanien, die Mongolei, Kuba, Vietnam, Jugoslawien und die DDR an. Auch unter ihnen war – wie heute innerhalb der Europäischen Union – geplant, eine Angleichung ihrer wenig identischen wirtschaftlichen Lebensverhältnisse zu erreichen. Selbst Äthiopien, der Südjemen, Laos und Nicaragua sympathisierten zeitweilig mit dem Gedanken, diesem Vorhaben beizutreten. Über die Gründe, warum es zu diesem weiteren Anschluss seinerzeit nicht kam, mag man trefflich spekulieren.

Seit dem Herbst 1963 wirtschafteten die dortigen Ratsmitglieder jedenfalls intern mit dem *»Transferrubel«*, einer Verrechnungsgröße, deren Wechselkurs zu den einzelnen staatlichen Währungen der Länder ebenfalls politisch festgelegt war. Der Wechselkurs beispielsweise einer Ost-Mark der DDR zum allgemeinen Transferrubel betrug seinerzeit 4,67 zu 1. Zum Vergleich: Der Wechselkurs einer bundesrepublikanischen D-Mark zum Euro betrug 1,95583 zu 1. Tatsächlich allerdings hilft dieser Vergleich nichts, weil er ebenso aussagekräftig ist wie der

Vergleich eines Deutschen Zollpfundes von 1854 mit einem britischen Pfund Sterling, weswegen er hier auch nicht weiter interessieren soll. Der einheitliche Transferrubel für die uneinheitlichen Länder sollte jedenfalls deren wirtschaftliche und gesellschaftliche Integration beschleunigen und vervollkommnen. Ein Plan, der heutigen Europäern, wie gesagt, beklemmend bekannt vorkommen dürfte.

Da der Transferrubel nicht frei konvertierbar war, das heißt nicht von jedermann überall unbegrenzt in alle anderen Währungen umgetauscht werden konnte, interessierte er außerhalb des RGW nicht sehr. Infolgedessen verkauften die RGW-Mitglieder einander für Transferrubel nur all das, was sich nicht gegen freie Devisen attraktiv in den Westen veräußern ließ. Man unterschied daher schon bald zwischen *»harten«* Waren für das West- und *»weichen«* Waren für das Ost-Geschäft. Um selbst Westwaren erwerben zu können, benötigten die Ostländer aber harte Devisen. Im DDR-Außenhandelsministerium gründete man deshalb den *»Bereich Kommerzielle Koordinierung«*. Der hatte bekanntermaßen die bisweilen schmutzige Aufgabe, Devisen zu beschaffen und sie – wie etwa beim Erwerb von zwei Zirkuselefanten aus dem an Transferrubeln ganz unsolidarisch nicht mehr interessierten Nordvietnam 1990 – zur Weiterleitung freizugeben.

All dies beschäftigte die internationale Behördenwelt noch lange über den Ostblock-Kollaps hinaus. Das Bundesverfassungsgericht beschrieb die Lage am 10. Dezember 2004 (2 BvR 890/00):

> *»Der Außenhandel zwischen den Staaten des am 28. Juni 1991 aufgelösten RGW wurde von den Mitgliedsstaaten mangels frei konvertierbarer Währungen und Devisen seit den 1960er-Jahren auf Basis des Transferrubel (XTR) – einer künstlichen Verrechnungseinheit – durchgeführt. Mit diesem System wurde praktisch eine devisenlose Außenhandelswirtschaft auf Tauschbasis geschaffen. Die RGW-Mit-*

gliedsstaaten legten in jährlich ausgehandelten Protokollen den Umfang ihrer jeweiligen Im- und Exporte fest, wobei sich der in transferablen Rubeln gerechnete Wert der gehandelten Güter annähernd auszugleichen hatte. Auf diese Weise wurde eine nahezu ausgeglichene Handelsbilanz erreicht. In Moskau war mit der Internationalen Bank für wirtschaftliche Zusammenarbeit (IBWZ) eine Clearingstelle eingerichtet worden, die mit den in den Mitgliedsstaaten gebildeten Außenhandelsbanken den Zahlungsverkehr abwickelte. In der DDR war dies die Deutsche Außenhandelsbank AG (DABA).«

Als die DDR zusammenbrach und die D-Mark in den Osten kam, musste diese nun unmögliche Clearingabwicklung weitreichende Folgen haben. Die Bundeszentrale für politische Bildung berichtet über das sogenannte »*Umrubeln*«:

»Aufs Engste mit der Währungsumstellung verknüpft sind Betrugsfälle im Zusammenhang mit der unberechtigten Inanspruchnahme des Transferrubel-Verrechnungsverfahrens, die es ermöglichte, weiche Transferrubel in harte DM ›umzurubeln‹: Spätestens mit Einführung der DM in der DDR zum 1. Juli 1990 hätte die Teilnahme der DDR an diesem Verfahren beendet werden müssen. Eine sofortige Umstellung auf Basis harter Devisen hätte aber das System des RGW aller Voraussicht nach zusammenbrechen lassen. Um dies zu verhindern, wurde die Fortführung des Verrechnungsverfahrens bis zum 31. Dezember 1990 vereinbart.«

Auch die Europäische Union war diesbezüglich gefordert: Am 26. Januar 2001 etwa beehrte sich der seinerzeitige EU-Kommissar Franz Fischer, dem damaligen Bundesaußenminister, Seiner Exzellenz Herrn Joschka Fischer, mitzuteilen, dass die Kommission in ihrem Prüfverfahren SG(2001)D/285493 beschlossen hatte, Deutschland zu empfehlen, Landwirten aus der ehemaligen DDR, die im Herbst 1990 Speisekartoffeln nach Rumänien geliefert, mangels erforderlicher Genehmigung hierzu jedoch die erhaltenen Transferrubel nicht in D-Mark konvertiert erhalten hatten, eine ersatzweise Billigkeitsbeihilfe aus Steuermitteln nicht zu gewähren. Zwar seien die Landwirte durch die fehlende Bezahlung sicherlich in eine schwierige Lage geraten. Doch weil einerseits die Zollbehörden und andererseits die Deutsche Reichsbahn als Transportunternehmen *»widersprüchliche Grenzübertrittsdaten in die erforderlichen Dokumente gesetzt hatten«*, könne nicht zweifelsfrei davon ausgegangen werden, dass ein außergewöhnliches Ereignis im Sinne des Gemeinschaftsrahmens für staatliche Beihilfen im Agrarsektor vorliege. Zudem komme eine reguläre Zahlung »so rasch wie möglich nach dem Schadenseintritt« nach den inzwischen vergangenen zehn Jahren nicht mehr in Betracht, was die Hilfegewährung faktisch wie eine unzulässig wettbewerbsverzerrende Betriebsbeihilfe wirken lasse: *»Die vorgeschlagene Beihilfe entspricht also nicht der Gemeinschaftspolitik in diesem Bereich.«*

Da ausgerechnet Kartoffeln der gemeinsamen europäischen Marktorganisation nicht unterlägen, erläuterte der Kommissar weiter, könne es sich bei seiner diesbezüglichen Einschätzung zwar selbstverständlich nur um einen brüderlichen Ratschlag handeln. Indes müsse Seine Exzellenz, der Herr Bundesaußenminister sehr wohl überlegen, ob er sich dieser Brüsseler Bitte tatsächlich widersetzen wolle: *»Sollten die deutschen Behörden beschließen, die Zahlung trotz dieser Empfehlung der Kommission zu leisten, muss die Kommission prüfen, ob dadurch WTO-Verpflichtungen der Gemeinschaft verletzt werden.«*

Zu all diesen Verwerfungen in den Wertverhältnissen mit allen anschließenden Angleichungsproblemen war es natürlich ursprünglich überhaupt nur deswegen gekommen, weil die wahren Preise aus ideologischen Gleichmachungsgründen zwischen den RGW-Staaten verschleiert worden waren. Eine erzwungene gleiche Währung für faktisch ungleiche Volkswirtschaften musste unausweichlich in das Chaos führen. Wilhelm Hankel hat daher mit guten Gründen darauf hingewiesen, dass die Kunstwährung *»Euro«* absehbar nur – wie weiland der Transferrubel – durch Abgrenzung und Abschottung zu anderen, *»harten«* Währungen aufrechterhalten werden kann. Artikel 64 des Vertrages über die Arbeitsweise der Europäischen Union sieht solche Einschränkungsmöglichkeiten des freien Kapitalverkehrs bereits – mit der exquisiten Formulierung über die *»Befugnis zum Rückschritt von der Liberalisierung«* – explizit vor. Wehe dem, der Böses dabei denkt! Die internationale politische Planspeisekartoffel ist uns offenbar näher, als es der breiten Öffentlichkeit innerhalb der Europäischen Union bislang bewusst ist. Jedenfalls erinnern die politischen Abgrenzungsmechanismen des Transferrubels und ihre Folgewirkungen nach seinem Kollaps fatal an diejenigen Instrumentarien, die der Vertrag von Lissabon für die Geldpolitik rund um den Euro bereits auf den Weg gebracht hat.

XI.) Herrschaft durch Lenkung des (Akzeptanz-)Denkens

Gesetzgeber waren – und sind – zu allen Zeiten gut beraten, wenn sie ihre rechtlichen Anordnungen so ausgestalten, dass diese mit dem Weltbild der diesem Recht Unterworfenen konvergieren und nicht kollidieren. Es liegt auf der Hand, dass ein römischer Kaiser nicht mit Aussicht auf Erfolg kaiserliche Anordnungen verkünden konnte, die mit dem gelebten Brauch seiner Untertanen in diametralen Widerspruch traten. Das, was die Menschen dieser Zeit als göttlich und heilig ansahen, konnte auch durch kaiserliche bzw. staatliche Gewalt nicht simpel modifiziert werden.

Will ein Gesetzgeber – bis heute – etablierte Verhaltensweisen einer Gesellschaft ändern, dann muss er dort anknüpfen, wo die Bevölkerung aktuell die richtige Verhaltensweise verortet. Denn nur das, was überwiegend freiwillig gelebt wird, hat realistisch Aussicht, als Recht erkannt zu werden. Erforderlich ist stets, dass zumindest der ganz überwiegende Teil einer Bevölkerung die aufgestellten Regeln und Normen anerkennt und akzeptiert.

Dieser Zusammenhang zwischen Akzeptanz und aussichtsreicher Regelsetzung eröffnet zugleich eine weitere Perspektive. Derjenige, der eine Rechtsregel ändern möchte, kann auch den Weg gehen, zunächst die Akzeptanz der Bevölkerung hinsichtlich gewisser Werte zu ändern. Hat sich die Einstellung einer Bevölkerung zu gewissen Lebenswirklichkeiten dann durch entsprechende manipulierende Eingriffe geändert, dann kann die neue Regel gleichsam wie ein Schlussstein in die architektonische Neugestaltung dieses Gesellschaftsmodells eingefügt werden.

Für die aktuelle Situation in Europa, namentlich unter dem hier vorrangig betrachteten Blickwinkel der Bundesrepublik Deutschland, ist in diesem Zusammenhang die Institutionalisierung eines öffentlich-rechtlichen Rundfunk- und Fernsehsystems von eminenter Bedeutung. Die tägliche millionenfache Kontaktaufnahme zwischen diesem öffentlich-rechtlichen Informationssystem und den Bürgern gestaltet die allgemeine Einstellung und Akzeptanz der Bürger in nicht zu unterschätzender Weise. Die häufige Rede von der Presse als der sogenannten *»vierten Gewalt«* in einem Staat (neben Gesetzgebung, Verwaltung und Rechtsprechung als den drei traditionellen Staatsgewalten) macht diesen Zusammenhang deutlich. Mindestens wird dieser Nexus dann offensichtlich, wenn man sich fiktiv vorstellen möchte, alle öffentlich-rechtlichen Rundfunk- und Fernsehsender träten plötzlich in direkte Opposition zu allem staatlichen Handeln. Es erscheint schwer vorstellbar, dass auch nur ein Bundeskanzler, ein Minister oder ein Bundespräsident gegen eine derartige, alltägliche millionenfache *»Meinungsmache«* noch mit Erfolg staatliche Autorität ausüben könnte. In jüngerer Vergangenheit erweist die Geschichte der Bundesrepublik Deutschland exemplarisch, dass es einem einzigen »*Leitmedium*« möglich war, den Achtungsanspruch eines Bundespräsidenten so sehr zu unterhöhlen, dass diesem zuletzt nicht mehr möglich war, in seinem Amt zu verbleiben.

Gegen eine konzertierte Presse ist somit erkennbar eine erfolgreiche Politik und Rechtsetzung nicht möglich. Umgekehrt werden staatliches und Verwaltungshandeln durch kooperierende Rundfunk- und Fernsehberichterstattung beziehungsweise loyale und allenfalls maßvoll kritische Pressearbeit deutlich gestützt und unterstützt. Nicht nur bei einem Putsch in einem fernen Land gilt: Einer der ersten Plätze des Interesses für jeden Machthaber ist die staatliche Fernseh- und Rundfunkstation. Mit ihrer Hilfe lässt sich die allgemeine Einstellung der Bevölkerung und folgerichtig ihre mögliche Akzeptanz gegenüber Gesetzesregeln beeinflussen und im Extremfall gänzlich steuern.

Denn das Denken bestimmt die Richtung allen Handelns. Folgerichtig kann der, der das Denken beeinflusst, auch das (allgemeine) Handeln steuern. Recht ist eben – wie der Rechtsphilosoph Helmut Coing zutreffend beschreibt – in erster Linie eine Kulturerscheinung:

> »*Das Recht ordnet das Zusammenleben von Menschen, die einer bestimmten Gruppe angehören. Es legt die relative Stellung der Mitglieder dieser Gruppe fest. Es grenzt die Bereiche ihrer Tätigkeit voneinander ab und es schafft die Formen, in denen eine Zusammenarbeit möglich ist; es sieht die Formen vor, in denen die Gruppe zu einheitlichem Handeln kommt und die Rechtsordnung selbst durchgesetzt werden kann.*«[28]

Notwendig für eine – in heutiger Begrifflichkeit – »*nachhaltige*« Rechtsordnung ist daher unausweichlich, dass die Teilnehmer am Rechtsverkehr die geltenden Regeln nicht nur kennen, sondern sie auch als richtig akzeptieren. Die Adressaten der rechtlichen Befehle müssen innerlich der Auffassung sein, dass die mit Zwang durchsetzbaren Regeln auch jenseits ihrer gewaltsamen Verwirklichung materiell *»richtiges Recht«* darstellen. Legitime Interessen der Teilnehmer am Rechtsverkehr können umgekehrt nicht dauerhaft von Gesetzen unterdrückt werden. Helmut Coing erläutert dies an einem – insbesondere für die hiesigen Zusammenhänge beklemmend einschlägigen – Beispiel. Er führt aus:

> *»Noch deutlicher zeigt sich die Gefahr, die in der Nichtbeachtung der ›Natur der Sache‹ durch das Recht liegt, dann, wenn die Rechtsordnung den Versuch macht, an und für sich legitime Tendenzen des Menschen dauernd zu unterdrücken. Sie stellt den Einzelnen dann dauernd vor die Wahl, entweder sehr starke und normalerweise auch vom Recht geschützte Interessen aufzugeben oder ungesetzlich zu handeln. Praktisch treibt sie ihn damit regelmäßig in die Illegalität. Ein solcher Zustand bestand zum Beispiel in Deutschland gegen Ende des letzten Krieges, als der kommende Zusammenbruch vor aller Augen lag, trotzdem aber nicht nur die Feststellung dieser Tatsache, sondern auch jede Sicherungsmaßnahme, zum Beispiel Vorbereitung der Flucht aus bedrohten Gebieten seitens der zivilen Bevölkerung … unter Strafe verboten waren. Ähnlich wirkte nach dem Krieg während der sogenannten ›aufgestauten Inflation‹ die vom Recht erzwungene Aufrechterhaltung der Fiktion des Geldwertes und das Verbot des Warentausches. Das an und für sich legitime Bestreben, für die veräußerte Ware einen wirklichen Gegenwert zu erhalten, war nun plötzlich unter Strafe gestellt. In solchen Fällen zwingt das Recht den Menschen zu einem dauernden Widerspruch mit sich selbst. Auf die Dauer lässt sich das regelmäßig nicht aufrechterhalten: Die*

illegalen Handlungen werden immer zahlreicher, nehmen schließlich derartig überhand, dass die gesetzliche Strafe, wenn sie einmal ausgesprochen wird, als Willkür wirkt, die Richter (unter dem Gesichtspunkt der Gleichheit vor dem Gesetz) in schwere innere Konflikte geraten und die Autorität des Rechtes schweren Schaden nimmt. Nichts wäre also falscher, als die Bedeutung der ›Natur der Sache‹ übersehen zu wollen. Ohne sie zu beachten, kann eine gerechte Ordnung nie geschaffen werden. Wir müssen … in die Dinge hineinhorchen, eher wir darangehen, sie zu ordnen.«[29]

Jeder Gesetzgeber, der durch positives Recht (also durch staatlich angeordnete Normen) das Verhalten der Bürger steuern möchte, muss folglich einen Anreiz haben, nicht »*nur*« in dem richtigen förmlichen Gesetzgebungsverfahren gewisse Regelungen zu erlassen. Er hat zudem auch einen deutlichen Anlass und Anreiz, das Denken der Bürger anzusprechen, damit diese die von ihm erlassenen Gesetze auch für inhaltlich »*richtig*« und »*angemessen*« erachten. Hier liegt die Wurzel für die heute so weithin beachtete »*politische Korrektheit*« (von der Reinhard K. Sprenger längst festgestellt hat, dass sie zu einer »*gesinnungsethischen Inquisition gewandelt*« wurde[30]). Derjenige, dem es gelingt, durchzusetzen, was er für politisch korrekt und für politisch unkorrekt gedacht wissen will, kann bestimmen, in welche Richtung sich das allgemeine Empfinden wendet. Was politisch unkorrekt ist, darf nicht mehr sanktionslos ausgesprochen werden.

Perfide an diesem Mechanismus ist insbesondere, dass die verpönte Unkorrektheit nicht förmlich juristisch verboten werden muss, um unterdrückt werden zu können. Derjenige, der politisch unkorrekt empfindet, wagt sich ab einem gewissen Zeitpunkt nicht mehr, sein Empfinden zu äußern. Weil er es nicht äußert, wird es nicht Gegenstand einer interpersonellen Erörterung. Weil es nicht kommuniziert wird, hat es keine Realität mehr. Auch andere Menschen, die möglicherweise ebenso politisch unkorrekt empfinden, wagen sich nicht mehr, ihr Empfinden zu äußern, da sie sich in Ermangelung der Realität entsprechender Äußerungen anderer mit ihrem Denken einsam und in der Minderheit wähnen. Damit beginnt die sogenannte *»Schweigespirale«*, die sich immer weiter in Richtung eines Verschweigens gewisser Ansichten dreht, bis diese überhaupt nicht mehr ausgesprochen werden. Die gegenteilige, politisch vermeintlich korrekte Auffassung hat die *»Lufthoheit über den Stammtischen«* erobert.

Hans-Hermann Hoppe beschreibt eine markante Phase der bundesrepublikanischen Geschichte zwischen den Jahren 1969 und 1982, in der das allgemeine Akzeptanzgefühl gegenüber staatlichen Eingriffen und Regelungen deutlich modifiziert wurde. Staatseingriffe und zwangsweise Regelungen mussten so *»populär«* werden, dass die Bevölkerung sich ihnen nicht widersetzte. Zur Umsetzung dieses Modifikationsprozesses in der Akzeptanz wurde die Gruppe der akademisch tätigen Bürger ausgewählt. Hans-Hermann Hoppe formuliert:

> *»Mit der neuen sozialistisch-liberalen Regierung gelangte die Idee der Chancengleichheit an die vorderste ideologische Front. Und wie theoretisch vorhergesagt, war es speziell die offiziell verbreitete Idee ›mehr Demokratie wagen‹ – von Beginn an einer der populärsten Slogans der neuen Willy-Brandt-Ära –, die zu einem nie zuvor dagewesenen Ausmaß an Politisierung führte. Alle möglichen Wünsche wurden im Namen dieser Chancengleichheit erhoben; und von der Kindheit bis ins hohe Alter, von der Freizeit bis zum Arbeitsumfeld gab es kaum eine Lebenssphäre, die nicht intensiv auf eventuelle Unterschiede für verschiedene Personen unter Berücksichtigung der als relevant definierten Chancen überprüft wurde. Es überrascht nicht, dass solche Unterschiede in den Chancen permanent gefunden wurden, und dementsprechend schien sich der Bereich der Politik beinahe*

täglich auszuweiten. ›Es gibt keine Fragestellung, die nicht politisch ist‹, konnte man immer öfter hören.

Um an der Spitze dieser Entwicklung zu bleiben, mussten sich die an der Macht befindlichen Parteien ebenfalls ändern. Vor allem die Sozialdemokratie, traditionellerweise eine Arbeiterpartei, musste ein neues Image entwickeln. Mit der zunehmend an Terrain gewinnenden Idee der Chancengleichheit wurde sie, wie man übrigens leicht hatte voraussagen können, zur Partei der (sprachlichen) Intelligenzia, der Sozialwissenschaftler und Lehrer. … Als Resultat dieses Prozesses der Politisierung, angeführt von einer wachsenden Anzahl durch Steuern finanzierter Ausbilder, die Einfluss auf eine zunehmende Anzahl von Studenten gewannen, entstand (wie man ebenso leicht hätte voraussagen können) ein Mentalitätswandel. Es wurde in zunehmendem Maße als völlig normal betrachtet, alle Arten von Bedürfnissen mithilfe von politischen Mitteln zu befriedigen und alle Arten von angeblichen Rechten gegenüber anderen, vermutetermaßen besser situierten Leuten und ihr Eigentum zu beanspruchen; und für eine ganze Generation von Menschen, die in dieser Zeit aufwuchsen, wurde es weniger und weniger natürlich, daran zu denken, ihr Los durch produktive Anstrengungen und Vertragsabschlüsse zu verbessern.«[31]

Wolfgang Herles sieht die Anfänge dieser massiven Akzeptanzsteuerung innerhalb von Deutschland noch zu einem früheren Zeitpunkt. Nach seiner Auffassung hatte bereits die Große Koalition in der Bundesrepublik Deutschland seit dem Jahre 1966 »*bürokratischen Optimismus*« zu verbreiten begonnen:

»Nachdem Erhard an einer ersten kleinen Wachstumsschwäche gescheitert ist, betreibt Kiesingers Große Koalition

Gesellschaftspolitik, wie es nun heißt. Es grassiert die utopische Vorstellung, der Staat könne den Wettbewerb erfolgreich steuern und Wachstum und Vollbeschäftigung garantieren. Jahre grenzenlosen Vertrauens in die wissenschaftliche Planbarkeit der Zukunft beginnen. Bürokratischer Optimismus entgegnet der Angst der Deutschen vor den Risiken der Freiheit. Wirtschaftliche Stabilität soll per Stabilitätsgesetz angeordnet werden. Karl Schiller, Volkswirtschaftsprofessor und Wirtschaftsminister, der ökonomische Star der Großen Koalition, glänzt mit neuen Schlagworten. Von ›sozialer Symmetrie‹ spricht er. … Wirtschaftsminister Schiller und Finanzminister Strauß sind beide keine Marktwirtschaftler nach dem Vorbild Erhards. Der Staat betreibt Wirtschaftspolitik nach Keynes. Das Arbeitsförderungsgesetz und das Berufsbildungsgesetz von 1969 etablieren eine neue Dimension von Sozialpolitik. In Zeiten von Massenarbeitslosigkeit führen solche Instrumente falsche Hoffnungen. Für sie alle ist Wirtschaftspolitik nur ein Instrument zur effektiven Betreuung wichtiger Wählergruppen.«[32]

Im Rückblick auf jene Jahre – und als Analyse des gegenwärtigen Zeitpunktes – resümiert Franz Kromka:

»Die frühzeitig prophezeite ›Bildungskatastrophe‹ (Georg Picht) hat im Verein mit der populären Propaganda für ein ›Bürgerrecht auf Bildung‹ (Ralf Dahrendorf) die Illusion genährt, es gebe für die ständig steigende Zahl derer, die die Fachhochschulen und Universitäten absolvieren, auch ein Recht auf entsprechend vorteilhafte Berufspositionen. … Die Aufstiegsversprechungen haben sich für viele als trügerisch erwiesen. … Nimmt die Zahl der potenziell Befähigten zu, dann verschärft sich zugleich der Wettbewerb um qualifizierte Stellen. … Misserfolg wird aber aus Gründen der Si-

cherung des Selbstwertgefühls in aller Regel nicht auf eigene Schwächen zurückgeführt, sondern auf angeblich fremdverschuldete Einflüsse. … Durch die gewaltige Expansion des Schulwesens wurde nicht das Tor zur Bildung, sondern die Schleuse des Missmuts weit geöffnet. … Nachdem die Schule durch allerlei Reformen ›humanisiert‹ wurde, wird nun über angeblichen Leistungszwang, Schulstress und Notenterror noch lauter geklagt als vorher. … Das tradierte Ziel der höheren Bildungseinrichtungen, überdurchschnittlich Begabte zu fördern, ist ins Gegenteil verkehrt worden. Die überbordende Kritik am Faktum, dass auch unsere Gesellschaft nicht nur horizontal, sondern auch vertikal gegliedert ist, haben die Gefühle des Neides mächtig belegt. … Gesamtschule enthüllt auf brutale Weise die persönlichen Mängel und Schwächen der Unterdurchschnittlichen als Ursache des Scheiterns.«[33]

Für die Entwicklung der Bundesrepublik Deutschland ist in diesen wenigen Zitaten skizzenhaft umrissen, wie die Akzeptanz gegenüber staatlichen Eingriffen zuerst massiv gefördert wurde. Nachdem jene staatlichen Interventionen somit im Grundsatz akzeptiert wurden, war es möglich, die Strukturen von Staat und Gesellschaft zu verändern und diese Machtverschiebungen zu institutionalisieren. Nachdem dies wiederum zu weitverbreitetem Missmut führte, weil die zugesagten Heilsversprechungen nicht eintraten, konnte der weitere Ruf nach einem noch mehr ordnenden Staat (in ungebrochenem bürokratischem Optimismus) noch lauter erschallen. Was sich auf nationalstaatlicher Ebene nicht verwirklichen ließ, wurde schließlich in den Bereich der überstaatlichen Institutionen verlagert, von denen im supranationalen Konzert die Erfüllung aller Wünsche verhießen wurde.

Es kann in derartigen Kontexten nicht verwundern, wenn auch auf wirtschaftspolitischem, finanzpolitischem und geldpolitischem Gebiet eine weitverbreitete (in Wahrheit kontrafaktische) Hoffnung besteht,

»der Staat« könne erkannte eklatante Fehlentwicklungen wieder einer richtigen, natürlichen und gerechten Ordnung zuführen. Gerade deswegen, weil der fremdbestimmende Staat – erst recht ein von seinen Bürgern institutionell weit abstrahierter Staatsapparat – die konkreten Bedürfnisse und Wertpräferenzen der Menschen nicht mehr im Ansatz zutreffend erkennen oder einschätzen könnte, ist es ihm unmöglich, für sie eine deren Eigenverantwortung ersetzende Politik mit Aussicht auf Erfolg zu betreiben. Die Tatsache, dass diese Bürger gleichwohl noch immer in großem Ausmaß bereit sind, staatliche Eingriffe zu akzeptieren und derartige Gesetze mithin ernsthaft für valides Recht halten, verkompliziert die eingetretene Lage erheblich. Es ist, als stelle ein Ertrinkender zunehmend eigene Schwimmbewegungen ein, weil er auf seinen Rettungsschwimmer wartet, obwohl dieser längst begonnen hat, ihn immer weiter unter Wasser zu ziehen.

Über den Einfluss der aktuellen Presseberichterstattung in den noch immer weitverbreiteten Printmedien der Bundesrepublik Deutschland auf die allgemeine Einstellung der Bevölkerung zu den Institutionen der Europäischen Union mag eine Meldung der Deutschen Presseagentur Aufschluss geben, die am 17. Oktober 2014 über die Fraktion namens *»Europa der Freiheit und der direkten Demokratie«* im Europaparlament veröffentlicht wurde. Wörtlich lautet diese Meldung in der Printversion der *Westdeutschen Allgemeinen Zeitung* von diesem Tage wie folgt:

> *»Fraktion der EU-Gegner im Europaparlament geplatzt*
>
> *Austritt einer Lettin gibt den Ausschlag*
>
> *Brüssel. Knapp fünf Monate nach den Europawahlen ist die Fraktion der EU-Gegner um den britischen Rechtspopulisten Nigel Farage im Europaparlament geplatzt. Die lettische Abgeordnete Iveta Grigule verließ die Gruppe von »Europa der Freiheit und der direkten Demokratie« (EFD). Die*

Fraktion verfügt damit nicht mehr – wie vorgeschrieben – über Mitglieder aus mindestens sieben EU-Staaten, wie das Parlament gestern mitteilte.

Keine deutschen Abgeordneten dabei

Den EU-Gegnern gehören unter anderem Parlamentarier der europafeindlichen britischen Ukip-Partei oder der »Fünf-Sterne-Bewegung« des italienischen Ex-Komikers Beppe Grillo an. Die Fraktion umfasste bisher 48 Abgeordnete, es sind keine aus Deutschland darunter. Ohne die EFD gibt es nun noch sechs Fraktionen im Straßburger Parlament. Die EU-Gegner werden künftig nicht mehr in der sogenannten Konferenz der Präsidenten vertreten sein, in der Parlamentschef Schulz und die Fraktionschefs wichtige Weichen stellen. Fraktionen bekommen auch öffentliches Geld und Vorteile beim Rederecht. Der Fraktionschef der konservativen Europäischen Volkspartei (EVP), Manfred Weber, teilte mit, die Radikalen und Populisten seien »total zerrissen«. Der SPD-Abgeordnete Jo Leinen erklärte, dass sich die Anti-Europäer selbst zerlegten. Der Fraktionsverlust der EFD führt auch dazu, dass das Europarlament seinen Beschluss zur Vergabe des Sacharow-Preises auf den kommenden Dienstag verschieben musste.«

So bitter es klingt: Jene Agenturmeldung der Deutschen Presseagentur kann bei genauer Betrachtung nicht im Ansatz für sich reklamieren, seriöser Journalismus zu sein. Statt – wie es dem Ethos eines jeden Journalisten entsprechen sollte – Tatsachen zu berichten und diese sodann allenfalls anschließend und erkennbar einer eigenen Wertung zu unterziehen, werden hier Meinung und Tatsachen bunt gemischt, ineinandergeschoben und dem flüchtigen Leser gegenüber pfiffig verborgen. Es wird eine Stimmung erzeugt, die dem Durchschnittsleser suggeriert, im *»Europaparlament«* gehe es im Wesentlichen seriös und ordnungsgemäß zu. Der vorübergehende Störfaktor einer weiteren Fraktion, die sich dem europäischen Friedensprojekt verschlossen habe, sei nun wieder beseitigt. Im Einzelnen:

Schon die Rede von einem *»Europaparlament«* stellt sich als Manipulation dar. Denn ein *»Europaparlament«* existiert tatsächlich überhaupt nicht. Das Parlament, von dem in der Meldung die Rede ist, ist das Parlament der Europäischen Union. Der Kontinent Europa umschließt jedoch weit mehr Staaten als die, die sich in der EU vereinigt haben.

Ebenfalls fällt auf, dass der in der Überschrift verwendete Begriff von dem *»EU-Gegner«* an keiner Stelle der Meldung auch nur mit einem Wort erläutert wird. Hiermit wird der Eindruck erweckt, dass zur Frage von *»Europa«* prinzipiell nur zwei Gruppenbildungen denkbar seien: Entweder man ist EU-Befürworter oder aber man ist EU-Gegner. Dass zwischen diesen beiden Polen eine unabsehbare Vielzahl von differenzierten Zwischenmeinungen möglich ist und faktisch existiert, wird nicht thematisiert.

Möglicherweise hätte eine einfache weitere Frage die Antwort auf den Begriffsinhalt von der EU-Gegnerschaft gegeben: Die tätigen Journalisten hätten die austretende Parlamentarierin Iveta Grigule schlicht fragen können, aus welchem Grunde sie jene Parlamentsfraktion verlassen habe. Entweder wurde diese Frage nie gestellt oder aber es existiert eine Antwort der Parlamentarierin, die aber in diesem Falle nicht mitgeteilt wurde. Der Leser der weitverbreiteten Regionalzeitung erfährt mit keinem Wort von den Gründen, die diese eine Abgeordnete zu ihrem Austritt aus der Fraktion bewogen haben. Das Nichtmitteilen einer Information stellt das Gegenteil von Journalismus dar.

Damit nicht genug. Über die Fraktion jener *»EU-Gegner«* selbst gibt die Agenturmeldung ebenfalls keinerlei substanzielle inhaltliche Informationen. Der aufmerksame Leser kann allenfalls bemerken, dass eine zunächst noch aus Mitgliedern sieben unterschiedlicher Staaten bestehende Fraktion nach dem Austritt der Lettin noch über Mitglieder aus immerhin sechs anderen Ländern verfügen muss. Vorgestellt werden durch den Artikel jedoch nur die Mitglieder aus zwei anderen Ländern, nämlich England und Italien. Der englische Vertreter, Nigel Farage, wird als *»Rechtspopulist«* bezeichnet, der italienische Vertreter, Beppe Grillo, als *»Ex-Komiker«*. Zugleich wird die Partei des britischen Parlamentariers Nigel Farage auch noch über den bloßen Begriff der EU-Gegnerschaft hinaus als – so wörtlich – *»europafeindlich«* apostrophiert. In dieser Begrifflichkeit verbergen sich sowohl die illegitime, weil unzutreffende, Gleichstellung von EU und Europa als auch die Steigerung von bloßer Kritik an der EU zu einer Feindschaft gleich gegen ganz Europa. Kurz: Wer die gegebene EU-Politik kritisiert oder als unrichtig ablehnt, der wird als Feind des ganzen Kontinents gebrandmarkt. Was dem analytischen Leser der Agenturmeldung bei detaillierter Betrachtung auffällt, bleibt dem flüchtigen Leser zur Gänze verborgen. Die permanente Wiederholung der unrichtigen Botschaft macht diese nicht richtig, zementiert sie aber zu einer vermeintlichen Realität.

Damit noch immer nicht genug. Über den *»Parlamentschef Schulz«*, der in Wahrheit keinerlei Chef-Funktionen über dieses Organ der Europäischen Union innehat, sondern lediglich sein ihm zu dienen verpflichteter organisierender Präsident ist, lässt die Deutsche Presseagentur wissen, er stelle gemeinsam mit den Fraktionschefs *»wichtige Weichen«*. Inwieweit diese Weichen wichtig wären oder um welche Weichen es sich überhaupt handeln könnte, wird nicht erklärt. Eher provoziert die Verdichtung der Darstellung von einem Chef, der Wichtiges tut, die Annahme, dass dem etablierten EU-Politiker hier wieder eine Bedeutung und Seriosität zugewiesen werden soll, die ihm richtigerweise zuzukommen habe. Mit der gleichen inhaltlichen Berechtigung, mit der der italienische Parlamentarier in seiner vormaligen beruflichen Funktion vorgestellt wurde, hätte die Agenturmeldung Herrn Schulz auch als *»Ex-Fußballer«* bezeichnen können. Warum sie es nicht tut, liegt auf der Hand.

Trotz ihrer Kürze insgesamt gelingt es der Meldung zuletzt noch, drei weitere deutliche Akzente für die Seriosität des EU-Parlamentes und gegen die Ernsthaftigkeit der europafeindlichen Komiker-Bewegung zu setzen. Statt auch nur einen einzigen Vertreter der beendeten Fraktion zu seiner Einschätzung der neuen Lage zu befragen, kommen zwei politische Gegner dieser Fraktion zu Wort. Der eine, Manfred Weber, wird dadurch erwähnt, dass er *»mitteile«*, die Fraktion der *»Radikalen und Populisten«* sei *»total zerrissen«*. Ein deutscher Sozialdemokrat *»erklärt«*, dass sich *»die Anti-Europäer selbst zerlegten«*. Für eine innerdeutsche bundesrepublikanische Berichterstattung wäre es zumindest in der Vergangenheit undenkbar gewesen, dass man anstelle der Befragung einer selbst betroffenen Partei ausschließlich deren Gegner sprechen lässt und ihre Äußerungen über den politischen Mitbewerber statt als Meinung als Erklärung und Mitteilung einordnet.

Schließlich wird den *»europafeindlichen Radikalen«* auch noch die Verantwortung dafür zugerechnet, dass der Sacharow-Preis nicht fristgerecht verliehen werden konnte. Es darf getrost angenommen werden, dass durch die Beendigung eines Fraktionsstatus auch noch viele weitere Termine innerhalb der Parlamentsorganisation haben verschoben werden müssen. Welche gesonderte Bedeutung der Austritt Iveta Grigules ausgerechnet auf den Sacharow-Preis hätte, wer ihn erhalten solle und wofür dieser Preis überhaupt steht, bleibt in der gesamten Meldung im Dunklen.

Die dargestellte Anhäufung eklatanter journalistischer Handwerksfehler kann schwerlich als ungeplanter Zufallsunfall verstanden werden. Vielmehr spricht die Detailanalyse der Meldung eine exakt andere Sprache. Bis in die einzelne Wortfindung hinein huldigt die Pressemeldung dem EU-Parlament und seinen aktuellen Vertretern, sofern sie nur dem im Übrigen nicht weiter charakterisierten Projekt der EU unkritisch gegenüberstehen. Alle diejenigen, die dem vereinnahmenden Großprojekt namens EU hingegen kritisch eingestellt sind, werden als Feinde, Radikale, Populisten und Komödianten verunglimpft. Stellt man in Rechnung, dass der durchschnittliche Leser einer regionalen Tageszeitung derartige Artikel praktisch täglich zu lesen bekommt und Rundfunk- und Fernsehberichterstattung von gleicher Art und Güte ebenfalls notorisch zur Kenntnis nehmen muss, dann erhellt sich, warum das strauchelnde Projekt einer Europäischen Union noch immer nicht von breiteren Bevölkerungsmassen deutlicher infrage gestellt wird. Das mediale Manipulieren am Informationsstand der Bevölkerung und die dadurch geschaffene Akzeptanz haben unvorstellbare Ausmaße angenommen. Bedenkt man, dass die von Sieghard Rometsch schon im Jahre 1998 thematisierte Ablehnung der Bevölkerung gegen den Euro seither nicht geringer geworden ist, erhält man eine Vorstellung davon, mit welcher Intensität und Kraft medial gegen eine gesunde und natürliche Meinungsbildung in der Bevölkerung angearbeitet wird.

Nicht zufällig findet der mediale Kampf gegen *»populistische Radikale im Europaparlament«* eine nationalstaatliche Parallele im unspezifischen innerdeutschen *»Kampf gegen rechts«*. Wie eingangs dargestellt, hat jener *»Kampf gegen rechts«* inzwischen die Stelle eingenommen, die im Mittelalter der Kampf gegen das Böse und gegen den Teufel innehatte. Was genau *»rechts«* sei, was es inhaltlich kennzeichne und worin exakt seine Gefährlichkeit begründet liege, wird nicht erklärt. Allenfalls die beschriebene Gefahr eines konservativen Rückfalls in überwunden geglaubte Höllen der Vergangenheit durch einen reaktionären Impetus und gegen die glücksverheißende Progressivität des Fortschrittes kann die hohe Emotionalität, mit der die Diskussion um *»rechts«* geführt wird, erklären. Ebenso scheint der Kampf gegen die Kritik an der real existierenden Europäischen Union von einer solch archaischen

Urangst getrieben zu sein. Im Weltbild dieser medialen Krieger kann auch durchaus schlüssig sein, diesen Kampf als einen gleichsam heiligen zu verstehen. Denn wenn man der Überzeugung ist, dass das europäische Einigungsprojekt namens EU einen Endpunkt der Geschichte markiere, der den Frieden garantiere und die Periode der innereuropäischen Kriege beende, dann ist alle Polemik gegen die Kritiker aus der subjektiven Sicht der Verteidiger des Apparates ethisch gerechtfertigt. Maßgeblich ist, dass der allgemeinen Bevölkerung die richtigen Bedürfnisse nähergebracht werden und die unrichtigen Bedürfnisse in den Hintergrund treten. Diese politische Akzeptanzsteuerung hat in Europa – ausgehend von Deutschland – eine lange Tradition. Gerd Habermann hat diesen historischen Zusammenhang unter anderem wie folgt beschrieben:

> *»Christian Wolff, Johann Heinrich Gottlob von Justi und Joseph von Sonnenfels waren führende Theoretiker dieses Staatstyps. Sie sprechen dem Herrscher und seiner Bürokratie mit einer naiven Direktheit, die uns heute erstaunt, eine Pflicht zur Beglückung ihrer Untertanen zu. Besonders typisch schreibt Johann Heinrich Jung-Stilling in seinem* System der Staatswirtschaft (1792): *›Glück ist die Bestimmung des Menschen. Jeder Mensch hat die Pflicht, sich so glücklich zu machen, als in seinen Kräften steht‹. Was er als sein Glück definiere, stehe ihm jedoch nicht frei. Es gibt, nach diesem Autor, ein wahres und ein falsches Glück. Falsche Bedürfnisse – der Hang zur Üppigkeit, zum Luxus, die ungezügelte Selbstsucht – machen die Menschen unvermeidlich unglücklich. Dies aber könne nicht im Sinne des ›allgemeinen Besten‹ liegen. Damit wird der Weg zur Staatsintervention frei. Die staatliche Gesetzgebung habe ›Beglückungsregeln‹ festzusetzen, dürfe nicht nur physische Sicherheit garantieren, sondern müsse die Untertanen ebenso gegen falsche Bedürfnisse sichern.«*[34]

Habermann weiter:

> *»Die Tatsache, dass die Freiheit in Fortsetzung des aufgeklärten Despotismus den Bürgern als Geschenk von oben – und in der wirtschaftlichen Sphäre vielfach sogar gegen ihren Willen – ebenso oktroyiert wurde wie früher das ›Glück‹: All dies macht [auch für das ausgehende 19. Jahrhundert] verständlich, weshalb in Deutschland die Lösung der sogenannten sozialen Frage zu einem hauptsächlichen Anliegen der Staatsinitiative werden konnte.«*[35]

Vor diesem historischen Hintergrund kann nicht erstaunen, warum diejenigen, welche die Heilsversprechungen der Europäischen Union kritisch betrachten, mit der beobachtbaren medialen Wucht bekämpft werden. Der genannte Joseph von Sonnenfels ordnete Freigeistigkeit bei den Untertanen des ausgehenden 18. Jahrhunderts als politisches Verbrechen ein, *»weil sie dem Staat gewissermaßen die Mittel raubt, seine Bürger auf das Vollkommenste zu leiten«*[36].

Man wird folglich nicht fehlgehen in der Annahme, dass derjenige, der die zitierte Agenturmeldung über den Austritt einer Abgeordneten aus einer Fraktion des EU-Parlamentes formuliert hat, mit vergleichbarer Empörung an seine Arbeit gegangen ist wie Joseph von Sonnenfels im Jahre 1787 gegen die Freigeister der Aufklärung. Bürger, die sich nicht von einem etablierten Staatsapparat willig nach dessen Vorstellungen beglücken lassen wollen, haben sich damals wie heute als missliebiger Störfaktor für den Betrieb der Staatsmaschine behandeln zu lassen.

Sofern die Prämisse zutreffend ist, dass es ein derartiges politisch-mediales Akzeptanzmanagement geben muss und gibt, so steht dieses Akzeptanzmanagement auf europäischer Ebene vor einem spezifischen Problem.

Üblicherweise sind in der Geschichte – spätestens seit der Entstehung von Nationalstaaten – Gesellschaften (verstanden als Bevölkerungsgruppen) dadurch zu Gemeinschaften geworden, dass sie eine gemeinsame Geschichte, ein gemeinsames Land, das heißt eine wie auch immer geartete gemeinsame positive nationale Erzählung hatten. Bis heute sind Franzosen stolz auf ihre *»grande nation«* und blicken gemeinsam fröhlich auf ihre französische Nationalflagge. Nichts anderes gilt für Briten *(»britannia rules o.k.«)* und beinahe alle übrigen Nationalstaaten in Europa. Die Bürger dieser Staaten konnten und können daher positiv hin zu einem gemeinsam Wert als Gruppe konstituiert werden.

Völlig anders stellt sich die Lage im zentralen und größten Mitgliedsland der Europäischen Union, in Deutschland dar. Aufgrund seiner spezifischen Geschichte ist es hier spätestens seit dem 8. Mai 1945 anerkanntermaßen unmöglich, einen wie auch immer gearteten positiven emotionalen Zugang zum eigenen Deutschsein zu entwickeln. Die Vorstellung von einem deutschen Nationalstolz ist durch die Exzesse der nationalen Sozialisten auf unabsehbare Zukunft verunmöglicht. Gleichwohl stellt sich für jedwedes innerdeutsches Akzeptanzmanagement die Aufgabe, irgendeine Form von Wir-Gefühl zu konstituieren. Dieses Wir-Gefühl der Deutschen wird nicht positiv im Sinne einer Motivation *»hin zu«* etwas geschaffen. Im Gegenteil gelingt die Herstellung des aktuellen deutschen Wir-Gefühls durch eine gemeinsame Motivation *»weg von«* etwas. Dieses Etwas, von dem sich alle Deutschen gemeinsam im Konsens wegorientieren, ist die gemeinsame Vergangenheit, insbesondere der Jahre 1933 bis 1945. Was die Deutschen eint, ist ihr gemeinsamer Widerstand gegen jedwede Gefahr eines Rückfalles in diese Phase der Politik.

Innerhalb des Gesamtkonstrukts der Europäischen Union sind daher – bei gleichzeitiger Verkleinerung des jeweiligen Nationalbewusstseins und Vergrößerung eines europäischen Selbstverständnisses – zwei gegenläufige Nationalempfindungen im Akzeptanzmanagement zu berücksichtigen. Engländer, Franzosen, Italiener, Spanier und andere, die glücklich auf ihre eigene nationalstaatliche Geschichte zurückblicken, müssen von dem europäischen Akzeptanzmanagement anders angesprochen werden als Deutsche, die ohnehin von ihrer eigenen Geschichte Abstand gewinnen möchten. Ein Kritiker der Europäischen Union in Deutschland kann demgemäß leichter als derjenige verunglimpft werden, der in gefährliche nationalstaatliche Befindlichkeiten zurückorientiert wäre, als ein Angehöriger einer anderen europäischen Nation, den der Rückfall in eigene nationalstaatliche Traditionen ganz anders berührt.

Akzeptanzmanagement in allen diesen übrigen Ländern erfordert daher, den EU-Kritikern nicht politische Reaktion vorzuwerfen, sondern sie als irreale Fantasten – oder eben als Komiker – zu bezeichnen. In der Konsequenz sind die Kritiker der Europäischen Union daher in einer bunten Gesamtheit von Rechtsradikalen, Populisten, Fantasten und Komikern zusammengefasst. Raum für eine seriöse Kritik am Projekt der EU insgesamt bleibt folglich nicht. Entweder man ist für das Projekt der Europäischen Union insgesamt oder man steht ihm in völliger Ablehnung gegenüber. Auch hier lässt sich daher wieder die alteuropäische Dichotomie von Gut und Böse ablesen.

Ein Weiteres kommt hinzu: In dem Anspruch, nicht nur die einzelnen Nationalstaaten, sondern auch die gesamte Europäische Union demokratisch legitimiert wissen zu wollen, stehen die politischen Akzeptanzmanager permanent vor der Frage, wie sie möglichst maximale Mehrheiten organisieren, ohne verbleibende Minderheiten zu verprellen. Gerade dann, wenn es die genannte Dichotomie von (nur) Guten und (nur) Bösen geben soll, muss das Verhältnis der demokratischen Mehrheitsbeschaffung im Prinzip immer zu einer Meinungsbildung von 100 Prozent zu 0 Prozent führen. Das Bedürfnis nach diesen Mehrheitsverhältnissen determiniert bzw. prädestiniert bereits die in Betracht kommenden Politikfelder. Es ist, mit anderen Worten, kein

Zufall, dass in dieser Art fortgeschrittener Demokratie ein *»Kampf gegen den Hunger«* geführt wird. Denn niemand kann legitim gegen diesen Kampf argumentieren. Träte er – politisch unkorrekt – gegen die Legitimität dieser Kampfansage auf, hätte er sich moralisch sofort disqualifiziert. Neben den Kampf gegen den Hunger treten in gleicher Logik der *»Kampf gegen den Terror«*, der *»Kampf gegen die Armut«* sowie der *»Kampf gegen die Folgen des Klimawandels«*. Auch hier kann niemand die Legitimität der proklamierten Kampfansagen bestreiten, ohne sich in diesem Falle zugleich zum Terroristen oder sonst zum Außenseiter zu machen. Das gesamte Akzeptanzmanagement zielt darauf ab, das europäische Projekt – in deswegen verständlicher Gleichsetzung von EU und Europa – zu verabsolutieren. Wer nicht für uns ist, der ist gegen uns.

XII.) Verwirren statt Überzeugen

Wer einen anderen Menschen dafür gewinnen will, mit ihm freiwillig zu kooperieren, der hat einen Impetus, diesen anderen Menschen davon zu überzeugen, dass die angestrebte Kooperation sinnvoll ist. Nicht immer aber gelingt es, einen anderen Menschen in diesem Sinne für sich zu gewinnen. Häufig beruht der Unwille zur Kooperation auf fehlender Überzeugung oder schlicht auf der Unmöglichkeit, diese Überzeugung des anderen innerhalb der verfügbaren Zeit herzustellen.

Die Verlockung für denjenigen, der überzeugen möchte, aber nicht überzeugen kann, geht dann dahin, seinen Gegenüber zu verwirren, um ihn auch ohne die an sich notwendige Überzeugung zu der gewünschten Verhaltensweise zu bewegen. Betrüger nutzen diese Technik ebenso wie Hütchenspieler oder verzweifelte Versicherungsvertreter. Der Kanon von Anwendungsfällen dieser hilfsweisen Strategie ist unabsehbar. Er reicht von der offen illegitimen, kriminellen Anwendung der Methode bis hin zu der ethisch vertretbaren Variante eines Arztes, der seinem sterbenden Patienten nicht die Wahrheit sagt, um diesen nicht unnötig zusätzlich zu belasten. Der teilweise in Unkenntnis belassene, entsprechend »verwirrte« Patient folgt in diesem Falle möglicherweise noch ärztlichen Anweisungen, die er bei voller Kenntnis aller Umstände ignoriert hätte.

Nicht ohne Zufall haben auch die Vertreter der christlichen Kirchen über Jahrhunderte gegenüber den Gläubigen den eigenen Argumentationsaufwand dadurch minimiert, dass sie die Heilige Schrift nicht übersetzten. Die für die breite Masse unverständlichen lateinischen Sentenzen gaben dem Glauben diejenige Würde und Mystik, die ein gottgefälliges Leben nach den gestaltenden Anweisungen der Würdenträger umso einfacher herstellbar machte. Erst nachdem die Bibel aus dem Lateinischen in die gesprochenen Landessprachen übersetzt war, bestand für die Gläubigen eine realistische Möglichkeit, die Primärquellen unmittelbar zur Kenntnis zu nehmen und sich einen eigenen Eindruck zu verschaffen. Dass der Bedeutungsverlust der christlichen Kirchen zu einem Zeitpunkt eintrat, nachdem die vormals weithin unverständlichen Texte übersetzt waren, mag auf einen kausalen Zusammenhang hindeuten.

Eine vergleichbare Minimierung des Argumentationsaufwandes, wie sie die Kleriker des Mittelalters zu schätzen wussten, wird in unseren Zeiten beispielsweise von den Finanzbehörden betrieben, denen der Gesetzgeber Normen wie etwa § 1 Absatz 3 des Einkommensteuergesetzes zur Anwendung gibt:

> *»Auf Antrag werden auch natürliche Personen als unbeschränkt einkommensteuerpflichtig behandelt, die im Inland weder einen Wohnsitz noch ihren gewöhnlichen Aufenthalt haben, soweit sie inländische Einkünfte im Sinne des § 49 haben. Dies gilt nur, wenn ihre Einkünfte im Kalenderjahr mindestens zu 90 Prozent der deutschen Einkommensteuer*

unterliegen oder die nicht der deutschen Einkommensteuer unterliegenden Einkünfte den Grundfreibetrag nach § 32 a Absatz 1 Satz 2 Nummer 1 nicht übersteigen; dieser Betrag ist zu kürzen, soweit es nach den Verhältnissen im Wohnsitzstaat des Steuerpflichtigen notwendig und angemessen ist. Inländische Einkünfte, die nach einem Abkommen zur Vermeidung der Doppelbesteuerung nur der Höhe nach beschränkt besteuert werden dürfen, gelten hierbei als nicht der deutschen Einkommensteuer unterliegend. Unberücksichtigt bleiben bei der Ermittlung der Einkünfte nach Satz 2 nicht der deutschen Einkommensteuer unterliegende Einkünfte, die im Ausland nicht besteuert werden, soweit vergleichbare Einkünfte im Inland steuerfrei sind. Weitere Voraussetzung ist, dass die Höhe der nicht der deutschen Einkommensteuer unterliegenden Einkünfte durch eine Bescheinigung der zuständigen ausländischen Steuerbehörde nachgewiesen wird. Der Steuerabzug nach § 50a ist ungeachtet der Sätze 1 bis 4 vorzunehmen.«

Es bedarf keiner breiten Erörterung, dass die Bereitschaft zur Stellung von Anträgen bei Finanzämtern auf der Grundlage derartiger Rechtsquellen eher eingeschränkt ist. Die meisten Steuerpflichtigen werden keinerlei Neigung verspüren, sich in das Dickicht und Gestrüpp derartiger juristischer Wenn-dann-Konstruktionen zu begeben. An die Stelle des Wissens über Rechte und Rechtsnormen tritt der Glaube daran, dass alles schon irgendwie seine Richtigkeit habe und niemand innerhalb des Abwicklungsszenarios ein Interesse an unfairen Benachteiligungen habe. Kurz: Die normunterworfenen Bürger vertrauen aus Bequemlichkeit oder aus intellektueller Verzweiflung darauf, dass alles seine Richtigkeit habe und niemand ihnen Böses wolle.

Was für den Bereich des Einkommensteuerrechtes leicht nachvollziehbar ist, gilt ungeschmälert allerdings auch für den Bereich des supranationalen Rechtes und dort insbesondere für die Geldpolitik. Nur eine zahlenmäßig völlig zu vernachlässigende kleinste Minderheit aus der deutschen Bevölkerung hat sich je mit Fragen der internationalen Normsetzung beschäftigt. Dasselbe Phänomen ist zu beobachten, wenn man im alltäglichen Umgang das Gespräch über die rechtlichen und ökonomischen Grundlagen unseres Geldes sucht. Obwohl das Leben der meisten Menschen tagtäglich intensiv darauf gerichtet ist, die Balance zwischen Geldeinnahmen und Geldausgaben zu halten, wird nur in den seltensten Fällen gefragt, was dieses Geld überhaupt sei.

Da alle Erklärungsansätze über das Zustandekommen internationaler Normen und über das inzwischen internationale Geldwesen weit komplizierter ausfallen als der zitierte § 1 Absatz 3 des deutschen Einkommensteuergesetzes, ist die Bereitschaft der Bevölkerung zur Nachfrage und damit zur kritischen Beobachtung der handelnden Akteure auf ein äußerstes Minimum reduziert. Der weit überwiegende Teil der Bevölkerung verlässt sich in diesen Fragen – Demokratie hin, Staatsbürger her – auf ein unbestimmtes *»Bauchgefühl«*, dass irgendjemand irgendwann sicher das irgendwie Richtige auf den Weg gebracht habe und, falls nicht, dass irgendein anderer irgendwann später sicher das irgendwie zu Berichtigende veranlassen werde. Selbst prüfen, selbst denken, selbst kritisieren und selbst eingreifen, das erscheint angesichts der Komplexität der Materie von vornherein aussichtslos. Es gilt die zentrale Weisheit des modernen Staatsbürgers, die jeder Einzelne tief verinnerlicht hat und die ihn durch jeden staatsbürgerlichen Tag trägt. Sie lautet: *»Als Einzelner kann man ja sowieso nichts machen.«* Was unterscheidet diesen verwirrten modernen Staatsbürger in unseren Demokratien während unserer aufgeklärten Zeiten von einem gottesfürchtigen, untertänigen Analphabeten, der im dunklen Mittelalter seinen Priester um gnädigen Beistand bei der Auseinandersetzung mit seinem machtvollen Landesherrn ersucht hat?

Kapitel 2: Ein empirischer Blick auf das Herrschaftskonstrukt namens EU

I.) Kleine Geschichte der EU

Die Geschichte der Europäischen Union in der Gestalt, wie sie sich uns heute präsentiert, kann nur aus ihrer historischen Entwicklung heraus angemessen verstanden werden. Wer sich diese Geschichte nicht vergegenwärtigt, der kann ihre Organisation und ihre Mechanismen nicht sinnvoll in den nötigen Kontext einordnen.

Europa ist – im Vergleich zu anderen »*Kontinenten*« – der kleinste Kontinent. Arno Schmidt hat bisweilen gespottet, bei Europa handele es sich nicht einmal um einen Kontinent, sondern im Grunde allenfalls um das nordwestlich Ende Asiens. Dass Europa jenes stolze Selbstwertgefühl entwickelt hat, ein eigener Kontinent zu sein, beruht zum einen auf dem ursprünglich nur beschränkten mediterranen Blick auf die Erdscheibe, zum anderen dann aber darauf, dass von hier aus mit weltweit beeindruckenden Erfindungen der Globus erobert und praktisch vollständig unterworfen wurde.

Gleichwohl haben sich die Völker Europas jenseits dieser Erfolge nach außen in ihrem Verhältnis nach innen nicht eben friedlich zueinander verhalten. Der gesamte Prozess der wechselseitigen Machtabgrenzung bei der Herrschaftsentstehung und, später dann, bei der Entstehung der Nationalstaaten war bekanntlich geprägt von immer wiederkehrenden kriegerischen Auseinandersetzungen. Namentlich im Kernland des europäischen Kontinentes, in und um das Gebiet, das über die Zeit als Deutschland bezeichnet wurde und wird, dominierten gewaltsame

Auseinandersetzungen lange Zeit über friedliche Kooperation. Das gegenseitige Einfallen und Besetzen von Landstrichen förderte insbesondere in Anbetracht seiner Regelmäßigkeit nicht gerade die friedlichen Gefühle der europäischen Bürger füreinander. Zudem erwies es sich – namentlich aus den beschriebenen Gründen des politischen Akzeptanzmanagements – traditionell als intern verbindend, einen externen Gegner irgendwie auszumachen und zu verteufeln.

Ungeachtet der nach jüngerer Erkenntnis wohl verlässlich nie zu beantwortenden Frage, wer den wesentlichsten Beitrag zum Ausbruch des Ersten Weltkrieges geliefert hat, ist dennoch eines zu konstatieren: Jedenfalls während der 1920er-Jahre gab es im Kernland Europas, namentlich zwischen Deutschland und Frankreich, erste ernst zu nehmende Bestrebungen, Europa friedlich zu einen. Dass diese Kräfte, die eine friedliche Kooperation insbesondere zwischen Deutschland und Frankreich anstrebten, durch den Zweiten Weltkrieg faktisch gestoppt wurden, steht der Erkenntnis nicht entgegen, dass es sie mit ihren Bemühungen gab.

Auch wenn Ausbruch und Verlauf des Zweiten Weltkrieges diese Versuche einer dauerhaften Befriedung zunächst konterkarierten, so bewirkten die Zerstörungsexzesse in Europa zwischen 1939 und 1945 jedoch definitiv ein weiteres Anwachsen des Bedürfnisses, lieber miteinander zu kooperieren, als einander turnusmäßig zu bekriegen. Ein Weiteres kommt hinzu: Die Neuordnung der Machtverhältnisse nach dem Zweiten Weltkrieg, insbesondere die Aufteilung der Welt in Westmächte und Ostmächte, gab dem gesamten westlichen Teil Europas zusätzlich eine deutliche Motivation, zusammenzustehen, um im empfundenen Systemwettstreit gegen den kommunistischen Ostblock besser bestehen zu können.

Die Kurzformel, nach der späterhin das Nordatlantische Verteidigungsbündnis gegründet wurde, lautete: Sowjets raus aus Europa,

Amerikaner rein nach Europa und Deutschland militärisch kontrollieren! Korrespondierend mit dieser militärstrategischen Überlegung wurde zunächst der Westen Deutschlands in das werdende Konstrukt einbezogen, das wir heute EU nennen. Der Vorteil für alle beteiligten Länder dieses Konstruktes war naheliegend. Deutschland hatte nach seinen unrühmlichen Auftritten anlässlich des Ersten und Zweiten Weltkrieges allen Anlass, sich wieder gedeihlich und fruchtbar in die Familie der übrigen europäischen Staaten zu integrieren. Die anderen Länder Europas erhielten auf diese Weise eine Handhabe, ein erneutes übermäßiges Wachstum der deutschen Kräfte in wirtschaftlicher und militärischer Hinsicht, wenn nicht zu verhindern, so doch zumindest zu kontrollieren. Dieser Prozess setzte bereits im Jahre 1945, noch vor Kriegsende ein. Hans Magnus Enzensberger schreibt:

> *»Bereits 1945 – der Krieg war noch nicht zu Ende – stellte [Jean] Monnet sich ›ein System vor, in dem die Kohle- und Stahlvorräte der Ruhr unter eine europäische Behörde gestellt und zum Nutzen der partizipierenden Nationen, das entmilitarisierte Deutschland inbegriffen, verwaltet werden sollen‹. Die Voraussetzung dafür sei, ›dass Europa geeint ist, und zwar nicht nur in einer Kooperation, sondern durch eine von den europäischen Nationen gebilligte Übertragung von Souveränität auf eine Art zentraler Union‹. … Ein Jahr später gründete de Gaulle das Comissariat générale du Plan und betraute mit seiner Leitung Monnet. Am 9. Mai 1950 trat der französische Außenminister Robert Schuman am Quai d'Orsay mit einem sensationellen Plan für die Presse, der seinen Namen zu Unrecht trägt, denn er stammt von Jean Monnet. … [Er] schlug vor, eine europäische Hohe Behörde zu gründen, die dazu bestimmt war, die Kohle- und Eisenmärkte zu verwalten. Zum ersten Präsidenten dieser Montanunion wurde Monnet gewählt. Wie Churchill und de Gaulle zog er es vor, das deutsche*

> *Industriepotenzial einzubinden nach dem Motto: Wenn Du sie nicht schlagen kannst, verbünde Dich mit ihnen. Die Position an der Spitze der Montanunion akzeptierte er, weil ihm nichts anderes übrig blieb; denn diese erste Keimzelle der Europäischen Union war seine eigene Kreatur. ... Die europäische Integration, die ihm vorschwebte, trug technokratische, interventionistische Züge. Auf die höfliche Fiktion der Volkssouveränität legte er keinen Wert. ... Er war freilich viel zu klug, um dieses Ziel in den 50er-Jahren des vergangenen Jahrhunderts offen auf die Tagesordnung zu setzen. Erst viel später wurde nach und nach klar, worauf sein Plan hinauslief. .... Die Umtopfung der Montanunion in immer größere Gefäße vollzog sich in mehreren Schritten. Der Weg war, wie üblich, mit Abkürzungen gepflastert, die nur wenige Europäer entziffern konnten; er führte von der EWG, der EAEC und der EWPA über den EWR und die EWU zur heutigen EU.«*[37]

In den frühen Jahren der Bundesrepublik Deutschland hatte dort ein Mann Ämter und Einfluss, der mit der Österreichischen Schule der Nationalökonomie eng vertraut war: Ludwig Erhard. Nach wohl im Ergebnis wirtschaftlich-geschichtlich zutreffender Auffassung trug seine nicht interventionistische Wirtschaftspolitik wesentlich dazu bei, dass Deutschland sein sogenanntes *»Wirtschaftswunder«* erlebte. Aus der Sicht der Österreichischen Nationalökonomie handelt es sich bei den damaligen Entwicklungen allerdings um alles andere als ein Wunder. Denn Menschen, denen die Freiheit gelassen wird, sich in allseits fruchtbringenden freien Verträgen miteinander zu verbinden und zu kooperieren, müssen hierbei ganz zwangsläufig erfolgreicher sein als Menschen, denen genaueste Vorgaben gemacht werden, mit wem sie interagieren dürfen und mit wem nicht, welche Inhalte diese gemeinsame Tätigkeit hat und in welchem Maße sie die Früchte ihrer Arbeit selbst wieder investieren können oder dies fremden Dritten ohne eigene Sachkenntnis überlassen müssen. Da Deutschland am 8. Mai 1945 praktisch überall zerbombt in Trümmern lag, bestand in Ermangelung entsprechender Anschauung auch keine Vorstellung, man könne durch Umverteilung verbliebenen Reichtums mehr allgemeinen Wohlstand schaffen. Vielmehr stand vor den Augen aller Deutschen klar die Erkenntnis, dass eine Rückkehr in angemessene zivilisatorische Verhältnisse nur durch allseits je eigene Arbeit zu erreichen war. Legendär ist die grandiose Fehleinschätzung der späteren Herausgeberin der Wochenzeitung *Die Zeit*, Marion Gräfin Dönhoff, die erklärte, Ludwig Erhard werde mit seiner nicht interventionistischen Wirtschaftspolitik Deutschland in einem Maße zerstören, wie es zuvor nicht einmal Adolf Hitler gelungen sei.

Das Wirtschaftswunder nahm seinen Lauf und die kriegsunterlegenen Deutschen sahen sich schon zehn Jahre nach Kriegsende in der Situation, Franzosen und Engländer wirtschaftlich wieder zu überholen. Der durchschnittliche Industriearbeiter in Westdeutschland verdiente 1955 schon das Doppelte eines britischen Industriearbeiters. Die in Frankreich und England herrschenden Sozialisten waren trotz intensivster planerischer Anstrengungen nicht in der Lage, mit der liberal regierten Wirtschaft Westdeutschlands Schritt zu halten. Das Bedürfnis, als Siegermächte Einfluss auf die Entwicklung in Westdeutschland zu nehmen, bekräftigte insofern wiederum die Impulse, eine europäische Integration voranzutreiben.

Im Zusammenspiel mit der genannten Systemkonkurrenz zu den östlichen Nachbarn, der seit 1945 flankierend vorhandenen Befriedungspotenziale der Atombombe und gleichzeitig den Krisen von Ungarn 1956, Ostberlin 1957, Kuba 1961 und dem *»Prager Frühling«* von 1968 hatten alle Westeuropäer deutlichen Anlass, zusammenzustehen und gemeinsam stark zu sein, um ihre eigenen Lebensverhältnisse zu sichern und zu verbessern.

Mit dem Zusammenbruch der DDR, der auch allen politisch Desinteressierten spätestens ab November 1989 nicht mehr unentdeckt bleiben konnte, stellte sich 40 Jahre nach Gründung der Bundesrepublik mehr oder minder plötzlich die Frage, auf welche Weise ein nun wiedervereinigtes Deutschland im internationalen Konzert organisiert sein sollte. Die Teilung Deutschlands nach 1949 und die schicksalhafte Beteiligung auf ausgerechnet beiden Seiten des Eisernen Vorhangs ließ mehrere Spielarten für die künftige Entwicklung zu. Im Hinblick darauf, dass der östliche Teil Deutschlands, die DDR, weniger als ein Drittel der Bevölkerung des Westens beherbergt hatte, schied eine Gesamtintegration in östliche Sphären sofort aus. Hinzu kam, dass jener östliche Staatenbund praktisch zeitgleich mit dem Zusammenbruch der DDR kollabierte. Die zweite Variante für das weitere Schicksal Deutschlands als Gesamtnation lag daher – neben der absurden Idee, beide Staaten getrennt voneinander fortexistieren zu lassen – in einer Wiedervereinigung mit neutralem Status. Dies aber hätte die Bemühungen der westlichen Staaten Europas nach 1945 zunichte gemacht, Deutschland tunlichst einzuhegen und zu kontrollieren. Was also blieb, war die dritte Variante, ein wiedervereinigtes Deutschland insgesamt in Westintegration zum Teil der werdenden Europäischen Union zu machen.

Da aber bereits der vorherige »Rumpfstaat« Westdeutschlands hinreichend wirtschaftlich kräftig genug war, alle anderen europäischen Staaten an ökonomischer Bedeutung zu überragen, erschien 1990 absehbar, dass auch ein wieder vereintes und organisiertes Deutschland aus den beiden vorherigen Teilen mittelfristig noch stärker werden konnte. Dies befeuerte die Bemühungen aller europäischen Akteure, nach Mitteln zu greifen, um die deutsche Wirtschaftskraft auch in Zukunft kontrollieren zu können.

Ein wesentlicher Bestandteil der erfolgreichen westdeutschen Wirtschaftspolitik nach 1949 war die – jedenfalls im Verhältnis zu anderen Zentralbanken – moderate Geldpolitik der Deutschen Bundesbank.

Diese hatte in allen Jahren bis zur Wiedervereinigung der exzessiven Inflationierung von Geld widerstanden und nicht zuletzt dadurch diejenigen Aufwertungen der D-Mark gegenüber allen anderen Währungen der Welt bewirkt, die alle Unternehmen Deutschlands realwirtschaftlich über die Jahrzehnte wiederholt – und mit Erfolg – unter erheblichen Innovationsdruck gesetzt hatten. Dementsprechend war klar, dass eine Einflussnahme der europäischen Mächte insbesondere auf die Geldpolitik Deutschlands ein erhebliches Potenzial barg, die deutsche Wirtschaftskraft zu kontrollieren. Hans-Olaf Henkel schreibt über die nun einsetzende Phase:

> *»1990 träumten die Franzosen von einer ›gemeinschaftlichen Wirtschafsregierung‹. Eine unabhängige Bundesbank wie in Deutschland war dort undenkbar – Chef war der Staatspräsident und niemand sonst. Da wohl alle ahnten, worauf der französische Plan abzielte, lief er ins Leere. Der Vertrag, der dann tatsächlich den deutschen Prägestempel trug, wurde 1992 in Maastricht ausgehandelt. Einen Kernpunkt bildete die neue Gemeinschaftswährung. Zu den sogenannten Konvergenzkriterien gehörte, dass eine Neuverschuldung unter 3 Prozent bleiben musste und der Gesamtschuldenstand 60 Prozent des Bruttoinlandproduktes nicht überschreiten durfte. Es war Theo Waigels Verdienst, dass die neue Währung nach dem Vorbild der D-Mark gestaltet wurde, dass sie nicht ECU, sondern Euro hieß, dass die europäische Zentralbank nicht, wie die Franzosen wünschten, in Paris, sondern in Frankfurt residieren würde und dass klassischen Weichwährungsländern wie Griechenland der Zutritt zum Euro verwehrt blieb.«*[38]

Bald allerdings erwiesen sich die Stabilitätskriterien und die politischen Zusicherungen, nicht auf Transferleistungen abzuzielen, als inhaltsleere Lippenbekenntnisse. Hans-Olaf Henkel berichtet weiter:

»Offenbar gab es schon 1995 eine Vorahnung, dass trotz No-Bail-Out-Klausel [scil.: Artikel 125 AEUV] das Modell unseres [bundesrepublikanischen] Länderfinanzausgleiches auch in Europa Schule machen könnte.«[39]

Mehr und mehr brachen die Dämme, mit denen Deutschland versucht hatte, der gesamten Europäischen Union seine ursprünglich seriöse und äußerst erfolgreiche Geldpolitik zu übertragen. Seit dem Juni 2010 herrschte innerhalb der EU die Überzeugung, dass Artikel 125 AEUV so auszulegen sei, keine Verpflichtung zu Subventionen und Transfers zu begründen, indes kein Verbot darzustellen, *»dass in außergewöhnlichen Umständen ein Land einem anderen Land keinen Beistand gewähren kann«*, wie der damalige Präsident der Europäischen Zentralbank, Jean-Claude Trichet, formulierte.[40]

Schon dieser kurze Blick auf die gesamtpolitischen Zusammenhänge rund um die EU und die Bestrebungen, durch Geldpolitik allgemeine Machtpolitik zu betreiben, machen deutlich, in welchem Maße die Institutionen der Europäischen Union zunehmenden Einfluss auf die Regierungen der Mitgliedstaaten gewonnen haben. Dies wiederum gibt Anlass, jene machtvoll gewordenen Institutionen und ihre Handlungsmöglichkeiten näher zu betrachten.

II.) Die derzeitigen Institutionen und ihre Befugnisse

Spricht man im Alltag über die EU, dann wird bald klar, dass in breiten Kreisen nur äußerst geringe Vorstellungen darüber vorhanden sind, aus welchen Institutionen *»die EU«* überhaupt im Einzelnen besteht und welche Aufgaben bzw. Befugnisse diese einzelnen Bestandteile haben. Ein konkreter Blick auf die Institutionen der EU und deren Verknüpfungen im Detail scheint daher aus vielerlei Gründen geboten.

Die Handelnden: Artikel 13 EUV

Artikel 13 Abs. 1 Satz 2 des Vertrages über die Europäische Union (im Folgenden: EUV) sagt zunächst ganz grundlegend, wer überhaupt die handelnden Organe (zu Deutsch also: die Werkzeuge) der real existierenden EU sind:

»Die Organe der Union sind
- *das Europäische Parlament,*
- *der Europäische Rat,*
- *der Rat,*
- *die Europäische Kommission (im Folgenden »Kommission«),*
- *der Gerichtshof der Europäischen Union,*
- *die Europäische Zentralbank,*
- *der Rechnungshof.«*

Alleine diese beeindruckende Vielzahl von Organen lässt erahnen, dass die wechselseitige Koordinierung ihrer Tätigkeiten für Hunderte Millionen von Menschen – zudem quer über den Kontinent, in überseeischen Territorien sogar darüber hinaus, und durch eine Vielzahl unterschiedlichster Muttersprachen – einen erheblichen Koordinierungsbedarf erfordert. Mutmaßlich in Erkenntnis dieser ganz primären Problematik verlangt Artikel 13 Abs. 2 Satz 2 EUV in einer eigenwilligen Formulierung, eher feststellend als fordernd:

> *»Die Organe arbeiten loyal zusammen.«*

Wem gegenüber welche Art von Loyalität allerdings konkret geübt werden soll, beschreibt der Gesetzestext nicht. Er repräsentiert damit für sich gesehen bereits eine beeindruckende Charakteristik geradezu aller Normen des *»Vertrages von Lissabon«*, der aus EUV und AEUV besteht, wie im Folgenden detailliert darzustellen sein wird. Artikel 13 Abs. 1 Satz 1 EUV lässt allenfalls vermuten, dass eine wesentliche

Ausrichtung allen Handelns auf einen weiteren Fortbestand der Union gewünscht zu sein scheint:

> *»Die Union verfügt über einen institutionellen Rahmen, der zum Zweck hat, ihren Werten Geltung zu verschaffen, ihre Ziele zu verfolgen, ihren Interessen, denen ihrer Bürgerinnen und Bürger und denen der Mitgliedstaaten zu dienen sowie Kohärenz, Effizienz und Kontinuität ihrer Politik und ihrer Maßnahmen sicherzustellen.«*

Indem *»Kohärenz«* hierbei als Zielvorstellung beschrieben ist, will scheinen, als hätten die vertragschließenden Parteien geahnt, dass Widersprüche unterschiedlichster Maßnahmen eine ernste Gefahr für den Betrieb eines politischen und administrativen Konstrukts solchen Ausmaßes darstellen. Dies gilt insbesondere in Anbetracht des für sich gesehen beeindruckenden Zugeständnisses jener Formulierung, dass offenbar nicht nur die Interessen der Bürgerinnen und Bürger verfolgt werden sollen, sondern auch die eigenen Interessen der Mitgliedstaaten und die der Union (ohne zu sagen, gegen wen konkret diese Interessen gerichtet werden). Ausweislich der Charta der Grundrechte der EU (Artikel 41 Abs. 1) haben allerdings nur Personen

> *»... ein Recht darauf, dass ihre Angelegenheiten von den Organen, Einrichtungen und sonstigen Stellen der Union unparteiisch, gerecht und innerhalb einer angemessenen Frist behandelt werden.«*

Europapolitiker werden diesen Einwand gegen ein zügiges Bearbeiten mitgliedschaftlicher Ansinnen aus juristisch-systematischer Argumentation allerdings wohl kaum gelten lassen. Woraus sich allerdings – mit anderen Worten – ein Prinzip ergäbe, auch die Interessen von Mitgliedstaaten in diesem Sinne unparteiisch, gerecht und innerhalb einer angemessen Frist zu behandeln, bleibt offen.

Der Vertrag über die Europäische Union verpflichtet seine Organe lediglich, dass den Bürgerinnen und Bürgern *»ein gleiches Maß an Aufmerksamkeit«* zukommen müsse (Artikel 9 Satz 1 EUV). Über das Maß der Aufmerksamkeit an sich enthält das Gesetz keine Bestimmung. Anders gesagt: Würde keinem Bürger irgendeine Aufmerksamkeit geschenkt, weil die Interessen der Mitgliedstaaten oder die Interessen der Union diesen bürgerlichen Interessen – aus welchen Gründen auch immer – vorzuziehen seien, so wäre Artikel 9 Satz 1 EUV jedenfalls nicht verletzt.

Die Rolle der handelnden Bürger über das von ihnen gewählte Europäische Parlament bleibt bis in die Gegenwart ebenfalls eher im organisatorisch Ungefähren. Interessant ist, was Kurt Sontheimer im Jahre 1978 über das europäische Parlament schrieb. Es hat – leider – bis heute nicht alles an Bedeutung verloren:

> *»Es gibt Parlamente, die noch in der Lage sind, Regierungen zu stürzen (wie das italienische), es gibt solche, die sich vornehmlich auf die Gesetzgebung beschränken (wie der deutsche Bundestag), es gibt ›Häuser‹, die ihre wichtigste Funktion in der öffentlichen Auseinandersetzung der Parlamentsparteien über die wichtigsten Fragen und Probleme ihrer Nation sehen (wie das britische Unterhaus), es gibt Kammern, die besonders darauf erpicht sind, die Exekutive kontrollierend in Schach zu halten (wie der amerikanische Kongress), und es gibt parlamentarische Versammlungen, denen weder im Bereich der Gesetzgebung noch in dem der Regierungskontrolle viel Macht verblieben ist (wie das französische Parlament in der 5. Republik). Schließlich gibt es Versammlungen, die so gut wie keine politische Macht haben, aber um des schönen parlamentarischen Scheins willen trotzdem bestehen bleiben, wie das europäische Parlament in Straßburg. … Die wachsende Macht der Exekutive, die eine*

> *Folge der enorm gewachsenen Aufgaben des modernen Staates ist, macht es dem Parlament in der Tat heute schwerer als früher, die Regierung wirksam zu kontrollieren und ein politisches Gegengewicht eigener Art zu bilden, aber auch diese Tendenz muss den Parlamentarismus nicht zugrunde richten, solange eine vitale parlamentarische Opposition ihre kritische Funktion beherzt und ohne billige Demagogie wahrnimmt und solange die Regierungsparteien der von ihr gestellten Regierung immer wieder deutlich machen, dass sie sich nicht als bloße Handlanger der Regierung oder ihrer Bürokratie verstehen. … Demokratische Repräsentation erfordert, dass die Staatsbürger sich durch das Parlament, seine in ihm wirkenden Parteien und Abgeordneten in einer Weise repräsentiert wissen und fühlen, dass sie sich mit ihm identifizieren können.«*[41]

Während die Bürger heute auf Unionsebene *»unmittelbar im Europäischen Parlament vertreten«* sind (Artikel 10 Abs. 2 EUV), also dort ihre Interessen – scheinbar – unmittelbar Berücksichtigung finden können, schränkt Artikel 14 Abs. 1 Satz 1 EUV diese Hoffnung allerdings wieder ein. Denn nach dieser Regel ist klargestellt, dass das Parlament lediglich *»gemeinsam mit dem Rat als Gesetzgeber tätig«* wird. Parlamentarische Souveränitätsrechte, wie sie in der historisch gewachsenen europäischen Verfassungslehre bislang bekannt geworden sind, werden folgerichtig bereits auf dieser organisatorischen Ebene eingeschränkt.

Artikel 10 Abs. 1 EUV entscheidet sich – wie aus dem deutschen Grundgesetz bekannt – für eine parlamentarische Arbeitsweise in Gestalt der *»repräsentativen Demokratie«*. Jene Repräsentierung verschärft sich dadurch, dass das Parlament seinerseits den Präsidenten der Kommission wählt (Artikel 14 Abs. 1 Satz 2 EUV). Über die Kommission insgesamt belehrt uns Artikel 17 Abs. 3 Satz 3 EUV, dass sie *»ihre Tätigkeit in voller Unabhängigkeit«* ausübe. Spätestens an dieser Stelle will scheinen, als reiße das Legitimitätsband zwischen den Wahlbürgern und der politisch handelnden Instanz. Eher dürftig ist demgegenüber die Möglichkeit, eine schlecht arbeitende Kommission oder einen entsprechend untauglichen Kommissar wieder des Amtes zu entheben. Die Kommission ist nur dem Europäischen Parlament verantwortlich. Ihre Verantwortung wird gemäß Artikel 17 Abs. 8 EUV ausdrücklich kollektiviert:

> *»Die Kommission ist als Kollegium dem Europäischen Parlament verantwortlich.«*

Diese Regelung schafft wiederum ein erhebliches Kontinuitätsinteresse, auch bei Minderleistungen einzelner Kommissionsmitglieder. Denn das Europäische Parlament muss sich immer mit der Frage auseinandersetzen, ob es den gesamten Rücktritt einer Kommission riskieren möchte. Eine individuelle Amtsniederlegung eines Kommissars auf Betreiben des Parlamentes gibt es nämlich in Artikel 17 Abs. 8 Satz 3 EUV nicht. Misstrauensanträge müssen sich gegen die gesamte Kommission richten, die nach Annahme des Antrages *»geschlossen«* ihr Amt niederzulegen hat.

Vergegenwärtigt man sich, dass – wie erläutert – die Bürgerinnen und Bürger auf Unionsebene schon unmittelbar im Europäischen Parlament vertreten sind, dann bleibt im Grunde unklar, wozu es der Regelung in Artikel 228 AEUV noch bedarf. Nach dieser Vorschrift wählt das Europäische Parlament nämlich einen sogenannten *»Europäischen Bürgerbeauftragten«*. Stellt dieser einen Missstand fest, so hat er die Möglichkeit, das betreffende Organ der Union mit diesem Problem zu konfrontieren. Allerdings gilt auch für diesen Bürgerbeauftragten nach Artikel 228 Abs. 1 AEUV eine spezielle Unabhängigkeit:

> *»Der Bürgerbeauftragte führt im Rahmen seines Auftrags von sich aus oder aufgrund von Beschwerden, die ihm un-*

> *mittelbar oder über ein Mitglied des Europäischen Parlamentes zugehen, Untersuchungen durch, die er für gerechtfertigt hält.«*

Was andere Institutionen daher für gerechtfertigt halten könnten, muss ihn nicht bekümmern, während er als Bürgerbeauftragter tätig wird. Artikel 228 Abs. 3 AEUV stellt klar:

> *»Der Bürgerbeauftragte übt sein Amt in völliger Unabhängigkeit aus. Er darf bei der Erfüllung seiner Pflichten von keiner Regierung, keinem Organ, keiner Einrichtung oder sonstiger Stelle Weisungen einholen oder entgegennehmen.«*

Artikel 228 AEUV scheint daher die Bestimmung aus Artikel 11 Abs. 1 EUV zu konkretisieren, in der es heißt:

> *»Die Organe geben den Bürgerinnen und Bürgern und den repräsentativen Verbänden in geeigneter Weise die Möglichkeit, ihre Ansichten in allen Bereichen des Handelns der Union öffentlich bekanntzugeben und auszutauschen.«*

Sind diese Ansichten dann öffentlich bekannt gegeben und ausgetauscht, bedarf es keiner weiteren Behandlung etwaiger Missstände. Denn niemand – insbesondere nicht der Europäische Bürgerbeauftragte – wäre verpflichtet, sich weiter konkret mit etwaigen kritischen Fragen auseinanderzusetzen. Maßstab ist alleine, ob der Bürgerbeauftragte als gleichsam achtes Zusatzorgan neben den regulären sieben Kernorganen eine Auseinandersetzung mit solchen Ansichten für gerechtfertigt hält oder nicht. Eher unwahrscheinlich ist allerdings, dass jener Bürgerbeauftragte, den das Europäische Parlament gewählt hat, den Umfang seiner Kritik überzieht. Denn er hat – bei aller eigenen Unabhängigkeit – doch nach Artikel 228 Abs. 2 Satz 2 AEUV zumindest einen zentralen eigenen Handlungsanreiz für sein dienstliches Handeln:

> »*Wiederwahl ist zulässig.*«

Das Geflecht der wechselseitigen Abhängigkeiten – und mithin auch der Loyalitäten – im System der Organe ist bemerkenswert eng und undurchsichtig. Artikel 17 Abs. 5 EUV sagt:

> »*Die Mitglieder der Kommission werden unter den Staatsangehörigen der Mitgliedstaaten in einem System der strikt gleichberechtigten Rotation zwischen den Mitgliedstaaten so ausgewählt, dass das demografische und geografische Spektrum der Gesamtheit der Mitgliedstaaten zum Ausdruck kommt.*«

Abgesehen davon, dass genau genommen kaum erkennbar ist, was ein »*demografisches und geografisches Spektrum*« überhaupt sein könnte, erscheint eine Vielzahl von Varianten denkbar, derartige Spektren zum Ausdruck kommen zu lassen, insbesondere in Anbetracht der Tatsache, dass vollends unklar ist, was damit gemeint wäre, etwas zum Ausdruck kommen zu lassen. Artikel 18 Abs. 1 Satz 1 EUV macht exemplarisch deutlich, wie das Systemgeflecht der Organe im Kern konzipiert ist:

> »*Der Europäische Rat ernennt mit qualifizierter Mehrheit und mit Zustimmung des Präsidenten der Kommission den Hohen Vertreter der Union für Außen- und Sicherheitspolitik.*«

Erforderlich ist also stets ein maximaler Konsens unter allen Handelnden. Bricht dieser Konsens weg, können die Ämter nicht wieder besetzt werden. Das gesamte Konstrukt ließe sich nicht weiter betreiben. Jeder Teilnehmer innerhalb der organschaftlichen Strukturen hat daher bei seinem gesamten Handeln stets auch zu berücksichtigen, dass er sich mit seiner eigenen Position infrage stellt, wenn er dem allgemeinen Konsens aller anderen nicht irgendwie loyal folgt. Dass ein solches Handlungskonzept den Korpsgeist unter allen Beteiligten erheblich bestärkt und institutionelle Eigendynamiken – gegen die Interessen der nur am Rande interessierenden Bürger – geradezu befeuert, liegt auf der Hand. Besonders irritierend ist, dass Artikel 17 Absatz 5 EUV diejenigen zu potenziellen Mitgliedern der machtvollen Kommission erklärt, die alleine *»Staatsangehörige«* eines Mitgliedstaates sind. Der Auswahlprozess innerhalb der berufenen Organe ist diesbezüglich also in keiner Weise dadurch behindert, dass das Wahlvolk ein Kommissionsmitglied durch eigene ursprüngliche Wahl hätte auswählen müssen. EU-Kommissar kann jeder werden, der nur Staatsangehöriger irgendeines Mitgliedstaates ist und im Übrigen mit den richtigen Beteiligten an den einschlägigen Organen befreundet ist.

Die zunehmende Autonomisierung des Systems und seine Immunisierung gegen alle Formen basisdemokratischer Kritik innerhalb des Systems werden nachstehend anhand einer näheren Kasuistik wiederholt zu zeigen sein.

Das Handlungsprogramm: Artikel 1 Abs. 1 AEUV

Der Vertrag über die Arbeitsweise der Europäischen Union hat gemäß Artikel 1 Abs. 1 AEUV die Aufgabe, *»die Bereiche, die Abgrenzung und die Einzelheiten der Ausübung ihrer Zuständigkeiten«* für die EU festzulegen. Anspruch des Gesetzeswerkes scheint demnach zu sein, das organisatorische Zusammenspiel der beschriebenen Haupt- und Nebenorgane im Einzelnen konkret zu definieren und mit einem entsprechenden Handlungsprogramm zu versehen. Unter der Annahme rechtsstaatlicher Ansprüche sollte demgemäß erwartet werden dürfen, dass der Gesetzestext hier äußerst präzise ist und die notwendige Klarheit für alle Beteiligten schafft, was zu tun und was zu lassen ist. Immerhin gehören derartige Präzisionen und Konkretheiten zu der verfassungsrechtlichen Kernkompetenz eines Gesetzgebers. Zudem sollte in Anbetracht der Bedeutung supranationaler Institutionen erwartet werden können, dass diese Qualitätserfordernisse an juristische Texte erfüllt werden. Bedauerlicherweise erweist die Lektüre der Einzelheiten recht bald, dass der Text diesen elementaren Anforderungen nicht ansatzweise gerecht wird.

Das Bestimmtheitsprinzip: Artikel 2 Abs. 1 AEUV

In seiner ersten Konkretisierung des klarstellenden Bestimmtheitsprinzips formuliert Artikel 2 Abs. 1 AEUV:

> *»Übertragen die Verträge der Union für einen bestimmten Bereich eine ausschließliche Zuständigkeit, so kann nur die Union gesetzgeberisch tätig werden und verbindliche Rechtsakte erlassen; die Mitgliedstaaten dürfen in einem solchen Fall nur tätig werden, wenn sie von der Union hierzu ermächtigt werden, oder um Rechtsakte der Union durchzuführen.«*

In herkömmlicher juristischer Lesart wäre damit im Grunde bereits unzweifelhaft geklärt, wer für welche Fragen zuständig und wer für welche Fragen nicht zuständig ist. Jene grundlegende Ausgangsformulierung aus Artikel 2 Abs. 1 AEUV wird jedoch – wie sogleich zu zeigen ist – an praktisch ausnahmslos allen Stellen aufgeweicht, in ihr Gegenteil verkehrt und verunklart. Im Ergebnis wirft das Gesamtwerk aller Normen schlicht mehr Fragen auf, als es beantwortet. Interessanterweise scheint exakt diese Unbestimmtheit den Unterzeichnern des Vertragswerkes spätestens zum Zeitpunkt der Unterzeichnung der Vertragsurkunde deutlich bewusst gewesen zu sein. Anders jedenfalls ist nicht zu erklären, warum es bei der Regierungskonferenz, die den am 13. Dezember 2007 unterzeichneten *»Vertrag von Lissabon«* angenommen hat, unter anderem auch eine *»18. Zusatzerklärung«* gab, die Bemerkenswertes ausspricht:

> *»Die Konferenz unterstreicht, dass gemäß dem in dem Vertrag über die Europäische Union und dem Vertrag über die Arbeitsweise der Europäische Union vorgesehenen System der Aufteilung der Zuständigkeiten zwischen der Union und den Mitgliedstaaten alle der Union nicht in den Verträgen übertragenen Zuständigkeiten bei den Mitgliedstaaten verbleiben.«*

Übertragen auf die Verhältnisse der Bundesrepublik Deutschland ließe sich daher folgende Konstellation denken: Die Vertreter der Bundesländer hätten am 23. Mai 1949 kurz vor Unterzeichnung des Grundgesetzes noch eine eigene Erklärung aufgenommen, in der sie sich gegenseitig versicherten, dass es neben der Bundesgesetzgebung auch Landesgesetzgebungen gäbe. Es bleibt also die Frage: Aus welchem Motiv heraus versichern sich Staats- und Regierungschefs vor Unterzeichnung eines Staatsvertrages, das dort Geschriebene auch tatsächlich zu meinen und zu wollen? Zyniker könnten die Hypothese aufstellen, dass die unterzeichnenden Vertreter das Vertragswerk entweder selbst überhaupt nicht gelesen oder nicht verstanden hätten oder – schlimmer noch – dass sie das Niedergelegte durchaus gelesen und erfasst hatten und gerade deswegen noch einmal Vorsorge gegen einen absehbaren Missbrauch treffen zu können hofften.

Frühe Aufweichungen des Bestimmtheitsprinzips

Nachdem – wie vorstehend zitiert – Artikel 2 Abs. 1 AEUV eine deutliche Abgrenzung zwischen den Zuständigkeiten der EU einerseits und der Mitgliedstaaten andererseits vorgenommen zu haben scheint, wird diese Deutlichkeit sofort in Artikel 3 Abs. 2 AEUV verunklart:

»Die Union hat ferner die ausschließliche Zuständigkeit für den Abschluss internationaler Übereinkünfte, wenn der Abschluss einer solchen Übereinkunft in einem Gesetzgebungsakt der Union vorgesehen ist, wenn er notwendig ist, damit sie ihre interne Zuständigkeit ausüben kann, oder soweit er gemeinsame Regeln beeinträchtigen oder deren Tragweite verändern könnte.«

Immer dann, wenn die EU die Auffassung vertritt, sie könne (irgend-) eine interne Zuständigkeit nicht ausüben, ohne zugleich eine weitere internationale Übereinkunft mit fremden Mächten abzuschließen, erwächst der EU damit eine weitere ausschließliche Zuständigkeit. Auf welchem Gebiet diese neue internationale Übereinkunft dann liegen müsste, wird mit keinem Wort spezifiziert. Ebenso wird nicht erklärt, welche eigene interne Zuständigkeit durch den Nichtabschluss einer weiteren internationalen Übereinkunft beeinträchtigt werden müsste. Kurz: Die originäre Zuständigkeit der Mitgliedstaaten kann alleine dadurch vollständig ausgeschlossen werden, dass die EU die Auffassung vertritt, an anderer Stelle könnten ihre internen Zuständigkeiten – in welcher Gestalt auch immer – beeinträchtigt werden.

Damit nicht genug. Mit der weiteren, zuständigkeitsaufdrängenden Formulierung einer *»Tragweitenveränderung«* wird der potenzielle Bereich weiterer ausschließlicher Zuständigkeiten auf Unionsebene gleichsam in ein unendliches Maß gesteigert. Denn: Wann ist eine Tragweite verändert? Der gewöhnliche Sprachgebrauch gibt uns hierfür ebenso wenig einen Anhaltspunkt wie der Gesetzestext selbst. In extensiver Auslegung lässt sich ohne großen argumentativen Aufwand stets die Auffassung vertreten, dass jedes gesetzgeberische Handeln unausweichlich – mindestens mittelbar – auch die Tragweite eines anderen gesetzgeberischen Handelns verändert.

Ein ebenso konkretes wie fiktives Beispiel zur Erläuterung dieses Normenkontextes: Werden breitere Kraftfahrzeuge zum Straßenverkehr zugelassen, so verändert dies die Tragweite der Straßen; straßenverkehrszulassungsrechtliche Erwägungen über den Bau von Lastwagenachsen lassen demgemäß nicht nur straßenbaurechtliche Änderungen zu. Ändert sich der Straßenbau, so muss sich auch das Baurecht derjenigen Gebäude ändern, die an solchen Straßen liegen, oder solcher Gebäude, die hinter Gebäuden liegen, die an Straßen liegen. Damit ist das gesamte Regelungsgeflecht der Grundstücksabstandsflächen, das Nachbarrecht, das Recht der Naturdenkmäler, das Raumordnungsrecht, das Denkmalschutzrecht, das öffentliche Förderungsrecht für Kulturdenkmäler und das Rentenversicherungsrecht der Kunstschaffenden in seiner Tragweite betroffen, verändert und also regelungsbedürftig.

Mit nur wenig juristischer Fantasie lässt sich also infolge der Gestattung einer breiteren Autoachse auch das Recht der Anwartschaften für Orchestermusiker in der gesetzlichen Rentenversicherung beeinflussen. Entsprechende Notwendigkeiten herbei zu argumentieren ist ebenso simpel, wie es einfach ist, aus Artikel 3 Abs. 2 AEUV ausschließliche Zuständigkeiten der EU für beinahe alles zu deduzieren. Besonders einfach wird es dem Rechtsanwender gemacht, wenn bei der Auslegung dieser Normen die Methode der objektiven Interpretation herangezogen wird, die vorhin bereits thematisiert wurde.

Der Gesetzgeber ist allerdings bei dieser Aufweichung des Bestimmtheitsprinzips bei Weitem nicht stehen geblieben. Artikel 352 AEUV erweist sich demgegenüber geradezu als die Königsnorm der jederzeit anzumaßenden weiteren Kompetenzen. Auf diese Norm wird später noch einmal im Einzelnen zurückzukommen sein. Artikel 352 Absatz 1 AEUV lautet:

> *»Erscheint ein Tätigwerden der Union im Rahmen der in den Verträgen festgelegten Politikbereiche erforderlich, um eines der Ziele der Verträge zu verwirklichen, und sind in den Verträgen die hierfür erforderlichen Befugnisse nicht vorgesehen, so erlässt der Rat einstimmig auf Vorschlag der Kommission und nach Zustimmung des Europäischen Parlaments die geeigneten Vorschriften. Werden diese Vorschriften vom Rat gemäß einem besonderen Gesetzgebungsverfahren erlassen, so beschließt er ebenfalls einstimmig auf Vorschlag der Kommission und nach Zustimmung des Europäischen Parlaments.«*

Konkret bedeutet dies: Sind die Staats- und Regierungschefs der beteiligten Mitgliedstaaten einmal zur feierlichen Unterzeichnung des nun unterschriebenen Vertrages zusammengekommen und haben sie auf der Grundlage gewachsener Vertragswerke, weiterer internationaler Verhandlungen und politischer Detailabstimmungen förmlich ein fein austariertes Zuständigkeitengeflecht gewoben, dann ist über diesen Artikel sichergestellt, dass ein solcher Aufwand in Zukunft nie wieder wird betrieben werden müsse. Das System kann sich auf diesem Wege verselbstständigen. Immer mehr Zuständigkeiten werden in den ausschließlichen Aufgabenbereich der EU übertragen. Die Gesetzgebungsbefugnisse der Mitgliedstaaten verschwinden zunehmend. Selbst die vorstehend zitierte Zusatzerklärung aus Ziffer 18 zur Abgrenzung von Zuständigkeiten kann nationalstaatliche Hoheitsrechte an dieser Stelle nicht mehr retten. Die Souveränität eines jeden in der EU zusammengeschlossenen Staates schmilzt dahin, sofern es nur irgend erforderlich erscheint, *»um eines der Ziele der Verträge zu verwirklichen«*.

Um zu verdeutlichen, dass praktisch jedes staatliche Handeln zu irgendeinem relevanten *»Ziel der Verträge«* in diesem Sinne werden kann, bedarf es nur eines kurzen Blicks in die Zielbestimmung aus Artikel 2 Abs. 5 AEUV:

> *»In bestimmten Bereichen ist die Union nach Maßgabe der Verträge dafür zuständig, Maßnahmen zur Unterstützung, Koordinierung oder Ergänzung der Maßnahmen der Mitgliedstaaten durchzuführen, ohne dass dadurch die Zuständigkeit der Union für diese Bereiche an die Stelle der Zuständigkeit der Mitgliedstaaten tritt. Die verbindlichen Rechtsakte der Union, die aufgrund der diese Bereiche betreffenden Bestimmungen der Verträge erlassen werden, dürfen keine Harmonisierung der Rechtsvorschriften der Mitgliedstaaten beinhalten.«*

Dies bedeutet: In bestimmten Bereichen (welche dies sind, verrät die Norm ihrem Leser leider nicht) dürfen von der Zentralregierung Maßnahmen zur Unterstützung, Koordinierung oder Ergänzung nationalstaatlicher Aktivitäten ergriffen werden. Auch hier ist – namentlich bei *»objektiver Auslegung«* des Gesetzestextes – kein großer argumentativer Aufwand erforderlich, um praktisch jedwede Intervention als irgendwie unterstützend, koordinierend oder ergänzend zu verstehen. Insbesondere wird dieses Interpretationshandeln dadurch erleichtert, dass der beschriebenen Unterstützung, Koordinierung oder Ergänzung keinerlei konkrete Zielrichtung zugewiesen ist.

Auch nur scheinbar lässt sich aus dem zweiten Satz des Artikel 2 Abs. 5 AEUV eine Eingrenzung der zusätzlichen Zuständigkeit der Union entnehmen. Denn wenn ihr über diese Regelung verboten ist, Rechtsvorschriften von Mitgliedstaaten zu harmonisieren, dann eröffnet der genannte Artikel 352 AEUV ihr doch jedenfalls die Möglichkeit, sich jede anderweitige Befugnis zu verschaffen, sofern ihr dies – weit über bloße Harmonisierung hinaus – nur irgendwie erforderlich erscheint.

Im Hinblick auf den schon beschriebenen Korpsgeist aller beteiligten Akteure innerhalb des Geflechts der europäischen Organe bieten

Einstimmigkeitshürden oder Zustimmungserfordernisse zwischen verschiedenen Organen erkennbar keine wirksamen Schranken gegen Machtmissbrauch in Gestalt von Machtanmaßung auf dieser Ebene. Im Gegenteil. Die exzessive Vielzahl von potenziellen Politik- und Regelungsbereichen bietet bei jedweder Verhandlung – über welchen Verwaltungsgegenstand auch immer – stets auskömmlich Möglichkeit, die Zustimmung aller Beteiligten durch Gegendienste auf vielerlei anderen Gebieten zu erwirken. Namentlich die personellen Ressourcen für die Besetzung neu geschaffener Institutionen sind schier unermesslich, da es nicht erforderlich ist, nur auf den beschränkten Personenkreis nationalstaatlich durch Wahlen legitimierter Volksvertreter zurückzugreifen.

Für den unwahrscheinlichen Fall, dass der erforderliche Konsens zwischen den notwendig Beteiligten nicht ohne Weiteres herbeigeführt werden kann, insbesondere für den Fall, dass das Europäische Parlament einer weiteren Machtausdehnung der übrigen EU-Organe nicht ebenfalls seine Zustimmung erteilen würde, hat der Vertrag eine weitere, dem europäischen Verfassungsrecht nicht unbekannte Not- und Ausnahmeregelung geschaffen. Artikel 122 Abs. 2 AEUV sagt:

> *»Ist ein Mitgliedstaat aufgrund von Naturkatastrophen oder außergewöhnlichen Ereignissen, die sich seiner Kontrolle entziehen, von Schwierigkeiten betroffen oder von gravierenden Schwierigkeiten ernstlich bedroht, so kann der Rat auf Vorschlag der Kommission beschließen, den betreffenden Mitgliedstaat unter bestimmten Bedingungen einen finanziellen Beistand der Union zu gewähren. Der Präsident des Rates unterrichtet das Europäische Parlament über den Beschluss.«*

Die Vorschrift ist nicht alleine deswegen bemerkenswert, weil das Parlament (als dasjenige Vertretungsorgan derjenigen Betroffenen, die den finanziellen Beistand zuletzt faktisch zu bezahlen haben) an der Hilfeleistung unbeteiligt bleibt. Die Vorschrift ist auch nicht deswegen irritierend, weil sie den Präsidenten des Rates zu einer Unterrichtung verpflichtet, die offenkundig überflüssig ist, weil die Mitglieder des Parlamentes im Zweifel von einem Vulkanausbruch, einem Meteoriteneinschlag oder einem bakteriell induzierten Massensterben im Nachbarland schon ohnehin aus der Presse und mindestens aus der Berichterstattung der seriösen öffentlich-rechtlichen Fernsehsender Kenntnis erlangt haben dürften. Die schillerndste Bedeutungsvariante eines einer Naturkatastrophe gleichkommenden außergewöhnlichen Ereignisses, das sich jeder nationalstaatlichen Kontrolle entzieht, war in der Vergangenheit eine Kontoüberziehung durch Mitgliedstaaten der Europäischen Union. Wiederholt wurde die sogenannte Gemeinschaftswährung namens Euro unter argumentativem Rückgriff auf dieses Katastrophenrecht *»gerettet«*. Joachim Starbatty formuliert exemplarisch:

> *»Allein französische Politiker, Europastaatsekretär Pierre Lellouche und die damalige Finanzministerin Christine Lagarde, haben freimütig zugegeben, dass man die europäischen Verträge gebrochen habe. Pierre Lellouche verglich die Aktion am 7./8. Mai 2010 mit dem Verteidigungsfall der Nato-Konvention.«*[42]

Zum Zeitpunkt der Abfassung dieser Zeilen erscheint wenig zweifelhaft, dass derartige Katastrophen sich in näherer Zukunft in immer größerem Ausmaß und immer kürzerer Abfolge wiederholen werden. Dass ein Rückgriff auf das Ausnahmerecht des Artikel 122 Abs. 2 AEUV hierbei überhaupt legitim in Betracht gekommen wäre oder künftig in Betracht kommen könnte, scheidet unter Berücksichtigung gängiger juristischer Auslegungsstandards schlechterdings vollständig aus.

Artikel 123 Abs. 1 AEUV stellt nämlich klar:

> *»Überziehungs- oder andere Kreditfazilitäten bei der Europäischen Zentralbank oder den Zentralbanken der Mitgliedstaaten ... sind ebenso verboten wie der unmittelbare Erwerb von Schuldtiteln von diesen durch die Europäische Zentralbank oder die nationalen Zentralbanken.«*

Artikel 125 Abs. 1 AEUV wird noch deutlicher:

> *»Die Union haftet nicht für die Verbindlichkeiten der Zentralregierungen, der regionalen oder lokalen Gebietskörperschaften oder anderen öffentlich-rechtlichen Körperschaften, sonstiger Einrichtungen des öffentlichen Rechts oder öffentlicher Unternehmen von Mitgliedstaaten und tritt nicht für derartige Verbindlichkeiten ein; dies gilt unbeschadet der gegenseitigen finanziellen Garantien für die gemeinsame Durchführung eines bestimmten Vorhabens. Ein Mitgliedstaat haftet nicht für die Verbindlichkeiten der Zentralregierungen, der regionalen oder lokalen Gebietskörperschaften oder anderen öffentlich-rechtlichen Körperschaften, sonstiger Einrichtungen des öffentlichen Rechts oder öffentlichen Unternehmen eines anderen Mitgliedstaats und tritt nicht für derartige Verbindlichkeiten ein; dies gilt unbeschadet der gegenseitigen finanziellen Garantien für die gemeinsame Durchführung eines bestimmten Vorhabens.«*

Der Leser und Anwender dieser Vorschriften wird demgemäß wenig Zweifel haben müssen, dass eine seriöse Haushaltspolitik der öffentlich-rechtlichen Körperschaften einschließlich der Staatshaushalte aller Mitgliedstaaten als ernsthafte Verpflichtung allen Beteiligten auferlegt ist. Da die beiden zitierten Vorschriften über solide und seriöse Haushaltspolitik in den Artikel 123 und 125 AEUV beschrieben sind, wird ebenfalls verlangt werden dürfen, dass jeder Leser des Artikels 122 AEUV diese bei seiner Lektüre ebenfalls zur Kenntnis genommen hat. Denn mindestens Jurastudenten wird in aller Regel ab dem ersten Fachsemester abverlangt, neben einer angewendeten Norm auch die drei Normen zu lesen, die unmittelbar vor und nach dieser in das Gesetzeswerk aufgenommen wurden. Dass die Vertreter der Europäischen Union bei ihrem vertragsbrüchigen *»Coup«*[43] jenen juristischen Minimalstandard verfehlt haben könnten, ist nicht anzunehmen. Im Gegenteil darf getrost davon ausgegangen werden, dass der Rechtsbruch bewusst und gewollt ins Werk gesetzt wurde.

Wenn nun allerdings Artikel 126 Abs. 1 AEUV klarstellt,

> *»Die Mitgliedstaaten vermeiden übermäßige öffentliche Defizite«*,

dann kann es rein praktisch keinen Zweifel mehr geben: Staatsdefizite mögen in einem beschränkten Ausmaß gestattet sein. Wenn sie allerdings ein Ausmaß annehmen, das menschlich unbeherrschbaren Erdbeben, Tsunamis oder Großepidemien entspricht, dann ist aus Gründen einer handwerklich seriösen, juristisch-systematischen Auslegung des Vertragswerkes jedenfalls von einem Übermaß an öffentlichem Defizit auszugehen. Derartige Vertragsverstöße anschließend über internationales Ausnahmerecht faktisch gutzuheißen, stellt sich nach grundlegendem juristischen Verständnis als schlechterdings rechtswidrig dar.

Die gänzliche Aufweichung aller verwendeten Terminologie

Juristische Begriffe müssen bestimmt – oder zumindest bestimmbar – sein. Das Vertragswerk der EU verfehlt diese Anforderungen erheblich, wenn nicht gar völlig.

Wer verbindlich menschliches Handeln regeln möchte, der muss den Normadressaten Gelegenheit geben, ihr Verhalten verlässlich auf Normen ein- und abzustellen. Wird ein erwartetes Verhalten nicht konkret genug beschrieben, dann kann dem Bürger anschließend nicht legitim der Vorwurf gemacht werden, er habe sich nicht ordnungsgemäß an der Verhaltenserwartung orientiert. Umgekehrt grenzt ein unbestimmtes Normenwerk staatliches Handeln hinsichtlich des Befugnisumfangs nicht hinlänglich ein. Derjenige, der in staatlichem Namen handelt, kann sich unbegrenzt von begrifflichen Klarheiten übermäßig zulasten eines Bürgers Kompetenzen anmaßen.

Eine Diktatur benötigt in ihrem Kern nur eine einzige juristische Vorschrift. Deren Formulierung kann lauten: *»Die zuständige Stelle ergreift die erforderlichen Maßnahmen, sofern sie es für geboten hält.«* Auf der Grundlage einer solchen Ermächtigungsnorm ist es faktisch jedem Mitglied eines (illegitimen) Staatswesens möglich, seinen wann auch immer, wie auch immer gefassten Willen gegen den Widerstand eines oder mehrerer Bürger durchzusetzen. Jedwede Handlung des staatlichen Vertreters kann als *»Maßnahme«* verstanden werden. Ob sie erforderlich ist oder nicht, liegt im Belieben des handelnden Staatsorgans, wie sich aus der zugewiesenen Beurteilungsermächtigung ergibt. Nicht ein Dritter muss das Ob und Wie des staatlichen Handelns für gut und richtig befinden, sondern lediglich das Staatsorgan selbst. Seine Beurteilung und sein Ermessensspielraum präjudizieren die Rechtmäßigkeit des Eingriffes und dessen Umfang. Zudem kommt es nach dieser Generalnorm nicht darauf an, ob sich der staatliche Eingriff bzw. die staatliche Maßnahme als tatsächlich und objektiv erforderlich definieren ließe. Alleiniges Legitimitätskriterium ist die individuelle Vorausschau des handelnden Organes selbst. Angeknüpft wird demgemäß an den Zeitpunkt unmittelbar vor dem Handlungsbeginn und auf die Handlungsperspektive des Staatsorganes. Der maßgebliche juristische Fachbegriff für diese Art der Handlungsermächtigung lautet bekanntlich »Einschätzungsprärogative«. Wird dem handelnden staatlichen Organ nicht im Nachhinein positiv nachgewiesen, dass der vorausschauende Blick auf die zu diesem Zeitpunkt schon geschaffene neue Lage und auf künftige Entwicklungen unzweifelhaft anders hätte ausfallen müssen, so ist derartiges Staatshandeln auf Basis der Einschätzungsprärogative niemals rechtswidrig. Böse gesagt: Erlaubt ist, was gefällt. Die Erkenntnis, dass man im Nachhinein immer klüger ist, wendet sich in diesem Kontext gegen den betroffenen Bürger. Denn die demgemäß strukturelle Unklugheit des ermächtigten Staatsdieners zum Zeitpunkt seines Handlungsentschlusses verschafft ihm geradezu immer eine Art Blankoscheck für eigenes Handeln.

Es gibt auch hier wiederum guten Anlass zu der Vermutung, dass die vertragschließenden Parteien des Vertrages über die Arbeitsweise der Europäischen Union dieses allgemeine juristische Instrumentarium zum Zeitpunkt der Vertragsformulierung gekannt haben. Dafür jedenfalls spricht der Inhalt von Artikel 288 AEUV. Er lautet:

> *»Für die Ausübung der Zuständigkeiten der Union nehmen die Organe Verordnungen, Richtlinien, Beschlüsse, Empfehlungen und Stellungnahmen an. Die Verordnung hat allgemeine Geltung. Sie ist in allen ihren Teilen verbindlich und gilt unmittelbar in jedem Mitgliedstaat. Die Richtlinie ist für jeden Mitgliedstaat, an den sie gerichtet wird, hinsichtlich des zu erreichenden Ziels verbindlich, überlässt jedoch den innerstaatlichen Stellen die Wahl der Form und der Mittel. Beschlüsse sind in allen ihren Teilen verbindlich. Sind sie an bestimmte Adressaten gerichtet, so sind sie nur für diese verbindlich. Die Empfehlungen und Stellungnahmen sind nicht verbindlich.«*

Ähnlich wie bei der Kompetenzzuweisung schon gesehen, scheint der Vertrag hier klare Bestimmungen darüber treffen zu wollen, was genau für wen verbindlich ist und was nicht. Wie zu zeigen sein wird, kann jedoch durch die verwendete Terminologie im Detail und ihre grammatikalischen Kontexte an kaum einer Stelle jemals wirklich verbindlich erkannt werden, was genau wann von wem in welchem Umfang erwartet wird.

Kleine Empirie der terminologischen Unbestimmtheiten

Der gesamte Vertrag über die Arbeitsweise der Europäischen Union besticht durchgängig durch eine beinahe ausnahmslose Verwendung undeutlicher Begrifflichkeiten, die dem Leser, insbesondere dem Anwender dieser Norm, faktisch alle Interpretationsspielräume eröffnet. Jeder Regelungsgehalt bleibt im Ungefähren. Abgrenzungen einzelner Begriffe gegeneinander sind weder bei wörtlicher noch bei systematischer, historischer, genetischer oder auch verfassungskonformer Auslegung verlässlich und verbindlich möglich. Die Handlungspotenziale für jeden Anwender sind somit gleichsam unendlich gesteigert. Die folgenden exemplarischen Beispiele aus dem Vertrag über die Arbeitsweise der Europäischen Union mögen dies *»pars pro toto«* erläutern.

Artikel 5 AEUV

Artikel 5 AEUV ordnet an, dass die einzelnen Mitgliedstaaten der Union gewisse Politikbereiche miteinander zu »*koordinieren*« haben:

> *»(1) Die Mitgliedstaaten koordinieren ihre Wirtschaftspolitik innerhalb der Union. Zu diesem Zweck erlässt der Rat Maßnahmen, insbesondere beschließt er die Grundzüge dieser Politik. Für die Mitgliedstaaten, deren Währung der Euro ist, gelten besondere Regelungen.*

(2) Die Union trifft Maßnahmen zur Koordinierung der Beschäftigungspolitik der Mitgliedstaaten, insbesondere durch die Festlegung von Leitlinien für diese Politik.

(3) Die Union kann Initiativen zur Koordinierung der Sozialpolitik der Mitgliedstaaten ergreifen.«

Wie die hier beschriebenen Politikfelder von Wirtschaftspolitik, Beschäftigungspolitik und Sozialpolitik im Einzelnen erfasst sein sollen und was ihren jeweiligen Unterschied gegeneinander ausmacht, bleibt ungeklärt. Stattdessen wird vorausgesetzt, dass in allen Ländern der Europäischen Union bereits ein einheitliches Verständnis darüber herrsche, wo Sozialpolitik beginnt und was sie von Beschäftigungspolitik unterscheidet. Mit welchem Ziel die Koordination konkret vorgenommen werden soll, wird ebenfalls nicht beschrieben. Vielmehr wird dem Rat die Befugnis erteilt, Maßnahmen – jedweder Art! – zu erlassen, die sich im Rahmen der von ihm selbst angeordneten »*Grundzüge*« zu halten haben. Kurz: Auf dieser tatbestandlichen Basis der Norm ist schlechterdings gleichzeitig alles möglich und alles unmöglich.

Einen ernsthaften Regelungsgehalt hat die Vorschrift also nicht. Allenfalls lässt sich erahnen, dass die zu koordinierenden Politikgrundzüge dort andere sein könnten, wo der Euro in Geltung gesetzt ist, als dort, wo er nicht gilt. Denn dort, wo der Euro die Währung des Mitgliedstaates ist, »*gelten besondere Regelungen*«. Was die Besonderheit dieser Regelungen ausmacht, wird – zumindest an dieser Stelle – nicht ansatzweise erläutert.

Artikel 8 AEUV

Im Vergleich zu Artikel 8 AEUV nimmt sich der vorstehend thematisierte Artikel 5 AEUV allerdings noch vergleichsweise konkret aus. Denn Artikel 8 AEUV besagt:

> *»Bei allen ihren Tätigkeiten wirkt die Union darauf hin, Ungleichheiten zu beseitigen und die Gleichstellung von Männern und Frauen zu fördern.«*

Der Auftrag, (wie auch immer?) darauf hinzuwirken, »*Ungleichheiten zu beseitigen*«, hätte selbstverständlich bei sorgfältiger Normformulierung vorausgesetzt, dass dem Normadressaten erklärt wird, welche Art von Ungleichheit hier überhaupt thematisiert ist. Eine einfache Wortlautinterpretation würde – beispielsweise – diese Norm auch anwendbar machen, wenn es um die territoriale Ungleichheit der Flächengröße zwischen Luxemburg und Frankreich ginge. Das heißt: Nach dem Wortlaut dieser Norm wäre die EU befugt, Luxemburg so lange um zusätzliche Gebiete zulasten Frankreichs zu vergrößern, bis beide Staaten territorial »*gleich*« groß wären. Dass diese beiden Staaten dann allerdings zwar bilateral gleich groß wären, würde den Hinwirkensauftrag der EU noch nicht erfüllt haben, da im Anschluss an eine derartige territoriale Neuordnung des Europäischen Gebietes nach wie vor Ungleichheiten zu anderen Mitgliedstaaten – beispielsweise Italien oder Dänemark – bestünden. Das Gebot, diese Ungleichheit zu beseitigen, bliebe für die EU weiter bestehen.

Vergleichsweise harmlos fällt gegenüber dieser begrifflichen Unklarheit noch der weitere Normbestandteil aus, nachdem die Gleichstellung von Männern und Frauen »*zu fördern*« sei. Viele aktuelle Gesetzeswerke ordnen an, dass dies oder jenes »*zu fördern*« sei. Sie verschweigen allerdings in diesem Kontext ausnahmslos, zu wessen Lasten diese Förderung zu erfolgen habe.

Weder in juristischen Texten noch in den entsprechenden politischen Debatten wird nämlich darauf hingewiesen, dass sogenannte »*Förderungspolitik*« – zutreffend bezeichnet – »*Förderung-des-einen-und-Behinderung-des-anderen-Politik*« heißen müsste. Der Hintergrund dieser Erkenntnis ist, bei genauer Betrachtung, simpel. Förderungspolitik bezeichnet stets ein Dreieck aus Handelnden. Der erste fördert, der zweite wird gefördert und der dritte wird durch dieses Förderungshandeln – mindestens reflexhaft – behindert. Versteht man nämlich (und wie sollte man es sonst verstehen) Förderungspolitik als Aufforderung an den Fördernden, Ressourcen, die er zuvor erhoben hat, einem bestimmten zu Fördernden zuzuweisen, dann werden hierdurch die Handlungsmöglichkeiten desjenigen, der über seine ihm weggenommenen Ressourcen nicht mehr selbst verfügen kann, logischerweise reduziert. Er ist der »*Behinderte*« der Förderungspolitik, also der Mann, den man (in einer Begrifflichkeit von Henry Hazlitt[44]) vordergründig erst einmal gar nicht sieht.

Im weiteren Kontext, jenseits der Gleichstellung von Männern und Frauen, erhellt sich damit auch dies: Der Auftrag, auf die Beseitigung von Ungleichheiten hinzuwirken, bedeutet nichts anderes als die Befugnis, im Rahmen eines – willkürlich festgestellten – Verhältnisses der Gleichheit oder Ungleichheit denjenigen, der (aus welchen Gründen auch immer) besser gestellt sei, gegenüber dem schlechter Gestellten zu benachteiligen und zu behindern. Artikel 8 AEUV ist damit in seinem Kern eine Ermächtigung der Union, nach freiem Belieben alles und jedes zu behindern, was einem selbstgesetzten politischen Ziel im Wege steht.

Artikel 9 AEUV

Artikel 9 AEUV lässt sich bei erster Betrachtung als eine Norm lesen, die bekräftigt, dass alles Handeln der EU im Grunde auf das Gute gerichtet ist:

> *»Bei der Festlegung und Durchführung ihrer Politik und ihrer Maßnahmen trägt die Union den Erfordernissen im Zusammenhang mit der Förderung eines hohen Beschäftigungsniveaus, mit der Gewährleistung eines angemessenen*

sozialen Schutzes, mit der Bekämpfung der sozialen Ausgrenzung sowie mit einem hohen Niveau der allgemeinen und beruflichen Bildung und des Gesundheitsschutzes Rechnung.«

Wer könnte billigerweise für gut halten, dass Bürger der EU sozial schutzlos wären, sozial ausgegrenzt, allgemein und beruflich schlecht gebildet, kaum beschäftigt und nicht gesund? Jene ideellen Güter, die die Norm beschreibt, mögen jedoch noch so edel und erstrebenswert sein; wie genau sie das Handeln der EU durch deren Maßnahmen konkret beeinflussen sollen, sagt dieser Artikel faktisch nicht. Der Auftrag lautet lediglich, diesen Gesichtspunkten Rechnung zu tragen. Wie aber trägt man der Bekämpfung von sozialer Ausgrenzung Rechnung?

Konkretes ist mit solchen Formulierungen nicht greifbar. Allerdings lässt sich in ein solches Rechnungtragen auch wieder alles hineindeuten und hineininterpretieren. Um einem hohen Niveau der allgemeinen Bildung Rechnung zu tragen, lässt sich ebenso behaupten, der Abriss eines Schulgebäudes in einer Vorstadt und dessen Neuerrichtung in der Innenstadt ermögliche mehr Schülern, schulische Bildung in Anspruch zu nehmen, wie es möglich scheint, ein Schulgebäude im Stadtzentrum zu schließen und es stattdessen »*bei den Menschen*« in einer Vorstadt zu installieren. Grenzen sind für solche Beliebigkeit nicht gezogen. Formulierungen wie diese ermöglichen – wie schon gesehen – sowohl das eine als auch sein exaktes Gegenteil.

Artikel 10 AEUV

Wer Artikel 10 AEUV liest, nachdem er Artikel 8 AEUV kennen gelernt hat, der mag für einen Augenblick hoffen, hier sicheren Grund für staatliches Handeln ertasten zu können. Genaue Betrachtung erweist auch hier wieder nur das Gegenteil. Artikel 10 AEUV lautet:

> *»Bei der Festlegung und Durchführung ihrer Politik und ihrer Maßnahmen zielt die Union darauf ab, Diskriminierungen aus Gründen des Geschlechts, der Rasse, der ethnischen Herkunft, der Religion oder der Weltanschauung, einer Behinderung, des Alters oder der sexuellen Ausrichtung zu bekämpfen.«*

Die Lektüre der Vorschrift erweist, dass der Normgeber an dieser Stelle dem in jüngerer Zeit verbreiteten Irrtum unterlegen zu sein scheint, den Begriff der »*Diskriminierung*« mit dem einer »*Benachteiligung*« oder gar »*Beleidigung*« fälschlich gleichzusetzen.

Diskriminieren bedeutet im Kern und Ursprung der Wortbedeutung allerdings nichts anderes als unterscheiden. Ein Architekt, der ein Gebäude mit Herren- und Damentoiletten ausstattet, diskriminiert diesbezüglich aus Gründen des Geschlechts. Wer mit einem Engländer Englisch, mit einem Italiener Italienisch und einem Spanier Spanisch spricht, der diskriminiert die Gesprächspartner in kommunikativer Hinsicht. Trägt er in einer Synagoge eine Kopfbedeckung und nimmt er in einer katholischen Kirche seine Kopfbedeckung ab, so diskriminiert er seine Gastgeber hinsichtlich ihrer Verhaltensregelungen in ihren Gotteshäusern aus religiösen Gesichtspunkten äußerst respektvoll. Wenn die Parkflächen auf öffentlichen Parkplätzen für Behinderte größer gestaltet sind als für Nichtbehinderte, dann findet eine Diskriminierung zugunsten der Behinderten statt, damit sie ihren eingeschränkten körperlichen Bewegungsmöglichkeiten entsprechend mehr Raum für das Ein- und Aussteigen aus ihrem Pkw haben. Wer Minderjährigen verbietet, ohne elterliche Hilfe wirksame zivilrechtliche Verträge abzuschließen, dies aber Volljährigen erlaubt, der diskriminiert beide Gruppen wegen ihres Alters. Und wenn sich ein Mann wegen der Vergewaltigung einer Frau strafbar macht, nicht aber eine Frau wegen der Vergewaltigung eines Mannes, so diskriminiert das Strafrecht nach dem Maßstab von Geschlecht und sexueller Ausrichtung. Was ist daran falsch? Und warum müssen solche Differenzierungen »*bekämpft*« werden?

Der Leser kann allenfalls erahnen, worum es geht. Der Normadressat kann vermuten, dass die EU rassistischen, religiösen, ethnischen und sonstigen Wahnsinn nach Kräften verhindern will. Es hätte dem supranationalen Gesetzgeber der EU allerdings sicher gut angestanden, das Gemeinte und Gewollte auch in den angemessenen sprachlichen Ausdruck zu kleiden. Die alltagssprachliche Verwirrung der Gegenwart, hier von »*Diskriminierungen*« zu sprechen, wo Benachteiligungen gemeint sind, schmückt den Normgeber nicht.

Artikel 14 AEUV

Eine beinahe schon liebevolle Beschreibung erfahren Staatsbetriebe und sonstige öffentliche Unternehmen, die aus Steuergeldern mit Beihilfezahlungen versorgt werden, in Artikel 14 AEUV. Offenbar sorgt sich der Normgeber um den Bestand und das Wohlergehen dieser Institutionen:

> *»Unbeschadet des Artikels 4 des Vertrages über die Europäische Union und der Artikel 93, 106 und 107 dieses Vertrages und in Anbetracht des Stellenwertes, den Dienste von allgemeinem wirtschaftlichem Interesse innerhalb der gemeinsamen Wert der Union einnehmen, sowie ihrer Bedeutung bei der Förderung des sozialen und territorialen Zusammenhaltes tragen die Union und die Mitgliedstaaten im Rahmen ihrer jeweiligen Befugnisse im Anwendungsbereich der Verträge dafür Sorge, dass die Grundsätze und Bedingungen, insbesondere jene wirtschaftlicher und finanzieller Art, für das Funktionieren dieser Dienste so gestaltet sind, dass diese ihren Aufgaben nachkommen können. …«*

Öffentliche Dienste sollen also so gestaltet werden, dass sie funktionieren können. Die Alternative wäre gewesen, die EU vertraglich zu verpflichten, sich so zu verhalten, dass bedeutsame Betriebe ihre Aufgaben nicht erfüllen können. Dem Leser drängt sich also die Frage auf: Aus welchem Grunde hat es einer solchen Vorschrift überhaupt bedurft, wenn die dergestalt umsorgten Betriebe denn tatsächlich ein allgemeines wirtschaftliches Interesse innerhalb der gemeinsamen Werte der Union einnehmen?

Artikel 15 AEUV

Artikel 15 AEUV regelt den »*Grundsatz der Offenheit*«. Dieser Grundsatz soll – wie es für Grundsätze auch in sonstigen Kontexten oft üblich ist – Beachtung finden. Allerdings ordnet der Normgeber nicht schlichtweg an, diesen Grundsatz zu beachten. In Absatz 1 des Artikels wird Abweichendes konstatiert:

> »*Um eine verantwortungsvolle Verwaltung zu fördern und die Beteiligung der Zivilgesellschaften sicherzustellen, handeln die Organe, Einrichtungen und sonstigen Stellen der Union unter weitestgehender Beachtung des Grundsatzes der Offenheit.*«

Der Grundsatz muss also nicht beachtet werden. Er muss auch nicht weitgehend beachtet werden, sondern »*weitestgehend*«. Offenbar hat der Normgeber an dieser Stelle auf eine sprachliche Technik zurückgegriffen, die sich auch im alltäglichen Gebrauch der Sprache ihren festen Platz erobert hat. Wer nämlich sagt, er sei sich einer Sache »*sicher*«, der ist sich – scheinbar paradoxer Weise – seiner Sache eher sicher als derjenige, der erklärt, er sei sich der Sache »*sehr sicher*« oder »*äußerst sicher*«. Die verbale Bekräftigung schwächt den Bedeutungsgehalt des Bekenntnisses in Wahrheit eher. Wie weit die handelnde Verwaltung daher tatsächlich in ihrer Offenheit zu gehen hat, erschließt sich aus

Absatz 1 dieses Artikels nicht. Absatz 3 des Artikels ermächtigt die handelnden Organe dann bezeichnenderweise, konkretisierende Verordnungen zu erlassen, die das Recht eines jeden Unionsbürgers auf Zugang zu Dokumenten der Organe regeln. Jene Verordnungen werden durch kein Adjektiv aufgefordert, bürgerliche Informationsinteressen zu befördern. Mehr noch. Artikel 15 Absatz 3 AEUV stellt sogar weiter einschränkend klar:

> *»Dieser Absatz gilt für den Gerichtshof der Europäischen Union, die Europäische Zentralbank und die Europäische Investitionsbank nur dann, wenn sie Verwaltungsaufgaben wahrnehmen.«*

Immer dann also, wenn diese Organe der EU nicht *»verwaltend«* tätig werden – was immer das sei –, gilt für sie nicht der Grundsatz der Offenheit, sondern der Grundsatz der Verschlossenheit. Wiederum ist der Regelungsgehalt eines Vertragsartikels hierdurch faktisch in sein Gegenteil verkehrt.

Artikel 16 Absatz 2 AEUV

Während Artikel 15 – wie soeben gesehen – den Grundsatz der Offenheit für Behörden im Kernbereich des Handelns der EU in einen Grundsatz der Verschlossenheit umdeutet, widmet sich Artikel 16 AEUV, gleichsam aus gegenläufiger Blickrichtung, dem Schutz des Einzelnen hinsichtlich seiner personenbezogenen Daten. Was also beim Verwaltungshandeln der EU-Organe zunächst *»weitestgehend offen«* behandelt werden sollte, muss nun, zum Schutz des Einzelnen, wiederum verschwiegen werden und verschlossen bleiben. Artikel 16 Absatz 2 AEUV besagt:

> *»Das Europäische Parlament und der Rat erlassen … Vorschriften über den Schutz natürlicher Personen bei der Ver-*

arbeitung personenbezogener Daten durch die Organe, Einrichtungen und sonstigen Stellen der Union sowie durch die Mitgliedstaaten im Rahmen der Ausübung von Tätigkeiten, die in den Anwendungsbereich des Unionsrechtes fallen, und über den freien Datenverkehr. Die Einhaltung dieser Vorschriften wird von unabhängigen Behörden überwacht …«

Geschützt wird also sowohl der freie Datenverkehr als auch der Schutz natürlicher Personen bei der Verarbeitung personenbezogener Daten. Der verwaltete Bürger wird mit seinem Verwaltetsein offen publiziert und der Allgemeinheit zugänglich gemacht. Zugleich aber werden seine personenbezogenen Daten der Öffentlichkeit verborgen. Der Bürger wird gebadet. Aber er wird nicht nass gemacht. Damit dies gelingen kann, werden unabhängige Behörden eingesetzt. Wem gegenüber diese Unabhängigkeit allerdings besteht, verrät der Artikel nicht.

Nach dem traditionellen Rechtsverständnis in verfassungs- und verwaltungsrechtlichen Angelegenheiten würde sich der einer solchen Norm unterworfene Bürger sicher wünschen, dass diese Überwachungsbehörde wenigstens insoweit abhängig ist, als ihr Verwaltungstun auf eine demokratische Legitimation – und mithin auf das Volk als Wahlorgan – zurückgeführt werden könnte. Dies aber scheint, dem Wortlaut der Norm entsprechend, nicht der Fall und also nicht gewünscht zu sein.

Artikel 19 Absatz 1 AEUV

Nachdem Artikel 10 AEUV, wie gesehen, bereits die Zielrichtung vorgegeben hatte, Diskriminierungen »*zu bekämpfen*«, konkretisiert Artikel 19 Absatz 1 diesen Kampf gegen das Unterscheiden noch weiter:

»Unbeschadet der sonstigen Bestimmungen der Verträge kann der Rat im Rahmen der durch die Verträge auf die Union übertragenen Zuständigkeiten gemäß einem beson-

deren Gesetzgebungsverfahren und nach Zustimmung des Europäischen Parlaments einstimmig geeignete Vorkehrungen treffen, um Diskriminierungen aus Gründen des Geschlechts, der Rasse, der ethnischen Herkunft, der Religion oder der Weltanschauung, einer Behinderung, des Alters oder der sexuellen Ausrichtung zu bekämpfen.«

Die Befugnis, »*geeignete Vorkehrungen*« zu treffen, stellt – wie schon erläutert – für jeden Normgeber geradezu einen Blankoscheck dar, alles und jedes zu veranlassen, um das (tatsächlich oder nur angeblich) Angezielte zu erreichen. Nach dem Wortlaut dieser Vorschrift wäre demgemäß beispielsweise auch möglich, die Unterscheidung zwischen Religionen dadurch zu unterbinden, dass jedwedes religiöse Bekenntnis und jedwede religiöse Betätigung rundweg vollends verboten werden.

Fraglich erscheint in diesem Zusammenhang, ob die Verwendung des Begriffs von der »*Vorkehrung*« hier anstelle der sonst gerne verwendeten Begrifflichkeit einer »*Maßnahme*« bewusst gewählt worden sein könnte. Denn Vorkehrungen sind ihrem allgemeinen sprachlichen Verständnis folgend solche Aktivitäten, die den Eintritt eines bestimmten Zustandes schon von vornherein unterbinden, während Maßnahmen (auch) darauf gerichtet sein können, einen einmal eingetretenen Zustand im Nachhinein wieder zu beseitigen.

Mit anderen Worten: Die Befugnis, nicht nur allgemeine »*Maßnahmen*« zu treffen, sondern sogar irgendwelche geeigneten »*Vorkehrungen*« zu treffen, ermächtigt den Rat hier sogar, generell und umfassend präventiv tätig zu werden. Man mag sich nicht ausdenken, wer je in der Zukunft, auf diese Norm gestützt, auf die Idee kommen könnte, Diskriminierungen aus Gründen einer Behinderung schon präventiv dadurch vorkehrend zu unterbinden, dass eine Behinderung erst gar nicht eintritt.

Artikel 20 Absatz 1 AEUV

Schwimmvereine, Schützenbrüderschaften oder Automobilclubs vereinbaren bekanntermaßen gelegentlich für ihre Mitglieder deren zusätzliche Angehörigkeit zu einer weiteren Dachorganisation. Derartige Zusatzvereinbarungen ermöglichen dann – beispielsweise – Mitgliedern eines bestimmten Automobilclubs, bei gewissen Tankstellen hier und dort den einen oder anderen Vorteil in Anspruch zu nehmen.

Kaum anders ist das Verständnis der sogenannten Unionsbürgerschaft, die zur Staatsangehörigkeit eines jeden EU-Bürgers hinzutritt. Artikel 20 Absatz 1 besagt insoweit klarstellend:

> *»Es wird eine Unionsbürgerschaft eingeführt. Unionsbürger ist, wer die Staatsangehörigkeit eines Mitgliedstaates besitzt. Die Unionsbürgerschaft tritt zur nationalen Staatsbürgerschaft hinzu, ersetzt sie aber nicht.«*

Welchen Zusatzvorteil der dermaßen bereicherte Unionsbürger allerdings konkret hierdurch erhält, bleibt wiederum im Unbestimmten. Der Generalrichtung des Vertrages folgend, dass beinahe jede Norm sowohl das eine anordnet als auch sein exaktes Gegenteil, endet Absatz 2 dieses Artikels 20 dann wie folgt:

> *»Diese Rechte werden unter den Bedingungen und innerhalb der Grenzen ausgeübt, die in den Verträgen und durch die in Anwendung der Verträge erlassenen Maßnahmen festgelegt sind.«*

Ergibt sich also aus den Bedingungen der Verträge oder durch die dort bestimmten Grenzen oder aus sonstigen Maßnahmen in Anwendung jener Verträge, dass keine zusätzlichen Rechte durch die Unionsbürgerschaft gewährt werden, dann darf jeder Bürger sich glücklich schätzen, dass seine nationale Staatsbürgerschaft durch die Unionsbürgerschaft nicht ersetzt worden ist. Immerhin bleibt ihm in diesem Falle das Recht seiner Staatsbürgerschaft. Mit anderen Worten: Dem Unionsbürger wird ein zusätzliches Recht gewährt, sofern es ihm nur nicht gewährt werden sollte. Glücklich also, wer in diese Position gebracht wurde?

Artikel 21 Absatz 1 AEUV

Im alltäglichen Diskurs zur EU wird bei der Rechtfertigung aller denkbaren und undenkbaren Einschränkungen und Nachteile immer wieder auf zwei wesentliche Vorteile hingewiesen. Der eine Vorteil ist, dass der Urlauber beim Wechsel des Landes nicht sein Geld umzutauschen hat. Der andere ist, dass Reisen über die Grenzen nun anders als in der Vergangenheit ohne »*Schlagbäume*« möglich ist. Der freie Verkehr von Personen und Waren über alle Grenzen wird wie eine Monstranz vor dem Projekt der EU hergetragen.

Der genaue Wortlaut der einschlägigen Vorschrift aus Artikel 21 Absatz 1 AEUV muss jedoch ernüchtern:

> »*Jeder Unionsbürger hat das Recht, sich im Hoheitsgebiet der Mitgliedstaaten vorbehaltlich der in den Verträgen und in den Durchführungsvorschriften vorgesehenen Beschränkungen und Bedingungen frei zu bewegen und aufzuhalten.*«

Während der Gesetzestext also Bewegungsfreiheit und Aufenthaltsrecht zu garantieren scheint, ermächtigt er zugleich jeden sonstigen Normgeber innerhalb der EU, durch Verträge und Durchführungsvorschriften Bedingungen und Beschränkungen dieser Rechte zu formulieren, aus denen sich wiederum das exakte Gegenteil der vollmundigen Grundsatzbekundung ergibt. Auch hier also folgt das Regelwerk wieder dem bewährten Muster: Ein Recht wird gewährt, es sei denn, es wird nicht gewährt. Was, fragt sich der geneigte Leser, rechtfertigt den Aufwand solchen staatlichen und verwaltungsrechtlichen Handelns, wenn das Substrat des Aufwandes faktisch gegen null tendieren kann?

Artikel 26 AEUV

In strukturell identischer Weise wie das Recht der Personenfreizügigkeit wird die Freiheit des Warenverkehrs und der Dienstleistungen innerhalb des Gebietes der EU zugleich geregelt und nicht geregelt. Artikel 26 AEUV stellt klar:

> *»(1) Die Union erlässt die erforderlichen Maßnahmen, um nach Maßgabe der einschlägigen Bestimmungen der Verträge den Binnenmarkt zu verwirklichen bzw. dessen Funktionieren zu gewährleisten.*
>
> *(2) Der Binnenmarkt umfasst einen Raum ohne Binnengrenzen, indem der freie Verkehr von Waren, Personen, Dienstleistungen und Kapital gemäß den Bestimmungen der Verträge gewährleistet ist.*
>
> *(3) Der Rat legt auf Vorschlag der Kommission die Leitlinien und Bedingungen fest, die erforderlich sind, um in allen betroffenen Sektoren einen ausgewogenen Fortschritt zu gewährleisten.«*

Verwirklicht werden soll zunächst also *»der«* Binnenmarkt. Die Verwendung des bestimmten Artikels suggeriert, dass es nur einen Binnenmarkt geben könne. Die Vorstellung, ein Markt könne nach innen auch in verschiedenen Varianten geöffnet werden, wird hier nicht thematisiert. Die Rede ist nicht von einem Binnenmarkt, sondern von dem Binnenmarkt. Dieser soll nicht nur verwirklicht, sondern dann in seiner Funktion auch gewährleistet werden. Dies allerdings wiederum nur »*gemäß den Bestimmungen der Verträge*«. Inwieweit ein Verkehr von Waren, Personen, Dienstleistungen und Kapital noch »*frei*« ist, wenn diese Freiheit durch Bestimmungen anderweitiger Verträge konkretisiert werden muss, erschließt sich auch bei genauer Lektüre nicht.

Eher ist das genaue Gegenteil der Fall. Denn wenn der Rat »*Leitlinien und Bedingungen*« festzulegen hat, die – nach wessen Auffassung auch immer – »*erforderlich sind*«, um überall einen ausgewogenen Fortschritt zu gewährleisten, dann bleibt das Ideal der Freiheit dieses Marktverkehrs in weiter Ferne. Die Freiheit innerhalb eines Binnenmarktes reduziert sich somit auf ein inhaltsloses Lippenbekenntnis. Während die Marktteilnehmer selbst stets subsidiär und dezentral entscheiden, wer wann was zu welchem Preis erwirbt oder nicht erwirbt, müssen diejenigen, die nicht Marktteilnehmer, sondern gesteuerte Subjekte eines größeren Planzusammenhanges sind, innerhalb vorgegebener Grenzen und Bestimmungen handeln. Die Vorschrift des Artikels 26 AEUV erläutert nicht einmal konkret, was ein »*Sektor*« ist und wann er betroffen wäre.

Ungeklärt bleibt auch, was unter Fortschritt zu verstehen sein soll und wann dieser ausgewogen wäre. Dem Rat wird vielmehr durch die Vorschrift wiederum ein weiterer Blankoscheck erteilt, all das zu verfügen und zu bestimmen, was ihm »*erforderlich*« erscheint. Wenn aber nicht die Teilnehmer an einem Markt frei über die Bedingungen ihres Handelns entscheiden können, sondern wenn dies eine staatliche Institution – das EU-Organ »*Rat*« – bestimmt, so handelt es sich ersichtlich schon strukturell nicht um einen Markt, auch nicht um einen Binnenmarkt, sondern um eine gelenkte Wirtschaft.

Artikel 27 AEUV

Neben die Vielzahl der bereits zitierten Vorschriften, die allesamt sowohl eine bestimmte Position einnehmen als auch deren genaues Gegenteil bestimmen, tritt mit Artikel 27 AEUV eine Norm, die sich der Gestalt eines faktischen Regelungsvakuums schon fast vollständig annähert:

> *»Bei der Formulierung ihrer Vorschläge zur Verwirklichung der Ziele des Artikels 26 berücksichtigt die Kommission den Umfang der Anstrengungen, die einigen Volkswirtschaften mit unterschiedlichem Entwicklungsstand für die Errichtung des Binnenmarktes abverlangt werden, und kann geeignete Bestimmungen vorschlagen. Erhalten diese Bestimmungen die Form von Ausnahmeregelungen, so müssen sie vorübergehender Art sein und dürfen das Funktionieren des Binnenmarktes so wenig wie möglich stören.«*

Ginge es bei dieser Vorschrift nicht darum, die wirtschaftlichen Bedingungen für den Zusammenhalt und das Zusammenleben von mehreren Hundert Millionen Menschen in Zentraleuropa zu organisieren, sondern beispielsweise darum, Regeln für die Wahl eines Urlaubsortes innerhalb einer Familie festzulegen, würde die Vorschrift lauten:

> *»Bei der Formulierung ihrer Vorschläge zur Verwirklichung des Urlaubsziels berücksichtigen die Eltern den Umfang der Anstrengungen, die einigen Kindern mit unterschiedlichem Alter für die Teilnahme an dem Urlaub abverlangt werden, und können hierzu geeignete Bestimmungen vorschlagen. Erhalten diese Bestimmungen die Form von Ausnahmen, so müssen sie vorübergehend sein und dürfen die Durchführung des Erholungsurlaubes so wenig wie möglich stören.«*

Dass den Eltern in dieser Paraphrasierung das Recht eingeräumt wird, bei der Formulierung ihrer Vorschläge geeignete Bestimmungen vorzuschlagen, mag erst auf einen zweiten Blick deutlich werden. Ein dritter Blick allerdings führt dann auch zu der Erkenntnis: Welche Urlaubsziele überhaupt angestrebt werden, bleibt – wegen der Verweisung auf Artikel 26 – im Unbestimmten. Denn die Eltern hätten hierzu wiederum Bedingungen festzulegen gehabt, derer es nach ihrer Auffassung bedurfte, um in allen betroffenen Urlaubsbereichen einen ausgewogenen Erholungsfortschritt zu gewährleisten. Es bedarf keiner weiteren Erörterung, dass die Urlaubsplanung einer solchen Familie schwerlich zu einem zeitnahen Urlaubsantritt führen kann. Eine Rückübertragung der durch diesen Exkurs gewonnenen Erkenntnisse auf den unmittelbaren eigenen Anwendungsbereich der Vorschrift erübrigt sich.

Artikel 32 lit. c) AEUV

Nach Artikel 32 AEUV hat die Kommission von gewissen Gesichtspunkten auszugehen. Buchstabe c) konkretisiert einen dieser Gesichtspunkte als den

> *»Versorgungsbedarf der Union an Rohstoffen und Halbfertigwaren; hierbei achtet die Kommission darauf, zwischen den Mitgliedstaaten die Wettbewerbsbedingungen für Fertigwaren nicht zu verfälschen«.*

Grundlage der Norm ist also das Verständnis, dass einzelne Mitgliedstaaten der Union einen bestimmten Versorgungsbedarf mit Rohstoffen und Halbfertigwaren haben. Die Versorgung der Mitgliedstaaten mit solchen Rohstoffen und Halbfertigwaren darf jedoch nur in dem Maße gelingen (bzw. erlaubt werden), als hierdurch nicht Wettbewerbsbedingungen zwischen den Mitgliedstaaten für Fertigwaren verfälscht würden. Wie aber, muss sich der Leser fragen, kann der Wettbewerb für Fertigwaren zwischen Mitgliedstaaten unverfälscht bleiben, wenn alle Mitgliedstaaten – in gleicher Weise – mit Rohstoffen und Halbfertigwaren versorgt werden?

Die besten – und gleichen – Wettbewerbsbedingungen für Wettbewerbsteilnehmer bestehen stets dann, wenn in ihren Wettbewerb nicht von hoher Hand intervenierend eingegriffen wird. Wird der Wettbewerb zwischen Wettbewerbsteilnehmern nicht durch Steuern behindert oder durch Beihilfen künstlich erleichtert, dann fügen sich alle Wettbewerbsteilnehmer in den tatsächlichen Handlungsrahmen ein, der ihnen durch ihren Ort und ihre Lage natürlich vorgegeben ist. Österreichische Wettbewerbsteilnehmer sehen aus diesem Grunde von vornherein davon ab, Hochseefischerei zu betreiben. Dänische Wettbewerbsteilnehmer kommen nicht auf die Idee, Hölzer in alpinen Regionen zu roden.

Nur dann, wenn in Südspanien durch Beihilfezuweisungen künstliche Sumpfgebiete erschaffen werden, können Wettbewerbsteilnehmer dort den Gedanken entwickeln, beispielsweise mit belgischen Sumpfanrainern um die Herstellung bestimmter Produkte zu wetteifern. Die Verfälschung der Wettbewerbsbedingungen erfolgt auf diesem Wege durch den zuvor staatlichen Subventionseingriff. Ohne staatliche Beihilfen wäre der Wettbewerb nicht verfälscht worden, da er überhaupt nicht entstanden wäre.

Ist ein solcher Wettbewerb aber einmal (künstlich) begründet worden, so besteht anschließend auf Dauer Anlass, diese künstlich geschaffenen Wettbewerbsbedingungen nicht wieder in dem Sinne zu verfälschen, dass sie in einen natürlichen Grundzustand zurückfänden. Dies rechtfertigt dann die Annahme eines Versorgungsbedarfes südspanischer Sumpfbauern mit Wasser als Rohstoff. Innerhalb ein und derselben Norm kollidieren daher erkennbar zwei grundsätzlich gegensätzliche Ökonomieverständnisse. Während einerseits dargelegt wird, Wettbewerb dürfe nicht verfälscht werden, wird andererseits konstatiert, die Versorgung der jeweiligen Gebiete mit Rohstoffen müsse als Gesichtspunkt in die Aufgabenerfüllung der Kommission einbezogen werden. Ein natürlicher Zustand soll also künstlich herbeigeführt werden bzw.

ein künstlicher Zustand soll in seiner Natürlichkeit aufrechterhalten werden. Ein regulatorisches Paradox!

Artikel 32 lit. d) AEUV

Ein weiterer Gesichtspunkt, den Artikel 32 AEUV unter seinem Buchstaben d) nennt, lautet auf die

> »... *Notwendigkeit, ernsthafte Störungen im Wirtschaftsleben der Mitgliedstaaten zu vermeiden und eine rationelle Entwicklung der Erzeugung sowie eine Ausweitung des Verbrauchs innerhalb der Union zu gewährleisten*«.

Inwieweit eine Erzeugung »*rationell entwickelt*« werden kann, wenn – wie vorstehend beschrieben – Steuer- und Subventionseingriffe notwendig sind, um bestimmte Wettbewerbe regional in gewissen Sektoren überhaupt zustande kommen zu lassen, erschließt sich nicht. Eine rationelle Erzeugung besteht nun einmal ökonomisch darin, dass Österreicher, wie gesagt, prinzipiell eher Bergwirtschaft betreiben und Dänen eher Fischerei. Dies allein führt zu einer rationellen Entwicklung der Erzeugung ihrer Produkte. Kommt es hingegen zu politisch motivierten Manipulationen an der Versorgung unterschiedlicher Regionen mit Rohstoffen und Halbfertigwaren, so wird diese Rationalität gestört. Wiederum treten die Ökonomieverständnisse von Markt einerseits und Plan andererseits in unverständlichen Widerstreit.

Bezeichnenderweise thematisiert Artikel 32 AEUV im Rahmen einer »*rationellen Entwicklung der Erzeugung*« nicht das – seinerseits gegenläufige – Prinzip einer »*umsichtigen und rationellen Verwendung der natürlichen Ressourcen*«, wie es später in Artikel 191 AEUV angesprochen ist. Wird aber »*eine Ausweitung des Verbrauchs innerhalb der Union*« gewährleistet, wie Artikel 32 d) AEUV es wünscht, dann werden natürliche Ressourcen – jedenfalls weltweit – kaum geschont. Denn das

Verbot, einen bestimmten Rohstoff oder eine bestimmte Halbfertigware kurzerhand über eine Außengrenze der EU in einen Randbereich der EU zu importieren, statt dieselben Rohstoffe und Halbfertigwaren alternativ einmal quer durch das gesamte Gebiet der EU zu transportieren, würde natürliche Ressourcen an dieser Stelle sicher eher schonen. Den planwirtschaftlichen Vorgaben der EU wird an dieser Stelle ersichtlich der Vorrang gegeben gegenüber der Bekämpfung »*globaler Umweltprobleme*«, auf die gesondert zurückzukommen sein wird.

Artikel 36 AEUV

Die Schwierigkeiten des europäischen Normgebers, den Begriff der »*Diskriminierung*« zutreffend zu erfassen und regulatorisch einzusetzen, war bereits anderer Stelle thematisiert worden. Im Rahmen des Kapitels über das »*Verbot von mengenmäßigen Beschränkungen zwischen den Mitgliedstaaten*« wird diese Problematik erneut und verschärft offenbar. Artikel 36 AEUV besagt:

> *»Die Bestimmungen der Artikel 34 und 35 stehen Einfuhr-, Ausfuhr- und Durchfuhrverboten oder -beschränkungen nicht entgegen, die aus Gründen der öffentlichen Sittlichkeit, Ordnung und Sicherheit, zum Schutze der Gesundheit und des Lebens von Menschen, Tieren oder Pflanzen, des nationalen Kulturguts von künstlerischem, geschichtlichem oder archäologischem Wert oder des gewerblichen und kommerziellen Eigentums gerechtfertigt sind. Diese Verbote oder Beschränkungen dürfen jedoch weder ein Mittel zur willkürlichen Diskriminierung noch eine verschleierte Beschränkung des Handels zwischen den Mitgliedstaaten darstellen.«*

Während also die dort genannten Artikel 34 und 35 AEUV Einfuhr- und Ausfuhrbeschränkungen zwischen den Mitgliedstaaten verbieten, erlaubt Artikel 36 derartige Beschränkungen in bestimmten Ausmaßen. Der schwankende Gang des Normgebers zwischen dem Erlauben einerseits und dem Verbieten andererseits wiederholt sich hier quer durch alle drei Vertragsartikel. Es dominiert jedoch die Verbotsregelung, dass die Einschränkungen kein Mittel »*zur willkürlichen Diskriminierung*« sein dürfen. Dies wirft die Frage auf: Was ist eine willkürliche Diskriminierung?

Versteht man Diskriminierung nicht – wie dargelegt – als Benachteiligung oder Beleidigung, sondern schlicht als das, was sie ist, nämlich als Unterscheidung, dann bedarf der Klärung, wann eine Unterscheidung willkürlich und wann sie unwillkürlich (oder nicht willkürlich) vorgenommen wird.

Unterscheidet eine Instanz A Herrn M und Frau F nach dem Maßstab ihres biologischen Geschlechtes, dann liegt die Differenzierung nicht im Kopfe der diskriminierenden Instanz A, sondern in dem natürlichen Unterschied zwischen M und F.

Gesteht man hingegen der Instanz A zu subjektiv, ein gänzlich anderes Unterscheidungskriterium zu wählen, also beispielsweise das der Körperschönheit, so kann A seine Unterscheidung (also seine Diskriminierung) dergestalt vornehmen, dass A schlichtweg sagt: Importeure bis zu einer Körpergröße von 170 cm dürfen ihr Importgut importieren. Importeure über einer Körpergröße von 170 cm dürfen es nicht. In diesem Falle wäre die Unterscheidung dann willkürlich vorgenommen, wenn die Instanz A das diskriminierende Kriterium (Schönheit und Größe) selbst frei festlegen kann.

Konkrete Vorgaben des AEUV dazu, welche Diskriminierung legitim vorgenommen werden darf oder welche nicht, fehlen in der Vorschrift aber im Wesentlichen. Denn was »*die Gesundheit*« (wessen?) schützt und was nicht, bleibt im Unklaren. Ebenso unbestimmt ist, wer festlegt, ob ein Kulturgut von geschichtlichem oder archäologischem Wert sei. Kurz: Die Norm wirft weit mehr Fragen auf, als sie beantwortet.

Artikel 38 ff. AEUV

Die schon beschriebene Uneinigkeit der Vertragsverfasser zwischen ihrem maßgeblichen Ökonomieverständnis – Markt der Bürger oder Plan der Regierenden – führt im Kontext des Vertragstitels über »*die Landwirtschaft und die Fischerei*« zu vollends terminologischer Widersprüchlichkeit. Artikel 39 Absatz 1a) besagt:

> »*Ziel der gemeinsamen Agrarpolitik ist es, die Produktivität der Landwirtschaft durch Förderung des technischen Fortschritts, Rationalisierung der landwirtschaftlichen Erzeugung und den bestmöglichen Einsatz der Produktionsfaktoren, insbesondere der Arbeitskräfte, zu steigern.*«

Artikel 39 Absatz 1 Buchstabe c) hingegen lautet:

> »*Ziel der gemeinsamen Agrarpolitik ist es, die Märkte zu stabilisieren.*«

Wird aber die Produktivität eines Wirtschaftszweiges durch Förderung des technischen Fortschritts gesteigert und damit landwirtschaftliche Erzeugung rationalisiert, dann fallen zwangsläufig – geradezu logisch – Arbeitsplätze fort. Der Fortfall von Arbeitsplätzen hingegen stabilisiert einen Markt nicht, sondern er führt zum Erfordernis seiner Neuordnung. Insbesondere der angezielte »*bestmögliche Einsatz der Produktionsfaktoren*« erfordert insoweit eine stetige Neujustierung des Marktgeschehens. Eine derartige Neujustierung durch Produktivitätssteigerung destabilisiert aber auch vorgefundene Strukturen. Mit anderen Worten: Buchstabe a) des Artikels 39 Absatz 1 AEUV besagt bei genauer Betrachtung das genaue Gegenteil von Buchstabe c) des Artikels 39 Absatz 1 AEUV.

Nach Artikel 40 Absatz 1 sollen die Ziele des Artikels 39 dadurch erreicht werden, dass eine gemeinsame Organisation der Agrarmärkte geschaffen wird. Diese erfordere eine »*bindende Koordinierung der verschiedenen einzelnen staatlichen Marktordnungen*« (Artikel 40 Absatz 1 Buchstabe b AEUV). Das Element des Bindens tendiert daher wieder zur Stabilisierung, was einer Rationalisierung der Erzeugung zuwiderläuft. Damit nicht genug. Nach Artikel 42 AEUV kann der Rat auf Vorschlag der Kommission genehmigen, »*dass Beihilfen gewährt werden zum Schutz von Betrieben, die durch strukturelle oder naturgegebene Bedingungen benachteiligt sind, oder im Rahmen wirtschaftlicher Entwicklungsprogramme*«. Wie diese sämtlichen einander entgegenlaufenden und widerstreitenden Prinzipien gleichzeitig verwirklicht werden sollen, erschließt sich bei detaillierter Betrachtung des Regelwerkes nicht. Möglicherweise hat der europäische Normgeber in der Vorstellung gelebt, durch folgende zusätzliche Staatsaufgabe jene Quadratur des Kreises zu erreichen: Um die Ziele des Artikel 39 AEUV zu verwirklichen, kann nach Artikel 41 AEUV etwas Weiteres vorgesehen werden, nämlich

> »*... eine wirksame Koordinierung der Bestrebungen auf dem Gebiet der Berufsausbildung, der Forschung und der Verbreitung landwirtschaftlicher Fachkenntnisse*«.

Ob hier wohl die Vorstellung geherrscht hat, dass durch Verbreitung und Verbreiterung landwirtschaftlicher Fachkenntnisse sowohl landwirtschaftliche Erzeugung zu rationalisieren als auch Märkte stabil zu halten?

(17.) Artikel 45 AEUV

Nicht nur Bürger dürfen sich frei bewegen und aufhalten (Artikel 21 AEUV), sofern nicht an anderer Stelle etwas anderes geregelt ist, sondern auch Waren dürfen innerhalb des Binnenmarktes frei transportiert werden (Artikel 26 AEUV), es sei denn, an anderer Stelle ist das Gegenteil geregelt. In diesem Kontext kann nicht erstaunen, dass für die Freizügigkeit der Arbeitnehmer innerhalb der EU dieselben – paradoxen – Anordnungen getroffen worden sind. Artikel 45 AEUV besagt:

> *»Innerhalb der Union ist die Freizügigkeit der Arbeitnehmer gewährleistet. … Sie gibt – vorbehaltlich der aus Gründen der öffentlichen Ordnung, Sicherheit und Gesundheit gerechtfertigten Beschränkungen – den Arbeitnehmern das Recht, (a) sich um tatsächlich angebotene Stellen zu bewerben; (b) sich zu diesem Zweck im Hoheitsgebiet der Mitgliedstaaten zu bewegen; (c) sich in einem Mitgliedstaat aufzuhalten, um dort nach den für die Arbeitnehmer dieses Staates geltenden Rechts- und Verwaltungsvorschriften eine Beschäftigung auszuüben; (d) nach Beendigung einer Beschäftigung im Hoheitsgebiet eines Mitgliedstaates unter Bedingungen zu verbleiben, welche die Kommission durch Verordnungen festlegt.«*

Versteht man »*öffentliche Ordnung, Sicherheit und Gesundheit*« im Sinne dieser Vertragsklausel als eine Regelung, die es einzelnen Nationalstaaten ermöglicht, zur Aufrechterhaltung der eigenen Beschäftigungspolitik, der eigenen Wirtschaftspolitik, der eigenen Sozialpolitik, einer eigenen Währungspolitik oder aller sonstigen die öffentliche Ordnung und Sicherheit aufrechterhaltenden Gebiete Einwendungen gegen die Freizügigkeit der Arbeitskräfte geltend zu machen, reduziert sich die Gewährleistung einer Freizügigkeit von Arbeitnehmern innerhalb der Union auf ein weiteres faktisches Regelungsvakuum. Der Arbeitnehmer hat das Recht, sich frei innerhalb der Europäischen Union zu bewegen, es sei denn, dieses Recht wird ihm durch anderweitige Regelung nicht gewährt.

Artikel 53 AEUV

Obwohl es in unseren sozialversicherten Zeiten immer seltener geworden ist, den eigenen Lebensunterhalt nicht abhängig beschäftigt, sondern als selbstständiger Unternehmer zu bestreiten, gibt es diesen Typus des Mitmenschen doch immer noch. Der Selbstständige ist kein Arbeitnehmer. Arbeitnehmerfreizügigkeit innerhalb der EU nützt ihm für sein berufliches Handeln daher nicht. Folgerichtig sah sich der Normgeber des Vertrages über die Arbeitsweise der Europäischen Union veranlasst, auch zu dieser Minderheit der Berufstätigen gesonderte Regelungen zu schaffen. Zu einem Verständnis, dass ein Selbstständiger allerdings den Ort und die Bedingungen seiner Selbstständigkeit selbstständig auswählen und selbstständig gestalten könne, mochte sich der Vertrag nicht hinreißen lassen. Einerseits proklamiert der Vertrag daher die Erleichterung selbstständigen Handelns, andererseits will er – gemeinsam mit den Regelungsgebern der Mitgliedstaaten – selbstständiges unternehmerisches Handeln kontrollieren. Artikel 53 AEUV stellt klar:

> *»(1) Um die Aufnahme und Ausübung selbstständiger Tätigkeiten zu erleichtern, erlassen das Europäische Parlament und der Rat gemäß dem ordentlichen Gesetzgebungsverfahren Richtlinien für die gegenseitige Anerkennung der Diplome, Prüfungszeugnisse und sonstigen Befähigungsnachweise sowie für die Koordinierung der Rechts- und Verwaltungsvorschriften der Mitgliedstaaten über die Aufnahme und Ausübung selbstständiger Tätigkeiten.*
>
> *(2) Die schrittweise Aufhebung der Beschränkungen für die ärztlichen, arztähnlichen und pharmazeutischen Berufe setzt die Koordinierung der Bedingungen für die Ausübung dieser Berufe in den einzelnen Mitgliedstaaten voraus.«*

Die Vorstellung, selbstständiges Tätigwerden könne am besten dadurch erleichtert werden, dass man den selbstständig tätigen Unternehmern schlicht erlaubt, den von ihnen selbst gewählten Tätigkeiten frei nachzugehen, scheint dem Vertrag fremd zu sein. Zur Erleichterung werden also Richtlinien für erforderlich erachtet. Bestehende Beschränkungen im ärztlichen und arztähnlichen (zahnärztlichen) bzw. pharmazeutischen Beruf sollen auch nicht zügig, sondern lediglich »*schrittweise*« aufgehoben werden. Die Zielstellung ist klar: Der steuernde Gesetzgeber ist bemüht und interessiert, unter allen Umständen die Kontrolle über die Abläufe zu behalten. In diesen Kontext fügt sich auch Artikel 59 AEUV:

> »*(1) Das Europäische Parlament und der Rat erlassen gemäß dem ordentlichen Gesetzgebungsverfahren und nach Anhörung des Wirtschafts- und Sozialausschusses Richtlinien zur Liberalisierung einer bestimmten Dienstleistung.*
>
> *(2) Bei den in Absatz 1 genannten Richtlinien sind im Allgemeinen mit Vorrang diejenigen Dienstleistungen zu berücksichtigen, welche die Produktionskosten unmittelbar beeinflussen oder deren Liberalisierung zur Förderung des Warenverkehrs beiträgt.*«

Die Befreiung des Selbstständigen von Regelungen kann demgemäß nur durch Regelungen – in Gestalt von Richtlinien – erfolgen. Die bloße Aufhebung einer Regel scheint in diesen Vorstellungswelten des Normgebers schlechterdings undenkbar. Mit dem schon thematisierten allgemeinen Anspruch, Ungleichheiten zu beseitigen, kollidiert die weitere Regel, vorrangig seien diejenigen Dienstleistungen zu liberalisieren, welche die Produktionskosten beeinflussen. Wessen Produktionskosten wie beeinflusst werden, sagt die Norm nicht. Auch hier dominiert das Unbestimmte. Diese Unkonkretheit wird noch gesteigert durch Artikel 60 AEUV:

»Die Mitgliedstaaten bemühen sich, über das Ausmaß der Liberalisierung der Dienstleistungen, zu dem sie aufgrund der Richtlinie gemäß Artikel 59 Absatz 1 verpflichtet sind, hinauszugehen, falls ihre wirtschaftliche Gesamtlage und die Lage des betreffenden Wirtschaftszweiges dies zulassen. Die Kommission richtet entsprechende Empfehlungen an die betreffenden Staaten.«

Einerseits scheint also (mit Artikel 50 AEUV) eine Liberalisierung etwas Gutes zu sein, das durch entsprechende Richtlinien gefördert und verstärkt werden soll. Andererseits gesteht Artikel 60 AEUV zugleich wieder zu, dass jene Normen, mit denen die Beschränkungsaufhebungen durchgesetzt werden sollen, von vornherein als nicht so hinlänglich betrachtet werden, als dass sie eine tatsächliche Liberalisierung der selbstständigen Tätigkeit erwarten ließen.

Den Mitgliedstaaten wird zugestanden, dass hinreichend sei, wenn sie sich *»bemühen«*, weitere Liberalisierungen für Unternehmer herbeizuführen. Worin genau diese Bemühungen bestehen sollen, bleibt allerdings wiederum offen. Ebenfalls ungeklärt ist, wann eine wirtschaftliche Gesamtlage dies zulassen könnte. Auch hier also gilt: Es gibt Normen, die so unbestimmt sind, dass man sich fragt, warum sie überhaupt formuliert wurden. Wesentlich kürzer wäre die Anordnung gewesen, die Aufnahme und Ausübung selbstständiger Tätigkeiten dadurch zu erleichtern, dass man sie schlicht nach Maßgabe der Bürgerwünsche (also *»der Märkte«*) gestattet!

Artikel 63 ff.) AEUV

Mit Artikel 63 AEUV wird ein weiterer regulatorischer Höhepunkt des europäischen Gesetzgebers erreicht:

> »*(1) Im Rahmen der Bestimmungen dieses Kapitels sind alle Beschränkungen des Kapitalverkehrs zwischen den Mitgliedstaaten sowie zwischen den Mitgliedstaaten und dritten Ländern verboten.*
>
> *(2) Im Rahmen der Bestimmungen dieses Kapitels sind alle Beschränkungen des Zahlungsverkehrs zwischen den Mitgliedstaaten sowie zwischen den Mitgliedstaaten und dritten Ländern verboten.*«

Die Beschränkungen des Kapital- und Zahlungsverkehrs werden also aufgehoben – leider aber nur »*im Rahmen der Bestimmungen dieses Kapitels*«. Im Gegensatz zu diesem erneuten Lippenbekenntnis erlaubt dann Artikel 65 Absatz 1 Buchstabe b) den Mitgliedstaaten nach innen praktisch jedwede Maßnahme gegen freien Kapital- und Zahlungsverkehr:

> »*Artikel 63 berührt nicht das Recht der Mitgliedstaaten, … die unerlässlichen Maßnahmen zu treffen, um Zuwiderhandlungen gegen innerstaatliche Rechts- und Verwaltungsvorschriften, insbesondere auf dem Gebiet des Steuerrechts und der Aufsicht über Finanzinstitute, zu verhindern, sowie Meldeverfahren für den Kapitalverkehr zwecks administrativer oder statistischer Informationen vorzusehen oder Maßnahmen zu ergreifen, die aus Gründen der öffentlichen Ordnung oder Sicherheit gerechtfertigt sind.*«

Auch hier wieder bedarf es keinerlei Fantasie, um zu erkennen, wie leicht es nationalen Gesetzgebern gemacht wird, aus – tatsächlichen oder nur vorgeschützten – Bedürfnissen nach »*statistischer Information*« alle nur denkbaren Beschränkungen, Einschränkungen oder Regularien einzuführen, die dem freien Kapital- und Zahlungsverkehr entgegenstehen.

In Zeiten, in denen die Gemeinschaftswährung nahezu ununterbrochen »*gerettet*« werden muss, um nicht aufgrund ihrer eigenen Konstruktion zu implodieren, hat jeder auch nur mittelmäßig begabte Gesetzgeber jederzeit hinlänglich die Möglichkeit, beliebige Gründe der öffentlichen Ordnung und Sicherheit anzuführen, die ihm das Konterkarieren dieser vertragsrechtlichen Freiheitsregeln ohne Weiteres und in weitestem Umfang ermöglichen.

Zum Zeitpunkt der Abfassung des Vertrages über die Arbeitsweise der Europäischen Union war den vertragschließenden Parteien augenscheinlich auch bestens bewusst, welche Schwierigkeiten sich in der Folgezeit in wirtschaftlicher und finanzpolitischer Hinsicht im Verkehr mit Drittländern ergeben würden. Artikel 66 AEUV stellt klar:

> *»Falls Kapitalbewegungen nach oder aus dritten Ländern unter außergewöhnlichen Umständen das Funktionieren der Wirtschafts- und Währungsunion schwerwiegend stören oder zu stören drohen, kann der Rat auf Vorschlag der Kommission und nach Anhörung der Europäischen Zentralbank gegenüber dritten Ländern Schutzmaßnahmen mit einer Geltungsdauer von höchstens 6 Monaten treffen, wenn diese unbedingt erforderlich sind.«*

Wie leicht es ist, »*außergewöhnliche Umstände*« anzunehmen, die zwar noch nicht zu einer Störung geführt haben, aber eine Störung als drohend zu bezeichnen, hat die Argumentation im Zusammenhang mit dem Ausnahme- und Notstandsrecht aus Artikel 122 AEUV vorstehend bereits deutlich erwiesen. Je enger Volkswirtschaften aneinanderrücken und miteinander verflochten werden, je zentraler ihre verstärkte Zusammenarbeit organisiert ist und je weniger Ausweichmöglichkeiten die Marktteilnehmer durch eine gemeinsame Währung haben, desto schneller und desto eher können sich auch mittelschwere Störungen bald – sogenannt »*systemrelevant*« – als schwerwiegende Störungsdrohung darstellen (oder nur darstellen lassen), was das Einfrieren von »*Kapitalbewegungen*« legitimiert. Kurz: Die Breite der Ermächtigungsmöglichkeiten, den freien Kapital- und Zahlungsverkehr einzuschränken, konterkariert dessen grundsätzliche Freiheit fast vollständig.

Artikel 67 AEUV

Ihrem zentralen Selbstverständnis nach will die EU ein »*Raum der Freiheit, der Sicherheit und des Rechts*« sein. Artikel 67 Absatz 1 AEUV formuliert:

> »*Die Union bildet einen Raum der Freiheit, der Sicherheit und des Rechts, in dem die Grundrechte und die verschiedenen Rechtsordnungen und -traditionen der Mitgliedstaaten geachtet werden.*«

Nach Absatz 3 desselben Artikels ist angestrebt, den Bürgern ein »*hohes Maß an Sicherheit zu gewährleisten*« und ihnen »*den Zugang zum Recht*« zu erleichtern.

Jenes betonte Abstellen auf »*das Recht*« müsste jedoch – insgesamt gesehen – bedeuten, dass das Recht auch in den übrigen Kontexten der EU eine ihm zukommende, gewichtige Rolle spielt.

Üblicherweise gelten Grundrechte, Gewaltenteilung, Vorrang von Verfassung und Gesetzen, Rechtsschutz gegen öffentliche Gewalt durch gesetzliches Gehör und Anspruch auf gesetzliche Richter zum Kerngehalt eines elementar konkretisierten Rechtsstaates. Ebenfalls Teil des Rechtsstaatsprinzips ist, dass Staatsgewalten an Normen gebunden sind. Genau dies jedoch kann – wie ein erstes Zwischenresümee hier unschwer erweist – allenfalls mühevoll erkannt werden.

Rechtsnormen, die mit gleichsam unendlich auslegbaren Begriffen arbeiten, unbestimmte Rechtsbegriffe in Massen verwenden, Ausnahmetatbestände formulieren, welche die zuvor aufgestellten Grundsätze vollständig aushöhlen – all dies lässt sich mit Rechtsstaatlichkeit kaum vereinbaren.

Folgerichtig ist der Bürger auch in seiner Rechtssicherheit betroffen, wenn er glaubt, sich auf Regelungen verlassen zu dürfen, dann jedoch – schlimmstenfalls durch Ausnahmetatbestände – eines wenn nicht besseren, so doch jedenfalls anderen belehrt wird.

Auch die in Artikel 67 Absatz 1 AEUV angesprochene »*Freiheit*« macht bei genauer Betrachtung einen nicht allzu großen Raum aus, den die Union bilden möchte. Denn wenn alles und jedes, sogar die Aufnahme und Ausübung selbstständiger Tätigkeiten, durch Normen, Richtlinien und sonstige Maßnahmen eingeschränkt sind oder eingeschränkt werden können, so muss doch die Freiheit, die genossen werden darf, erheblich leiden. Nach allem kann nicht erstaunen, wenn auch die Regelung über den erleichterten »*Zugang zum Recht*« aus Artikel 67 Absatz 4 AEUV wiederum merkwürdig formuliert ist. Denn der Artikel sagt nicht, für wen der Zugang zum Recht erleichtert ist. Jedenfalls lässt sich aus der Norm nicht herauslesen, dass der Bürger eine derartige Erleichterung erfahren sollte oder wie er sie je konkret für sich beanspruchen könnte.

Artikel 75 AEUV

Seit einigen Jahren imponieren auf den Flughäfen unserer Länder beeindruckende Plakate, die auf einen eigenwilligen Zusammenhang hinweisen: Der Transport von Bargeldbeständen in Höhe von mehr als 10.000 Euro indiziert – diesen Plakaten zufolge – stets die unmittelbare Gefahr der Terrorismusfinanzierung.

Ob es allerdings tatsächlich primär potenzielle Terroristen sind, die derartige Bargeldbestände über Grenzen der EU transportieren, wird man mit guten Gründen bezweifeln dürfen. Eher liegt nahe, dass derart exzessive Terrorfurcht von interessierter Seite vorgeschützt wird, um nicht den Argumentationsaufwand für statistische Informationen im Sinne des Artikel 65 Absatz 1 AEUV betreiben zu müssen. Kurz: Wer behauptet, Terror zu fürchten, der kann leicht und einfach Kapitalströme kontrollieren. Seine Rechtfertigung findet er in Artikel 75 AEUV, dessen beeindruckende Formulierung lautet:

> *»Sofern dies notwendig ist, um die Ziele des Artikels 67 in Bezug auf die Verhütung und Bekämpfung von Terrorismus und damit verbundene Aktivitäten zu verwirklichen, schaffen das Europäische Parlament und der Rat gemäß dem ordentlichen Gesetzgebungsverfahren durch Verordnungen im Rahmen für Verwaltungsmaßnahmen in Bezug auf Kapitalbewegungen und Zahlungen, wozu das Einfrieren von Geldern, finanziellen Vermögenswerten oder wirtschaftlichen Erträgen gehören kann, deren Eigentümer oder Besitzer natürliche oder juristische Personen, Gruppierungen oder nichtstaatliche Einheiten sind.«*

Man kann sich des Eindrucks nicht erwehren, dass der Normgeber Geld und dessen Bewegung prinzipiell in den Kontext terroristischer Aktivitäten rückt. Interessant in diesem Zusammenhang ist ebenfalls, dass das Einfrieren von Geldern nach dieser Bestimmung nur dann möglich ist, wenn deren Eigentümer oder Besitzer eine – so wörtlich – »*nichtstaatliche Einheit*« ist. Finanzielle Vermögenswerte staatlicher Einheiten begründen nach diesem Verständnis offenbar nicht die Gefahr terroristischer Maßnahmen. Eine dahingehende Formulierung lässt sich allenfalls dadurch erklären, dass entweder Terror begrifflich nur privat ausgeübt werden kann oder aber der Gedanke vorgeherrscht hat, von Staaten könne Terror ohnehin nicht ausgehen. Ein anderer Grund für die dahingehende Diskriminierung nichtstaatlicher Einheiten wird nicht genannt und ist im Übrigen auch wohl nicht ersichtlich.

Der wahre Grund für die Kontrolle von Bargeldströmen über einem Betrag von 10.000 Euro liegt an ganz anderer Stelle. Wenn nämlich – wie dargestellt – ein Bargeldbetrag von 10.000 Euro als Grundstock einer Giralgeldschöpfung durch Geschäftsbanken bei einer Mindestreserve von einem Prozent eine zusätzliche Geldschöpfung von 10.000.000 Euro ermöglicht, dann bedeutet jeder Tourist mit einem derartigen Bargeldbestand einen Wechsel von 10.000.000 Euro über die Grenze von einem Land in das andere. Würde man einem Bürger erlauben, ungesehen 100.000 Euro Bargeld über eine Grenze zu transportieren, so wäre damit gleich ein Wechsel von Kaufkraft in Höhe von 100.000.000 Euro ermöglicht. Dass derartige Kapitalströme einen planwirtschaftlichen Kontext bald empfindlich aus der Balance bringen können, bedarf keiner weiteren Erläuterung. In der Gesamtschau jedenfalls wird die Angst vor dem Terror in gänzlich anderer Gestalt konkret: Befürchtet wird nicht die Finanzierung eines Anschlages mit Waffen, sondern viel konkreter ist die Sorge vor einem Angriff mit Kaufkraft.

Exkurs: Ein Kosmos merkwürdiger Adjektive

Aus Gründen, die sich jedenfalls aus dem unmittelbaren Gesetzestext nicht von sich erschließen, neigt der Europäische Verfassungsgeber dazu, immer wieder Adjektive in seine Normtexte aufzunehmen, die den Bedeutungsgehalt seiner Vorschriften äußerst eigenwillig modifizieren.

Nach Artikel 77 Absatz 1 AEUV soll das Grenzschutzsystem der EU an ihren Außengrenzen nicht einfach ein Grenzschutzsystem sein. Ziel ist, ein »*integriertes*« Grenzschutzsystem einzuführen. Worin genau diese Integration bestehen soll, sagt die Norm nicht. Jede Erläuterung des Adjektives fehlt. Der jeweilige Normanwender kann das zu errichtende Grenzschutzsystem demgemäß in jeder beliebigen Weise modifizieren, solange er nur begründen kann, dass jene Modifikation zu einer wie auch immer gearteten Integration führt. Möglicherweise – aber nicht zwingend – dient jenes integrative Moment der Grenzschutzsicherung auch der »*Steuerung der Migrationsströme*« an den Außengrenzen der EU. Denn diese Steuerung muss nach Artikel 79 Absatz 1 AEUV nicht nur Gegenstand der gemeinsamen Einwanderungspolitik sein. Insbesondere hat die Steuerung der Migrationsströme auch »*wirksam*« zu sein. Der unbefangene Leser bleibt alleine mit der Frage, wann ein Gesetzgeber in der Rechtsgeschichte wohl je ein legislatives Steuerungsinstrument geschaffen hat, von dem er wollte, dass es unwirksam wäre. Getreu der Erkenntnis, dass ein Text nicht nur unrichtig ist, wenn ein Wort fehlt, sondern auch dann, wenn ein Wort zu viel in den Text aufgenommen ist, wäre die Formulierung aus Artikel 79 Absatz 1 AEUV demgemäß schlicht unrichtig.

Unrichtig wäre nach diesem Maßstab jedenfalls auch die Anordnung aus Artikel 80 AEUV, der zufolge die Aufteilung der Verantwortlichkeiten unter den Mitgliedstaaten hinsichtlich der Finanzen zu Grenzkontrollen, Asyl und Einwanderung »*gerecht*« zu sein hat. Fiele dieses

Adjektiv an jener Stelle fort, wäre sicher nicht anzunehmen, dass die vertragschließenden Parteien gewünscht haben könnten, eine ungerechte Aufteilung der Verantwortlichkeiten in finanzieller Hinsicht zu erreichen.

Für die polizeiliche Zusammenarbeit zwischen den Behörden der Mitgliedstaaten erlaubt Artikel 87 Absatz 2 Buchstabe a) das Einholen, Speichern, Verarbeiten, Analysieren und Austauschen »*sachdienlicher*« Informationen. Dass Polizeibehörden auf diesem Gebiet ein Interesse gehabt haben könnten, einander sachfremde Informationen zukommen zu lassen, erscheint ebenfalls nicht erwartbar. Eher liegt nahe, dass den handelnden Organen der staatlichen Organisationen durch jenes Adjektiv die Möglichkeit eingeräumt werden sollte, selbstständig und eigenverantwortlich die »*Sache*« zu definieren, um die es ihnen bei ihrer Ermittlungstätigkeit geht. Formuliert die zuständige Behörde diese »*Sache*« begrifflich nur extensiv genug, ist ihr zuletzt die Arbeit mit schlechterdings sämtlichen Informationen erlaubt, auch dann, wenn – wie Artikel 16 Absatz 1 AEUV anordnet – alle Personen grundsätzlich den Schutz genießen sollen, dass ihre personenbezogenen Daten zurückhaltend verwaltet werden.

Eine besondere Affinität hat der Europäische Gesetzgeber für das Adjektiv »*hoch*«. Nach Artikel 147 Absatz 1 AEUV muss ein »*Beschäftigungsniveau*« in der Union stets »*hoch*« sein. Gleiches gilt gemäß Artikel 169 Absatz 1 AEUV für das »*Verbraucherschutzniveau*« und – gemäß Artikel 168 Absatz 1 AEUV – für das »*Gesundheitsschutzniveau*«. In diesem Kontext kann nicht erstaunen, dass Artikel 168 Absatz 3 Buchstabe c) auch die Qualität und Sicherheit von Medizinprodukten als mit »*hohen*« Standards verbunden zu wissen wünscht.

Mehr als nur »*hoch*« allerdings muss die Befähigung von Kandidaten für den Gerichtshof der Europäischen Union sein. Denn Richter kann hier nur werden, wer in seinem Staat die – so wörtlich – »*für die höchsten richterlichen Ämter erforderlichen Voraussetzungen*« erfüllt (Artikel 253 AEUV). Offenbar ist das Recht den vertragschließenden Parteien als ein noch höheres Gut erschienen als das Beschäftigungsniveau, Verbraucherschutzniveau oder Gesundheitsschutzniveau. Ein befreundeter Zyniker bemerkte kürzlich, das Erfordernis höchster juristischer Qualifikation auf EU-Ebene werde mutmaßlich damit erklärt werden müssen, dass das legislative Normsetzungsniveau der Europäischen Union nur den flachsten Erfordernissen genügt, was demgemäß der judikativen Kompensation bedürfe.

Ausweislich Artikel 153 Absatz 1 Buchstabe c) AEUV hat sich der Vertrag hinsichtlich Sicherheit und Schutz der Arbeitnehmer jedoch nicht für ein hohes oder gar höchstes Niveau entschieden. Sicherheit und Schutz dieses Arbeitnehmerkreises müssen lediglich »*sozial*« sein – was immer dies im Einzelnen bedeutet.

Für das juristische Tagesgeschäft ist allerdings zu konstatieren, dass ein um Adjektive erweitertes Hauptwort eine durchaus markant abweichende begriffliche Weite haben kann, als es sie hätte, wäre das Adjektiv schlicht fortgefallen. Adjektive haben in juristischen Kontexten stets erhebliche Sprengkraft. Artikel 13 Satz 2 der Grundrechtscharta der Europäischen Union gibt hiervon ein beredtes Zeugnis. Denn er schützt lediglich die – so wörtlich – »*akademische Freiheit*«, wohingegen Artikel 13 Satz der Grundrechtscharta die Freiheit der Forschung insgesamt in Bezug nimmt. Dies nährt den Verdacht, dass mittelfristig wissenschaftliches Lehren außerhalb des Akademischen nicht mehr geschützt sein könnte, was immer der Normgeber sich in diesem Kontext auch unter dem »*Akademischen*« überhaupt vorgestellt haben mag.

Artikel 83 Absatz 1 AEUV

Die Geschichtsbücher der Zukunft werden mit an Sicherheit grenzender Wahrscheinlichkeit hinlängliches empirisches Material dafür heranziehen können, dass die Welt – namentlich die sogenannte »*westliche Welt*« – nach den Terroranschlägen in New York vom 11. September des Jahres 2001 eine andere, eine ängstlichere geworden ist. Das Sicherheitsbedürfnis der Menschen ist erheblich gestiegen. Das Angstniveau erreichte neue Höhepunkte. Die zentrale Fokussierung auf die neue »*Bekämpfung von Terrorismus*«, die dem Leser in Artikel 75 AEUV begegnet, wurde an allen denkbaren Stellen erheblich intensiviert. Für die EU jedenfalls scheint – gemäß Artikel 83 AEUV – eine hervorgehobene Notwendigkeit zu bestehen, einen bestimmten Kanon von Kriminalität zu bekämpfen, was wegen seiner »*grenzüberschreitenden Dimensionen*« nur gemeinsam bewerkstelligt werden könne. In Artikel 83 Absatz 1 AEUV heißt es unter anderem wörtlich:

> *»Kriminalitätsbereiche sind: Terrorismus, Menschenhandel und sexuelle Ausbeutung von Frauen und Kindern, illegaler Drogenhandel, illegaler Waffenhandel, Geldwäsche, Korruption, Fälschung von Zahlungsmitteln, Computerkriminalität und organisierte Kriminalität. Je nach Entwicklung der Kriminalität kann der Rat einen Beschluss erlassen, in dem andere Kriminalitätsbereiche bestimmt werden, die die Kriterien dieses Absatzes erfüllen.«*

Die Angstsphären der EU sind damit im Wesentlichen umrissen. Interessant ist, dass die kriminalitätsstatistisch völlig zu vernachlässigenden Gefahren aus der »*Fälschung von Zahlungsmitteln*« in diesem Kontext genannt wird, obwohl doch die inflationären Effekte des nicht gefälschten Geldes, nämlich desjenigen, mit dem die Zentralbank die Märkte flutet, exorbitant größer sind, wie vorstehend dargelegt. Intellektuelle Kohärenz scheint hier jedoch den Normgeber wiederum nur unterdurchschnittlich geleitet zu haben. Während die Opfer von Drogen wegen ihrer Gesundheitsschäden besonders schutzwürdig sind (Artikel 168 Absatz 1 AEUV), sind es die Opfer von illegalem Schusswaffengebrauch offenbar nicht. Dennoch: »*Die Union*« scheint sich ständig neuen »*Bedrohungen*« ausgesetzt zu sehen, die sie einschätzen muss, um sich daraufhin im Geiste der Solidarität dagegen zu wappnen, auch mit militärischen Mitteln zum Schutz ihrer demokratischen Institutionen, wie Artikel 222 AEUV beschreibt. Gerade Letzteres mag erklären, warum sich die Staaten untereinander verpflichtet haben, »*ihre militärischen Fähigkeiten schrittweise zu verbessern*« (Artikel 42 Absatz 3 EUV). Wesentlich wird sich die militärische Fähigkeit aller europäischen Staaten sicher dadurch verbessern lassen, dass Frankreich und England die derzeit in ihrem alleinigen nationalen Verfügungsrahmen befindlichen Atomwaffen in die Verfügungsgewalt der Europäischen Union überantworten. Auf diese Weise hätten auch die übrigen Staaten der Europäischen Union jederzeit die Möglichkeit, auf diese nuklearen Arsenale zurückzugreifen. Was könnte ein intensiveres integratives Signal aus London oder Paris sein, als ihre Schlüssel zu diesen Waffenkammern in die rotierende Verantwortlichkeit der übrigen Mitgliedstaaten zu übergeben?

Artikel 91 Absatz 1d) AEUV

Eine Generalermächtigung des Gesetzgebers ganz besonderer Art findet sich in den verkehrsrechtlichen Vorschriften des Vertrages über die Arbeitsweise der Europäischen Union. Nachdem Artikel 90 AEUV klarstellt, dass innerhalb der EU eine gemeinsame Verkehrspolitik verfolgt werden soll, formuliert Artikel 91 Absatz 1d) AEUV wörtlich:

> »*Zur Durchführung des Artikels 90 werden das Europäische Parlament und der Rat unter Berücksichtigung der Besonderheiten des Verkehrs gemäß dem ordentlichen Gesetzge-*

> *bungsverfahren und nach Anhörung des Wirtschafts- und Sozialausschusses sowie des Ausschusses der Regionen alle sonstigen zweckdienlichen Vorschriften erlassen.«*

Welchen Regelungsgehalt hat eine Norm noch, wenn sie dem (staatlichen) Adressaten erlaubt, alle sonstigen Vorschriften zu erlassen, die ihm irgend zweckdienlich erscheinen? Ein derartiger Auffangtatbestand neben zuvor spezifizierten Aufträgen zum Vorschriftenmachen lässt sich unter dem rechtsstaatlichen Gebot der Normbindung aller staatlichen Gewalt letztlich nicht mehr vertreten. Wenn alles erlaubt ist, was gefällt, dann kann von rechtsstaatlich bestimmten oder bestimmbaren Regeln nicht mehr gesprochen werden. Verkehrsrechtlich sind das Europäische Parlament und der Rat somit – zulasten aller übrigen Beteiligten – gänzlich freigestellt.

Artikel 95 AEUV

Anders als im Einfuhr- und Ausfuhrrecht, das – wie gezeigt – nur willkürliche Diskriminierungen verbietet (Artikel 36 AEUV), will das Verkehrsrecht mit Artikel 95 Absatz 1 AEUV nicht nur willkürliche Diskriminierungen verbieten, sondern (fast) alle:

> *»Im Verkehr innerhalb der Union sind Diskriminierungen verboten, die darin bestehen, dass ein Verkehrsunternehmer in denselben Verkehrsverbindungen für die gleichen Güter je nach ihrem Herkunfts- oder Bestimmungsland unterschiedliche Frachten oder Beförderungsbedingungen anwendet.«*

Egal also, ob der Binnenschiffer die transportierten Güter stromabwärts oder stromaufwärts transportiert: Beide Fahrten müssen denselben Preis haben. Gleiches gilt demnach für den Eisenbahnunternehmer, für den das Herabrollen einer Ware aus den Bergen in das Tal denselben Preis kosten muss wie das Hinauffahren aus dem Tal auf den Berg. Immerhin gilt dieses Unterscheidungsverbot nur »*innerhalb der Union*« und nicht, wenn über die Außengrenzen transportiert wird.

Artikel 101 ff. AEUV

Wie an verschiedenen anderen Stellen bereits gezeigt, differenziert der europäische Normgeber immer wieder deutlich zwischen staatlichen und nichtstaatlichen Einrichtungen sowie (schlechten) privatrechtlichen Vereinbarungen und (guten) öffentlich-rechtlichen Anordnungen. In dieses Bild fügt sich der Vorschriftenkontext für Unternehmen in den Artikeln 101 ff. AEUV. Die Wettbewerbsregeln dieses Kapitels kennen gute und schlechte Handelsbeschränkungen.

»*Vereinbarungen zwischen Unternehmen*«, die den Handel »*zu beeinträchtigen geeignet sind*«, sind – natürlich – verboten: Artikel 101 Absatz 1 AEUV. Das Ganze muss auch mit »*möglichst einfacher Verwaltungskontrolle*« überwacht werden. Was eine solche »*möglichst einfache Verwaltungskontrolle*« im Einzelnen auszeichnet, wird von dem Vertragstext nicht mitgeteilt. Insbesondere wird nicht erklärt, ob es zwischen dieser »*möglichst einfachen Verwaltungskontrolle*« und dem erleichterten Zugang zum Recht im Sinne von Artikel 67 Absatz 4 AEUV möglicherweise normative Kollisionen geben könnte.

Geradezu pikant an der Anordnung einer »*möglichst einfachen Verwaltungskontrolle*« durch Artikel 103 Absatz 2 Buchstabe b) AEUV ist die darin zum Ausdruck kommende Ungläubigkeit hinsichtlich Artikel 298 Absatz 1 AEUV. Dieser nämlich besagt bereits:

> »*Zur Ausübung ihrer Aufgaben stützen sich die Organe, Einrichtungen und sonstigen Stellen der Union auf eine offene, effiziente und unabhängige europäische Verwaltung.*«

Wenn Verwaltung aber bereits »*offen, effizient und unabhängig*« ist, dann erklärt sich nicht, aus welchem Grunde Artikel 103 AEUV eine »*möglichst einfache Verwaltungskontrolle*« fordert. Denn was offen, effizient und unabhängig ist, handelt sicher *per se* bereits möglichst einfach!

Während nun »*Vereinbarungen zwischen Unternehmen*« mit Eignung zur Handelsbeeinträchtigung gemäß Artikel 101 Absatz 1 AEUV verboten sind, kann umgekehrt der Staat selbst die Handelsgeflechte der privaten Rechtssubjekte durch eigene Beihilfen nach Belieben steuern, wie Artikel 107 Absatz 3 AEUV eloquent belegt:

> »*Als mit dem Binnenmarkt vereinbar können angesehen werden:*
>
> *(a) Beihilfen zur Förderung der wirtschaftlichen Entwicklung von Gebieten, in denen die Lebenshaltung außergewöhnlich niedrig ist oder eine erhebliche Unterbeschäftigung herrscht …;*
>
> *(b) Beihilfen zur Förderung wichtiger Vorhaben von gemeinsamem europäischem Interesse oder zur Behebung einer beträchtlichen Störung im Wirtschaftsleben eines Mitgliedstaates …*«

Was ein »*wichtiges Vorhaben*« in diesem Sinne sein könnte, wird vom Normgeber nicht erläutert; die Auslegung liegt wiederum (alleine) bei den Organen der EU, mithin bei denen, die den Raum der Freiheit, der Sicherheit und des Rechtes gestalten.

Artikel 119 AEUV

Aus der Erläuterung aller bis hier thematisierten Vertragsartikel sollte bereits hinreichend deutlich geworden sein: Die Integrationspolitik der EU ist bestrebt, weit voneinander entfernt liegende Positionen unterschiedlicher Teilnehmer dadurch irgendwie »*zusammenzubringen*«, dass Wortlaut und Systematik der Regeln im Wege der Auslegung sowohl das eine als auch das andere verstehen lassen. Dieses normative System des Sowohl-als-auch intensiviert sich umso mehr, je überlebenswichtiger die Regelungsmaterien werden. Die Wirtschafts- und Währungspolitik der EU ist ein wesentliches – wenn nicht das wesentliche – Kernstück des gemeinschaftlichen Machtanspruchs. Artikel 119 AEUV beschreibt demgemäß – nur folgerichtig – beides: den Grundsatz der offenen Marktwirtschaft und der einheitlichen Geldpolitik. Die Vorschrift besagt in ihrem Wortlaut:

> *»(1) Die Tätigkeit der Mitgliedstaaten und der Union … umfasst nach Maßgabe der Verträge die Einführung einer Wirtschaftspolitik, die auf einer engen Koordinierung der Wirtschaftspolitik der Mitgliedstaaten, dem Binnenmarkt und der Festlegung gemeinsamer Ziele beruht und dem Grundsatz einer offenen Marktwirtschaft mit freiem Wettbewerb verpflichtet ist.*
>
> *(2) Parallel dazu umfasst diese Tätigkeit nach Maßgabe der Verträge und der darin vorgesehenen Verfahren eine einheitliche Währung, den Euro, sowie die Festlegung und Durchführung einer einheitlichen Geld- sowie Wechselkurspolitik, die beide vorrangig das Ziel der Preisstabilität verfolgen und unbeschadet dieses Zieles die allgemeine Wirtschaftspolitik in der Union unter Beachtung des Grundsatzes einer offenen Marktwirtschaft mit freiem Wettbewerb unterstützen sollen.*

(3) Diese Tätigkeit der Mitgliedstaaten und der Union setzt die Einhaltung der folgenden richtungweisenden Grundsätze voraus: stabile Preise, gesunde öffentliche Finanzen und monetäre Rahmenbedingungen sowie eine dauerhaft finanzierbare Zahlungsbilanz.«

Offene, das heißt freie Marktwirtschaft wird hier als Grundsatz proklamiert, jedoch einer einheitlichen staatlichen Währung unterworfen und in eine einheitliche Geld- und Wechselkurspolitik eingebunden. Hierdurch erhofft sich der Normgeber stabile Preise, gesunde öffentliche Finanzen und eine dauerhaft finanzierbare (staatliche) Zahlungsbilanz. Für die Währungspolitik fordert Artikel 127 Absatz 1 AEUV sogar noch strenger:

»Das vorrangige Ziel des Europäischen Systems der Zentralbanken (im Folgenden ›ESZB‹) ist es, die Preisstabilität zu gewährleisten. Soweit dies ohne Beeinträchtigung des Ziels der Preisstabilität möglich ist, unterstützt das ESZB die allgemeine Wirtschaftspolitik in der Union, um zur Verwirklichung der in Artikel 3 des Vertrages über die Europäische Union festgelegten Ziele der Union beizutragen. Das ESZB handelt im Einklang mit dem Grundsatz einer offenen Marktwirtschaft mit freiem Wettbewerb, wodurch ein effizienter Einsatz der Ressourcen gefördert wird, und hält sich dabei an die in Artikel 119 genannten Grundsätze.«

Der zitierte Artikel 3 EUV legt als Ziel der EU fest, »*den Frieden, ihre Werte und das Wohlergehen ihrer Völker zu fördern*«. Im Übrigen statuiert dieser Artikel den »*Raum der Freiheit, der Sicherheit und des Rechts ohne Binnengrenzen*«, gibt die Errichtung einer »*Wirtschafts- und Währungsunion*« vor und sieht sich Frieden, Sicherheit, globaler nachhaltiger Entwicklung, Solidarität und gegenseitiger Achtung unter den Völkern verpflichtet. Um die Menschenrechte, die Rechte des Kindes und die Charta der Vereinten Nationen voranzubringen, soll das Völkerrecht strikt eingehalten und weiterentwickelt werden: Kurz: Auch das Europäische System der Zentralbanken will eine bessere, schönere, gerechtere, sozialere, vielleicht sogar eine diskriminierungsfreiere Welt.

Nach Artikel 282 wird das ESZB – also das Europäische System der Zentralbanken – zusammengesetzt aus einerseits der Europäischen Zentralbank und andererseits den nationalen Zentralbanken. Auch Artikel 282 Absatz 2 AEUV stellt klar, dass das vorrangige Ziel des ESZB sei, »*die Preisstabilität zu gewährleisten*«. Dieses europarechtliche Ziel ist gleichlaufend mit dem bundesrepublikanischen Verfassungsziel der »*Sicherung der Preisstabilität*«, wie sie Artikel 88 Satz 2 GG fordert. Unverständlich hierbei wiederum ist, dass die exorbitanten Geldmengenschöpfungen durch insbesondere die EZB in der jüngsten Vergangenheit von den zuständigen Organen nicht pflichtgemäß moniert werden.

Artikel 122 AEUV

Schon im vorangegangenen Abschnitt über die Aufweichungen des Bestimmtheitsprinzips im Handlungsprogramm der EU wurde auf das Ausnahmerecht in Artikel 122 AEUV hingewiesen. Artikel 122 AEUV ist jedoch nicht nur die – im Hinblick auf ihren Absatz 2 – »*vergewaltigte*« Vorschrift. Auch sein Absatz 1 muss unter rechtsstaatlichen Gesichtspunkten irritieren:

> »*Der Rat kann auf Vorschlag der Kommission unbeschadet der sonstigen in den Verträgen vorgesehenen Verfahren im Geiste der Solidarität zwischen den Mitgliedstaaten über die der Wirtschaftslage angemessenen Maßnahmen beschließen, insbesondere falls gravierende Schwierigkeiten in der Versorgung mit bestimmten Waren, vor allem im Energiebereich, auftreten.*«

In der Formulierung »*unbeschadet der sonstigen in den Verträgen vorgesehenen Verfahren*« steckt – für den juristischen Laien nicht unbedingt ersichtlich – die Befugnis, alle Grenzen und Barrieren dieser übrigen Verträge schlichtweg zu sprengen. Wenn es der »*Geist der Solidarität*« erfordert, können der Rat und die Kommission Warenströme umleiten und umlenken, wie es ihnen angemessen erscheint. Die Befugnis, anderweitiges Recht für obsolet zu halten, wenn es die Solidarität (oder die angenommene Solidaritätspflicht) erfordert, öffnet allem staatlichen Handeln an dieser Stelle wie selbstverständlich Tür und Tor. Für die juristische Auslegung ist es daher nur ein kleiner Schritt, das ausdrückliche Verbot von Überziehungskrediten aus Artikel 123 Absatz 1 AEUV – im Geiste der Solidarität – für rundweg unbeachtlich zu erklären. Ebenso klein ist der Schritt, die Union gegen das Verbot aus Artikel 125 AEUV für die Verbindlichkeiten anderer Staaten haften zu lassen oder die Haftung von Mitgliedstaaten füreinander oder für die Union im Geiste der Solidarität zu fordern und zu begründen.

Artikel 126 Absatz 1 AEUV

Angesichts der gigantischen Verschuldungen, die auf allen europäischen Staatshaushalten lasten und die nur mühevoll von der Europäischen Zentralbank durch exzessive Niedrigzinspolitik an der Explosion (oder Implosion) gehindert werden, kann Artikel 126 Absatz 1 AEUV nur schwerlich ernsthaft Rechtsgeltung für sich beanspruchen:

> »*Die Mitgliedstaaten vermeiden übermäßige öffentliche Defizite.*«

Auch diese Vorschrift hat in den vorangegangenen Abschnitten schon Erwähnung gefunden. Dass das Maß öffentlicher Defizite inzwischen längst überschritten ist, bedarf an dieser Stelle keiner weiteren Erläuterung. Gesunde öffentliche Finanzen und monetäre Rahmenbedingungen für eine dauerhaft finanzierbare Zahlungsbilanz im Sinne des

Artikels 119 Absatz 3 AEUV sind tatsächlich in unerreichbare Ferne gerückt. Wer zu diesen Fragen noch etwas anderes behauptet, der ist entweder ahnungslos oder er spricht bewusst die Unwahrheit.

Artikel 126 Absatz 7 AEUV

Allein der schiere Umfang des Regelungsgehaltes aus Artikel 126 AEUV – mit insgesamt 14 Absätzen – macht deutlich, wie wenig Hoffnung die vertragschließenden Parteien hatten, dass der nur einen Satz umfassende Absatz 1 über das Vermeiden übermäßiger öffentlicher Defizite tatsächlich zu einem solchen Verhalten führen würde. Offenbar ging man von vornherein davon aus, dass sich übermäßige öffentliche Defizite definitiv nie vermeiden lassen. Absatz 7 aus Artikel 126 AEUV beschreibt die Idee der Druckausübung gegen Überschuldungspolitik:

> *»Stellt der Rat ... ein übermäßiges Defizit fest, so richtet er auf Empfehlung der Kommission unverzüglich Empfehlungen an den bestreffenden Mitgliedstaat mit dem Ziel, dieser Lage innerhalb einer bestimmten Frist abzuhelfen. Vorbehaltlich des Absatzes 8 werden diese Empfehlungen nicht veröffentlicht.«*

Die Nichtöffentlichkeit dieser Empfehlungen – also ein dezentes Abgehen von dem Grundsatz der Offenheit, wie er in Artikel 15 Absatz 1 AEUV beschrieben ist – mag der Druckerhöhung »*hinter den Kulissen*« dienen. Der genannte Absatz 8 jenes Artikels erhöht den Druck dann jedoch geplantermaßen zusätzlich wie folgt:

> *»Stellt der Rat fest, dass seine Empfehlungen innerhalb der gesetzten Frist keine wirksamen Maßnahmen ausgelöst haben, so kann er seine Empfehlungen veröffentlichen.«*

Die Schuldenmacher werden also demgemäß an den Pranger gestellt. Die weiteren Absätze dieses Artikels befassen sich mit Zwangsmaßnahmen. Sie bedürfen hier keiner weiteren Zitierung. Denn auch dieses Normengeflecht erweist sich in der Praxis erkennbar als totes Recht.

Artikel 144 Absatz 1 AEUV

Eltern, die ihre pubertierenden Kinder anweisen, mit dem letzten Bus nach Hause zu kommen, greifen – traditionell – zu einem bekannten Sanktionsmuster, wenn dieser letzte Bus von dem Kind nicht genommen wird. Sie streichen anschließend das Taschengeld. Innerhalb der EU geht man anders vor. Dem ungehorsamen Kind, das den letzten Bus nicht nimmt, wird vorsorglich von vornherein erklärt, für diesen Fall werde es von den Eltern mit dem Auto abgeholt. Anders jedenfalls ist Artikel 144 Absatz 1 AEUV nicht zu verstehen, in dem es unter anderem wörtlich heißt:

> *»Gerät ein Mitgliedstaat … in eine plötzliche Zahlungsbilanzkrise und wird ein Beschluss im Sinne des Artikels 143 Absatz 2 nicht unverzüglich getroffen, so kann der betreffende Staat vorsorglich die erforderlichen Schutzmaßnahmen ergreifen.«*

Zu solchen Schutzmaßnahmen kommt es jedoch in der Regel nicht, weil der Beschluss im Sinne des Artikels 143 Absatz 2 AEUV von der Bestimmung getragen wird:

> *»Der Rat gewährt den gegenseitigen Beistand.«*

Jener *»gegenseitige Beistand«* bedarf naturgemäß wieder der Konkretisierung. Diese wird durch Artikel 143 Absatz 1 AEUV mit den Worten beschrieben, erlaubt seien *»die dafür geeigneten Methoden«*. Wiederum also wird der staatlichen Stelle ein Blankoscheck ausgefüllt, das irgend Zweckdienliche zu tun, um denjenigen aus seinen finanziellen Nöten zu retten, der sich zuvor in die Lage einer plötzlichen Zahlungsbilanzkrise manövriert hat. Zur Erinnerung: Nach Artikel 119 Absatz 3 AEUV bestand auch für diesen Staat die Verpflichtung, »*eine dauerhaft finanzierbare Zahlungsbilanz*« sicherzustellen. Der Regelverstoß ist also von den vertragschließenden Parteien von vornherein als möglich gedacht und für wahrscheinlich gehalten worden. Das permanente gegenseitige Helfen in Notsituationen ist faktisch die Regel.

Artikel 191 f. AEUV

Bescheidenheit der Akteure gehört mithin nicht zu den ernsthaften Handlungsmaximen dieser EU. Im Geiste der Solidarität geht alles und muss alles funktionieren. Durch ihre Umweltpolitik will die EU zur Verfolgung folgender Ziele gemäß Artikel 191 Absatz 1 AEUV beitragen:

- *»Erhaltung und Schutz der Umwelt sowie Verbesserung ihrer Qualität;*
- *Schutz der menschlichen Gesundheit;*
- *umsichtige und rationelle Verwendung der natürlichen Ressourcen;*
- *Förderung von Maßnahmen auf internationaler Ebene zur Bewältigung regionaler oder globaler Umweltprobleme und insbesondere zur Bekämpfung des Klimawandels.«*

Die Union hat sich somit ernsthaft das Ziel gesetzt, nicht nur das eigene Klima in den eigenen Grenzen zu schützen, sondern sie zielt darauf ab, die Umweltprobleme des ganzen Globus und das gesamte Weltklima zu steuern. Selbstredend wird bei diesen umweltpolitischen Ansprüchen wieder ein »*hohes Schutzniveau*« angestrebt. Nach Artikel 191 Absatz 3 AEUV hat sie hierbei zu berücksichtigen:

- *»die verfügbaren wissenschaftlichen und technischen Daten;*
- *die Umweltbedingungen in den einzelnen Regionen der Union;*
- *die Vorteile und die Belastung aufgrund des Tätigwerdens bzw. Nichttätigwerdens;*
- *die wirtschaftliche und soziale Entwicklung der Union insgesamt sowie die ausgewogene Entwicklung ihrer Regionen.«*

Interessanterweise nicht genannt in diesem Katalog der zu berücksichtigenden Kriterien ist folgende Frage: die der Bezahlbarkeit! Vielleicht spielt sie keine Rolle, wie ein befreundeter Zyniker unter Hinweis auf die Geldschöpfungspotenziale der EZB kürzlich bemerkte?

Artikel 214 AEUV

Da die Grenzen der eigenen faktischen Handlungsmöglichkeiten durch diese finanziellen und umweltpolitischen Zielvorstellungen ohnehin schon gesprengt sind, macht es keinen Unterschied, wenn die humanitäre Hilfe bei dieser Gelegenheit zugleich auch – dem globalen Klimaschutz gleichlaufend – auf die gesamte Menschheit ausgedehnt wird. Artikel 214 Absatz 1 AEUV stellt klar:

> *»Den Rahmen für die Maßnahmen der Union im Bereich der humanitären Hilfe bilden die Grundsätze und Ziele des auswärtigen Handelns der Union. Die Maßnahmen dienen dazu, Einwohnern von Drittländern, die von Naturkatastrophen oder von vom Menschen verursachten Katastrophen betroffen sind, gezielt Hilfe, Rettung und Schutz zu bringen, damit die aus diesen Notständen resultierenden humanitären Bedürfnisse gedeckt werden können. Die Maßnahme der Union und die Maßnahmen der Mitgliedstaaten ergänzend und verstärken sich gegenseitig.«*

Wiederum ist es auch hier nur ein kleiner Schritt – wie bei Artikel 122 Absatz 2 AEUV –, Zahlungsbilanzkrisen in Drittländern in eine Naturkatastrophe umzudeuten, die aus Mitteln der Union irgendwie kompensiert werden kann.

Im Gesamtkontext des Vertragswerkes kann daher nicht Wunder nehmen, wenn Artikel 214 Absatz 2 AEUV die Helfenden auch verpflichtet, ihre Hilfeleistungen nach den Grundsätzen »*der Nichtdiskriminierung*« durchzuführen. Dem Wortlaut der Vorschrift entsprechend ist – ein richtiges Verständnis vom Begriff der Diskriminierung vorausgesetzt – daher auch möglich, bei der Hilfeleistung nicht zu unterscheiden, ob ein Drittland in Not ist oder nicht. Denn dies wäre wieder eine Unterscheidung, die (sarkastisch gesprochen) unzulässig wäre.

Die ultimativen Königsnormen der EU

Die endgültige eigene souveräne Hoheit über Handlungsprogramme derartigen Ausmaßes kann selbstverständlich nur derjenige faktisch für sich reklamieren, der hierzu auch mit den erforderlichen Ressourcen ausgestattet ist. Nötig sind: Geld und Macht. Dass die EU sich diese Mittel verschaffen kann, stellen drei besondere Vorschriften sicher.

Artikel 311 AEUV

Artikel 311 AEUV betrifft die Eigenmittel der Union und die Frage, wie sie sich diese beschafft. In der Vorschrift heißt es unter anderem:

> »*Die Union stattet sich mit den erforderlichen Mitteln aus, um ihre Ziele erreichen und ihre Politik durchführen zu können. … Der Rat erlässt … einen Beschluss, mit dem die Bestimmungen über das System der Eigenmittel der Union festgelegt werden. Darin können neue Kategorien von Eigenmitteln eingeführt … werden.*«

Artikel 311 AEUV erinnert insoweit fatal an eine architekturgeschichtliche Anekdote zwischen Ludwig dem XIV. und seinem Generalkontrolleur der Finanzen, Jean-Baptiste Colbert, Ende des 17. Jahrhunderts. Ursula Muscheler schreibt:

> *»Zwischen 1661 und 1683 beliefen sich die Ausgaben für den (französischen) Hof und die königlichen Schlösser auf eine Summe von 12-14 Prozent der gesamten Staatsausgaben. Besonders Versailles, das zeitweise Raum für 3000 Adlige als Dauergäste zu bieten hatte, verschlang Riesensummen. Zeitweise waren 22.000 Soldaten und Arbeiter und 6000 Pferde im Einsatz. Colbert hatte zunehmend Schwierigkeiten, alles zu finanzieren. Die Ausgaben zerrütteten die Staatsfinanzen. Es bliebt Colbert nur der immer wieder neue Versuch, die Einnahmen durch Steuererhöhungen und Anleihen drastisch und außergewöhnlich zu erhöhen. Ludwig zeigte zwar durchaus Verständnis für die prekäre finanzielle Situation, erwartete aber, dass Colbert immer einen Ausweg finden würde. So schrieb er an Colbert: ›Die Ausgaben jagen mir Furcht ein, aber ich hoffe, mit Ihrer Geschicklichkeit und Ihrem Eifer werden Sie schon das Nötige zustande bringen.‹ Der neben Colbert wichtigste Mitarbeiter Ludwigs war der für das Kriegswesen zuständige Staatsminister Louvois. Von Louvois erzählt uns Saint-Simon, er habe Colbert zu Fall bringen wollen, indem er durch andauernde Kriege die Finanzen erschöpfte, sodass Colbert, der diese Kriege nicht verhindern konnte, immer häufiger zum Mittel der ›außergewöhnlichen Einnahmen‹ habe greifen müssen …«*[45]

Artikel 323 AEUV

Das unbedingte Beschaffen aller finanziellen Mittel, um die Maßnahmen zur Rettung von Mitgliedstaaten vor plötzlichen Zahlungsbilanzkrisen, humanitären Krisen in Drittländern, globaler Klimarettung und ähnlichen anspruchsvollen Aufgaben bezahlen zu können, regelt Artikel 323 AEUV:

> »*Das Europäische Parlament, der Rat und die Kommission stellen sicher, dass der Union die Finanzmittel zur Verfügung stehen, die es ihr ermöglichen, ihren rechtlichen Verpflichtungen gegenüber Dritten nachzukommen.*«

Wie dies sicherzustellen ist, wird nicht erklärt. Dass die rechtlichen Verpflichtungen gegenüber Dritten exorbitante Ausmaße annehmen können, bekümmert den Normgeber an dieser Stelle offenbar ebenfalls nicht. Irgendwie müssen die Mittel nur beschafft werden. Mutmaßlich verlässt man sich in Brüssel darauf, dass die zuständigen Stellen mit ihrer Geschicklichkeit und ihrem Eifer schon das Nötige zustande bringen. Handlungen, die gegen die finanziellen Interessen der Union gerichtet sind und denen – irgendwie – das Verdikt der Rechtswidrigkeit zuzuordnen ist, werden gemäß Artikel 325 Absatz 1 AEUV bekämpft. Wichtig bei diesem Kampf ist, dass er »*abschreckend*« sein muss und »*einen effektiven Schutz bewirken*« kann.

Artikel 352 AEUV

Die ganz generelle Loslösung von allen Schranken und Grenzen durch gesetzliche Restriktionen statuiert sodann der bereits in anderem Kontext thematisierte Artikel 352 AEUV:

> »*(1) Erscheint ein Tätigwerden der Union im Rahmen der in den Verträgen festgelegten Politikbereiche erforderlich, um eines der Ziele der Verträge zu verwirklichen, und sind in den Verträgen die hierfür erforderlichen Befugnisse nicht vorgesehen, so erlässt der Rat einstimmig auf Vorschlag der*

Kommission und nach Zustimmung des Europäischen Parlaments die geeigneten Vorschriften. …

(2) Die Kommission macht die nationalen Parlamente im Rahmen des Verfahrens zur Kontrolle der Einhaltung des Subsidiaritätsprinzips … auf die Vorschläge aufmerksam, die sich auf diesen Artikel stützen.«

Die Selbstermächtigung zum Erlass »*geeigneter Vorschriften*« wird somit dann eröffnet, wenn dies »*erforderlich*« erscheint. Nur scheinbar grenzt Artikel 352 Absatz 3 AEUV diese Generalermächtigung zur Selbstlegitimation noch dadurch ein, dass er klarstellt: Harmonisierung ist verboten, wenn Harmonisierung verboten ist.

Zwischenergebnis

Die Weite der Tatbestandsmerkmale und der Umfang der Ermächtigungsmöglichkeiten sind faktisch unbeschränkt. Die Union kann tun und lassen, was immer sie möchte. Erforderlich ist allein der Konsens unter den intern Beteiligten. Herrscht Einigkeit unter den handelnden Organen der Union, dann gibt es für ihre Betätigung keine Grenzen, weder nach innen noch nach außen. Spätestens mit dem Protokoll Nr. 26 über die Dienste von allgemeinem Interesse wird auch für den juristischen Laien klar, dass die Textqualität der europäischen Behörden von juristischer Norm in eher literarische Beschreibung gewechselt hat. Artikel 1 dieses Protokolls lautet:

»Zu den gemeinsamen Werten der Union in Bezug auf Dienste von allgemeinem wirtschaftlichem Interesse im Sinne des Artikels 14 des Vertrages über die Arbeitsweise der Europäischen Union zählen insbesondere:

> *- die wichtige Rolle und der weite Ermessensspielraum der nationalen, regionalen und lokalen Behörden in der Frage, wie Dienste von allgemeinem wirtschaftlichem Interesse auf eine den Bedürfnissen der Nutzer so gut wie möglich entsprechende Weise zur Verfügung zu stellen, in Auftrag zu geben und zu organisieren sind;*
>
> *- die Vielfalt der jeweiligen Dienstleistungen von allgemeinem wirtschaftlichem Interesse und die Unterschiede bei den Bedürfnissen und Präferenzen der Nutzer, die aus unterschiedlichen geographischen, sozialen oder kulturellen Gegebenheiten folgen können;*
>
> *- ein hohes Niveau in Bezug auf Qualität, Sicherheit und Bezahlbarkeit, Gleichbehandlung und Förderung des universellen Zugangs und der Nutzerrechte.«*

Der europäische Bildungsbürger sieht sich erinnert an eine Formulierung von Arthur Schopenhauer:

> *»Den Heiseren singen zu hören, den Lahmen tanzen zu sehen, ist peinlich; aber den beschränkten Kopf philosophierend zu vernehmen, ist unerträglich. Um nur den Mangel an wirklichen Gedanken zu verbergen, machen manche sich einen imponierenden Apparat von langen, zusammengesetzten Worten, intrikaten Floskeln, unabsehbaren Perioden, neuen und unerhörten Ausdrücken, welches alles zusammen dann einen möglichst schwierigen und gelehrt klingenden Jargon abgibt. Jedoch sagen sie mit dem Allen – nichts.«*[46]

Das vergessene Subsidiaritätsversprechen

Ihrer ursprünglichen Konzeption gemäß war die EU als dasjenige überstaatliche Konstrukt gedacht, das nur und ausschließlich diejenigen Angelegenheiten besorgen sollte, die sich auf anderer *»niedrigerer«* organisationshierarchischer Ebene nicht einfacher, sachnäher und besser erledigen ließen. Artikel 23 Abs. 1 des Deutschen Grundgesetzes bestimmte – und bestimmt bis heute – wörtlich:

> *»Zur Verwirklichung eines vereinten Europas wirkt die Bundesrepublik Deutschland bei der Entwicklung der Europäischen Union mit, die demokratischen, rechtsstaatlichen, sozialen und föderativen Grundsätzen und dem Grundsatz der Subsidiarität verpflichtet ist und einen diesem Grundgesetz im Wesentlichen vergleichbaren Grundrechtsschutz gewährleistet. Der Bund kann hierzu durch Gesetz mit Zustimmung des Bundesrates Hoheitsrechte übertragen. Für die Begründung der Europäischen Union sowie für Änderungen ihrer vertraglichen Grundlagen und vergleichbare Regelungen, durch die dieses Grundgesetz seinem Inhalt nach geändert oder ergänzt wird oder solche Änderungen oder Ergänzungen ermöglicht werden, gilt Artikel 79 Abs. 2 und 3.«*

Jener Verweis auf Artikel 79 Abs. 2 und 3 GG bestätigt nicht nur, dass mittelbare Veränderungen der nationalstaatlichen Rechtsordnung in Deutschland dann die Quoren verfassungsändernder Gesetze erreichen müssen, wenn verfassungsrelevante Fragen berührt sind. Die wesentlichen Grundlagen des Grundgesetzes, nämlich die föderale Ordnung und die elementaren Grundfesten der rechtsstaatlichen Ordnung, dürfen nach Artikel 79 Abs. 3 GG – der sogenannten Ewigkeitsklausel – überhaupt nicht geändert werden. Alleine dies bedeutet bereits: Änderungen oder Ergänzungen grundlegender verfassungsrechtlicher

Konstruktionen sind nach dem Grundgesetz weitgehend einer Disposition des Gesetzgebers – welches auch immer! – entzogen.

Damit nicht genug. Artikel 23 Abs. 1a GG sichert diesen gewollten Bestandsschutz vorsorglich auch gegen die EU selbst ab, indem er erklärt:

> *»Der Bundestag und der Bundesrat haben das Recht, wegen Verstoßes eines Gesetzgebungsaktes der Europäischen Union gegen das Subsidiaritätsprinzip vor dem Gerichtshof der Europäischen Union Klage zu erheben. Der Bundestag ist hierzu auf Antrag eines Viertels seiner Mitglieder verpflichtet.«*

Was nun bedeutet das Subsidiaritätsprinzip? Artikel 5 Abs. 3 EUV beschreibt es wie folgt:

> *»Nach dem Subsidiaritätsprinzip wird die Union in den Bereichen, die nicht in ihre ausschließliche Zuständigkeit fallen, nur tätig, sofern und soweit die Ziele der in Betracht gezogenen Maßnahmen von den Mitgliedstaaten weder auf zentraler noch auf regionaler oder lokaler Ebene ausreichend verwirklicht werden können, sondern vielmehr wegen ihres Umfanges oder ihrer Wirkungen auf Unionsebene besser zu verwirklichen sind. Die Organe der Union wenden das Subsidiaritätsprinzip nach dem Protokoll über die Anwendung der Grundsätze der Subsidiarität und der Verhältnismäßigkeit an. Die nationalen Parlamente achten auf die Einhaltung des Subsidiaritätsprinzips nach dem in jenem Protokoll vorgesehenen Verfahren.«*

Nach europarechtlicher Auffassung kommt den Organen der EU in diesem Zusammenhang diejenige Einschätzungsprärogative zu, die vorstehend bereits thematisiert wurde. Als *»Schutzwall«* gegen eine illegitime Ausübung dieses Vorrechtes bestimmt Artikel 296 AEUV lediglich:

> *»Wird die Art des zu erlassenden Rechtsakts von den Verträgen nicht vorgegeben, so entscheiden die Organe darüber von Fall zu Fall unter Einhaltung der geltenden Verfahren und des Grundsatzes der Verhältnismäßigkeit. Die Rechtsakte sind mit einer Begründung zu versehen …«*

In dem Protokoll über die Anwendung der Grundsätze der Subsidiarität und der Verhältnismäßigkeit wird allerdings in keiner Weise weiter konkretisiert, inwieweit sich die EU verpflichten könnte, jene Zurückhaltung walten zu lassen, die sich für sie aus dem Grundsatz der Subsidiarität ergibt. Nach Artikel 1 jenes Protokolls ist jedes Organ der EU lediglich für sich selbst verpflichtet, für die Einhaltung der Grundsätze von Subsidiarität und Verhältnismäßigkeit Sorge zu tragen. Artikel 5 Satz 2 des Protokolls lautet:

> *»Jeder Entwurf eines Gesetzgebungsakts sollte einen Vermerk mit detaillierten Angaben enthalten, die es ermöglichen, zu beurteilen, ob die Grundsätze der Subsidiarität und der Verhältnismäßigkeit eingehalten wurden.«*

Artikel 5 Satz 4 desselben Protokolls sagt:

> *»Die Feststellung, dass ein Ziel der Union besser auf Unionsebene erreicht werden kann, beruht auf qualitativen und, soweit möglich, quantitativen Kriterien.«*

Es sollte auch an dieser Stelle keiner weiteren Erörterung bedürfen, dass eine Norm mit diesem Inhalt schlechterdings keinen Regelungsgehalt mehr aufweist, auf den sich irgendjemand bei einer beliebigen Anwendung beziehen oder auch nicht beziehen könnte. Wenn also ein juristischer Laie nach Lektüre für einen Augenblick den Eindruck gehabt haben sollte, jene Norm könnte für den Eingeweihten einen Erklärungsgehalt haben, der sich ihm nur infolge fehlender Fachkenntnis vorübergehend nicht erschlösse, so ist dieser Eindruck definitiv unzutreffend. Der heftig kritisierte Thilo Sarrazin fasste diesen Gedanken im Mai 2012 in die noch eher harmlosen Worte:

> *»Das abstrakt so einleuchtende Subsidiaritätsprinzip ... hat in der Praxis eine ständige Ausdehnung der Aktivitäten der EU-Kommission nicht verhindert. Vieles ist dabei auch eine Interpretationsfrage.«*[47]

Es kann nicht deutlich genug ausgesprochen werden: Artikel 5 Satz 4 des Protokolls über die Anwendung der Grundsätze der Subsidiarität und der Verhältnismäßigkeit hat tatsächlich keinerlei fassbaren Bedeutungsinhalt. Unter seine Begrifflichkeiten lässt sich interpretatorisch alles und nichts subsumieren. Mit seinen Begrifflichkeiten und seiner Formulierung lässt sich wiederum alles vertreten, sowohl das eine als auch sein exaktes Gegenteil. Oder noch anders, paraphrasiert, gesagt:

> *»Die Feststellung, ob ein Mensch sich zu einem bestimmten Zeitpunkt bei der Arbeit eine Pause verdient hat, beruht auf qualitativen und, soweit möglich, quantitativen Kriterien. Bleibt unmöglich, den Pausenbedarf quantitativ zu ermitteln, kann der Betreffende seinen Pausenbedarf qualitativ begründen. Und (in Anlehnung an Artikel 5 Satz 3 jenes Protokolls): Ein Vermerk sollte Angaben zu den voraussichtlichen finanziellen Auswirkungen seiner Pause enthalten; enthält sein Vermerk solche Angaben nicht oder erstellt er einen derartigen Vermerk überhaupt nicht, so bleibt dies für die Frage nach der Einlegung einer Pause oder deren Unterbleiben ohne Bedeutung.«*

Unbeschadet der Frage, wer in Ansehung derartiger fiktiver Pausenregelungen überhaupt noch eine Verpflichtung zur Weiterarbeit empfände, werden die Regelungsgehalte des Europäischen Vertragswerkes offensichtlich immer unbestimmter, je tiefer der Leser in sie eindringt.

Artikel 20 Abs. 1 EUV nämlich besagt bei genauer Betrachtung schlichtweg das genaue Gegenteil dessen, was das Subsidiaritätsprinzip im Ansatz bedeutet:

> *»Die Mitgliedstaaten, die untereinander eine Verstärkte Zusammenarbeit im Rahmen der nicht ausschließlichen Zuständigkeit der Union begründen wollen, können ... die Organe der Union in Anspruch nehmen und diese Zuständigkeiten unter Anwendung der einschlägigen Bestimmungen der Verträge ausüben. Eine Verstärkte Zusammenarbeit ist darauf ausgerichtet, die Verwirklichung der Ziele der Union zu fördern, ihre Interessen zu schützen und ihren Integrationsprozess zu stärken.«*

Mithin werden die föderalen Grenzen zwischen den ursprünglich selbstständigen Mitgliedstaaten ungeachtet aller Subsidiaritätsbekenntnisse und unbeschadet aller Verhältnismäßigkeitsversprechungen immer weiter verwischt. Dies aber kollidiert wiederum mit dem offenkundig gegenläufigen Anspruch des Vertragswerkes, die ursprünglich eigenständigen Nationen in ihren kulturellen Besonderheiten zu respektieren. Artikel 67 Abs. 1 AEUV besagt:

> *»Die Union bildet einen Raum der Freiheit, der Sicherheit und des Rechts, in dem die Grundrechte und die verschiedenen Rechtsordnungen und -traditionen der Mitgliedstaaten geachtet werden.«*

Wie aber wird Verschiedenes geachtet, wenn die Grundsätze der Subsidiarität augenscheinlich nicht ernst genommen werden sollen, eine – in den Gesetzestexten gezielt mit Großbuchstaben so bezeichnete – *»Verstärkte Zusammenarbeit«* zusätzliche Integration und vertieftes Ineinanderschieben von Organisationen anstrebt und zur Umsetzung hierfür sogar die Organisationsstruktur der nicht verstärkt zusammenarbeitenden Union zur Verfügung stellt?

Wie wahrscheinlich ist es, dass verschiedene Rechtstraditionen der Staatenvielfalt geachtet werden, wenn die EU die *»Waffe«* des Artikels 116 AEUV besitzt, die wie folgt aussieht:

> *»Stellt die Kommission fest, dass vorhandene Unterschiede in den Rechts- und Verwaltungsvorschriften der Mitgliedstaaten die Wettbewerbsbedingungen auf dem Binnenmarkt verfälschen und dadurch eine Verzerrung hervorrufen, die zu beseitigen ist, so tritt sie mit den betreffenden Mitgliedstaaten in Beratungen ein. Führen diese Beratungen nicht zur Beseitigung dieser Verzerrung, so erlassen das Europäische Parlament und der Rat gemäß dem ordentlichen Gesetzgebungsverfahren die erforderlichen Richtlinien. Es können alle sonstigen in den Verträgen vorgesehenen zweckdienlichen Maßnahmen erlassen werden.«*

Jene Norm besagt mit keinem Wort tatbestandlich, wann die Voraussetzungen dafür erfüllt sind, dass eine Verzerrung beseitigt werden müsste. Die Verzerrung ist schlicht zu beseitigen, wenn die Kommission dies (aus welchen Gründen auch immer, wann auch immer) so feststellt und beschließt. Es wird nicht einmal erklärt, was überhaupt eine Verzerrung wäre. Auch hier bedarf es keiner übermäßigen juristischen Fantasie, um faktisch und praktisch alles und jedes zur Verzerrung zu erklären, was Anlass zu einer Intervention geben soll. Zugleich verschweigt die Norm vollständig, welche Voraussetzungen, welchen

Umfang und welche Ziele eine »*Verzerrungsberatung*« haben müsste, um eine anschließende zwangsweise Verzerrungsentzerrung durch den Gesetzgeber auszulösen. Das Spektrum der gesetzgeberischen Handlungschancen ist mit dem Adjektiv über die Zweckdienlichkeit faktisch unendlich ausgedehnt.

Ebenso subsidiaritätsfeindlich stellen sich die Vertragsregelungen über den »*Zusammenhalt*« der Union dar. Artikel 174 AEUV lautet:

> »*Die Union entwickelt und verfolgt weiterhin ihre Politik zur Stärkung ihres wirtschaftlichen, sozialen und territorialen Zusammenhalts, um eine harmonische Entwicklung der Union als Ganzes zu fördern. Die Union setzt sich insbesondere zum Ziel, die Unterschiede im Entwicklungsstand der verschiedenen Regionen und den Rückstand der am stärksten benachteiligten Gebiete zu verringern. Unter den betreffenden Gebieten gilt besondere Aufmerksamkeit den ländlichen Gebieten, den vom industriellen Wandel betroffenen Gebieten und den Gebieten mit schweren und dauerhaften natürlichen oder demografischen Nachteilen, wie den nördlichsten Regionen mit sehr geringer Bevölkerungsdichte sowie den Insel-, Grenz- und Bergregionen.*«

Wir sehen also die – offenbar ernst gemeinte – Zielsetzung, Territorien harmonisch zusammenzuhalten, die zur Kompensation ihrer industriellen, natürlichen, demografischen oder auch topografischen Benachteiligungen besonderer Aufmerksamkeit bedürfen, insbesondere ganz im Norden. Nicht beschrieben hingegen wird, wann genau eine Territorienharmonie oder ein Harmonieterritorium erreicht ist oder was genau ein stark benachteiligtes Gebiet von einem am stärksten benachteiligten Gebiet unterscheidet. Letztlich müssen nur noch die territorialen Übergänge zwischen ländlichen Gebieten und vormals industriellen Gebieten zu Grenzregionen im Sinne des Art 174 AEUV erklärt werden, um auch noch Flächen mit sehr hoher Bevölkerungsdichte ganz im Süden derartigen Förderungsmaßnahmen zuführen zu können.

Vor uns liegt die völlige Auflösung jedweder Begriffe. Wie in derartigen Kontexten jemals Artikel 22 der Grundrechtscharta der Europäischen Union Geltung erlangen könnte, erschließt sich nicht im Ansatz. Die Vorschrift lautet bekanntlich:

> *»Die Union achtet die Vielfalt der Kulturen, Religionen und Sprachen.«*

Die völlige Entdemokratisierung der supranationalen Hyperverwaltung

Nach allem entwickelt sich eine zunehmend verselbstständigte, unüberschaubare und intransparente staatsartige Hyperverwaltung auf supranationalem Gebiet, mit welcher der Verlust jeglicher bürgerlicher, demokratischer Kontrolle einhergeht. Aus welchen Gründen Einzelne meinen, die EU werde sich zunehmend *»bürgernäher«* entwickeln und darstellen, ist bei nüchterner und unbefangener Betrachtung schlechterdings nicht nachzuvollziehen. Die geltenden Gesetze geben einer solchen Hoffnung auch nicht im Ansatz irgendeinen Anhaltspunkt.

Im Protokoll Nr. 7 zum Vertrag von Lissabon werden die *»Vorrechte und Befreiungen der Europäischen Union«* geregelt. Die Union hat sich hier das Privileg zugeschrieben, dass ihre Räumlichkeiten und Gebäude nicht durchsucht, beschlagnahmt, eingezogen oder enteignet werden dürfen. Ihre Archive sind unverletzlich. Sie ist von jeder direkten Steuer befreit. Zölle dürfen auf die Gegenstände, die sie zu ihrem Dienstgebrauch benötigt, nicht erhoben werden. Sie hat sich von allen

Ein- und Ausfuhrverboten Dispens erteilt. Nach Artikel 6 dieses Protokolls sind die Präsidenten ihrer Organe befugt, ihren Mitgliedern und Bediensteten besondere Ausweise auszustellen, *»die von den Behörden der Mitgliedstaaten als gültige Reiseausweise anerkannt werden«*. Die Mitglieder des Europäischen Parlamentes sind von der Zollabfertigung und Devisenkontrolle im gleichen Maße befreit wie hohe Beamte, die sich in offiziellem Auftrag vorübergehend ins Ausland begeben. Neben weiteren Immunitäten und Indemnitäten sind die Beamten und Bediensteten der Union von der Gerichtsbarkeit befreit und unterliegen keinen Einwanderungsbeschränkungen. Letzteres erstreckt sich auch auf ihre Ehepartner und Familienmitglieder. Die Beamten und sonstigen Bediensteten der Union genießen ein eigenes System der Sozialleistungen. Die Befreiung der Europäischen Zentralbank von allen Steuern und sonstigen Abgaben, einschließlich insbesondere der Umsatzsteuer, imponiert in diesem Zusammenhang wohl noch am wenigsten. Die Sonderrechte, welche die Beteiligten sich kraft ihrer Machtpositionen im Herrschaftsgeflecht einräumen, steht in keinem erkennbar zwangsläufigen Zusammenhang mehr mit ihrer notwendigen Aufgabenerfüllung. Die Liste derartiger Merkwürdigkeiten lässt sich beinahe endlos fortsetzen.

III.) Die Diskussion um Europa und die EU in den konträren Bewertungen

Der derzeitige Präsident des Europäischen Parlaments, Martin Schulz, ist nach wie vor davon überzeugt, dass er und die Europäische Union den Auftrag haben, Europa besser und mächtiger zu machen. Martin Schulz formuliert:

> *»Es geht nicht um die Frage, ob wir ›mehr Europa‹ wollen – das ist zu simpel. Wir müssen uns schon die Mühe machen, genauer zu definieren, an welcher Stelle wir mehr Europa*

> *wollen. Aus meiner Sicht brauchen wir mehr Europa, vor allem bei Handels- und Währungsfragen, bei der Wirtschafts- und Finanzpolitik und bei der Umwelt- und Migrationspolitik. Wir werden uns auch Gedanken machen müssen, wie wir die außer Rand und Band geratenen Finanzmärkte wieder bändigen und unsere sozialen Sicherungssysteme im 21. Jahrhundert bewahren können. Auch in der Außenpolitik brauchen wir mehr Europa, wenn unsere Vorstellungen von einer gerechten und friedlichen Welt in der globalen Diskussion gehört werden sollen. … Bei der Regulierung der Finanzmärkte und der Banken müssen wir endlich die Erkenntnisse umsetzen, die wir aus der gegenwärtigen Krise gewonnen haben, weil andernfalls bald die nächste kommen wird. Dafür muss die europäische Öffentlichkeit zusammen mit dem Europäischen Parlament und den nationalen Parlamenten den Druck auf die Regierungen aufrechterhalten. … Ob es dagegen jemals europäische Kranken-, Renten- oder Arbeitslosenversicherungen geben soll, vermag ich heute nicht zu sagen. Ich bin eher skeptisch, was diese Bereiche angeht, wünsche mir darüber aber eine offene Diskussion. … Die Entsendung von Soldaten in einen kriegerischen Konflikt ist schon für viele nationale Parlamente und Regierungen ein schwieriger Akt. Solange gegenüber Brüssel eine so große Distanz empfunden wird, ist es undenkbar, eine solche Entscheidung zukünftig vom Europaparlament und der Kommission treffen zu lassen.«*[48]

Abgesehen davon, dass auch der Präsident des EU-Parlamentes sein eigenes Parlament hier irrig als Europaparlament bezeichnet und es somit offensichtlich sachwidrig auf ganz Europa ausdehnt, bleibt auch bei diesen Bekundungen gänzlich im Unklaren, was genau *»mehr Europa«* konkret bedeuten soll. Ebenso unklar ist, wer genau jener *»Wir«* ist, von dem der Parlamentspräsident notorisch spricht. Es besteht der Verdacht, dass er die Bedeutung insbesondere seines Partnerorganes, der Europäischen Zentralbank, noch nicht hinlänglich verinnerlicht hat, wenn er nach inzwischen fünfzehn Jahren der Gemeinschaftswährung noch immer glaubt, das Problem um unser Geld läge bei den Finanzmärkten statt bei der immer weiter Geld schöpfenden Zentralbank. Die hier nur auszugsweise zitierten Überlegungen des Parlamentspräsidenten bleiben letztlich an allen Stellen unkonkret und wenig greifbar. Löblich ist immerhin, dass er die Entsendung von Soldaten als für Parlamente und Regierungen schwierig erkennt. Noch löblicher wäre, wenn er die Schwierigkeit eines solchen Entsendungsaktes insbesondere auch für einen weiteren Beteiligten erkannt und thematisiert hätte: den entsandten Soldaten.

Neben dem Sozialisten Martin Schulz loben auch der Grünenpolitiker Daniel Cohn-Bendit und der Liberale Guy Verhofstadt in ihrem Manifest *Für Europa* das Projekt der europäischen Integration.

> *»Mehr Europa ist nicht nur notwendig, um eine Chance zu haben, den planetaren Problemen auf den Leib zu rücken, sondern auch, um, koste es, was es wolle, unsere Position in der Welt sicherzustellen, unsere Lebensweisen zu bewahren, wie unterschiedlich voneinander sie auch sein mögen. In der Politik führt Trägheit immer zu Rückschritten, zum Verlust dessen, was uns am kostbarsten ist. Viele sind vom Gegenteil überzeugt. Sowohl ›rechts‹ als auch ›links‹ ist es in Mode gekommen, die Souveränität des Nationalstaats anzubeten. Man hält sich an Vorstellungen von früher fest. Aber dieses Argument verkennt den eigentlichen Feind. Wie verständlich ihre Kritik an der Entwicklung der Welt und der Gesellschaft auch sein mag – die Lösungen, die sie anbieten, sind am wenigsten dazu geeignet, diese Probleme zu lösen. Es ist absurd, zu behaupten, dass wir die Ereignisse dieser Welt außerhalb unserer nationalen Grenzen halten können. Dass*

> *wir eine Mauer um unsere Länder errichten können. So eine Mauer gibt es nicht und kann es auch nie geben.«*[49]

Exemplarisch zeigt dieses Plädoyer *Für Europa* wiederum, dass zentral agierende Politiker augenscheinlich in Überschätzung der eigenen Kräfte (und Bedeutung) nicht nur – realistisch – für die Europäische Union sprechen, sondern – augenscheinlich unrealistisch – für ganz Europa. Im Namen dieses ganzen Europa wollen hier ein grüner und ein liberaler Politiker den Problemen unseres ganzen Planeten auf den Leib rücken, koste es, was es wolle. Bedauerlicherweise erklären sie nicht, wie sie diese Globalrettung konkret umsetzen möchten und auf welche Weise sie sicherstellen wollen, dass auch diejenigen genau dasselbe möchten, die es sodann, *»koste es, was es wolle«*, bezahlen sollen. Die EU selbst jedenfalls ist, wie gezeigt, von Steuerlasten befreit und ihre Mitarbeiter zahlen keine Zölle. Aus solcher Position lässt sich gut argumentieren, Kosten spielten keine Rolle. Typisch ist auch, dass – ganz im Geiste der Dichotomie zwischen bösem Konservatismus und guter Progressivität – Stillstand als Rückschritt begriffen wird. Die agierende Person ist für den Grünen und den Liberalen auch hier – wie bei dem Sozialisten Martin Schulz – wieder genau dasjenige *»Wir«*, das nicht weiter konkretisiert wird. Dass auch diese beiden Politiker erkennbar große Schwierigkeiten haben, den wirtschaftlichen Zusammenhang zwischen Ansparen und Investieren zu erfassen, belegt folgende weitere Passage ihres Werkes:

> *»Nur mit Einsparungen kommen wir nie aus dieser Krise. Europa braucht auch Wachstum. Gesunde öffentliche Finanzen sind sicher unentbehrlich, um das Wachstum auf mittlere Dauer zu sichern, aber das behebt die Krise jetzt nicht, im Gegenteil. Massive Einsparungen schädigen die wirtschaftlichen Aussichten und Möglichkeiten. Die Einkünfte krachen in den Keller, was uns zu weiteren Einsparungen zwingt, die wiederum zu weniger Wachstum führen.*

> *Kurzum: Außer Einsparungen brauchen wir auch Initiativen, die Wachstum und Wohlstand schaffen können. Und angesichts des schlechten Zustands der öffentlichen Finanzen in den meisten Ländern, die selbst nicht über die Mittel verfügen, um solche Initiativen zu ergreifen, kann nur Europa die Lösung anbieten. Die Europäer sind große Sparer. In vielen Mitgliedstaaten besitzen sie ein Vermögen, das das Bruttoinlandsprodukt der Länder weit übertrifft. Aber das Vertrauen fehlt. Sparer fürchten, dass sie ihr Geld nicht mehr wiedersehen, wenn sie es den meisten der Mitgliedstaaten anvertrauen. Es ist eine der Intentionen eines europäischen Anleihemarktes, dieses Vertrauen wiederherzustellen. Nicht nur, um die Schulden der Euro-Länder billiger abzudecken, sondern auch, um finanzielle Mittel in dem Umfang zusammenzubekommen, der nötig ist, um unsere Ökonomie wieder in Gang zu bringen. Was wiederum nötig ist, um uns in der Zukunft auch unseres Schuldenbergs zu entledigen.«*[50]

Bei Lektüre dieser Zeilen wird dem gewöhnlichen Steuerzahler durchaus begründet angst und bange. Augenscheinlich sind hier Politiker in Amt und Stellung, welche die in den Keller gekrachten Einkünfte der Staaten mit dem Geld großer Sparer zur Entledigung unseres Schuldenbergs einsetzen möchten, was Vertrauen wiederherstelle und unsere Ökonomie wieder in Gang bringe. Sobald solche Politiker die Folgen ihrer eigenen Schuldenpolitik als planetarisches Problem definieren, werden sie sicher bereit sein, *»koste es, was es wolle«*, finanzielle Mittel in jedem erdenklichen Umfang *»zusammenzubekommen«*. In Anbetracht solcher Bekundungen sind die *»großen Sparer«* Europas offenkundig gut beraten, von ihren Befürchtungen bis auf Weiteres nicht abzulassen.

Schließlich mögen als weitere Vertreter eines schier grenzenlosen EU-Optimismus der konservative Abgeordnete Elmar Brok und sein sozialistischer Kollege Jo Leinen gehört werden, die es für die Ausgabe der Bundeszentrale für Politische Bildung des Vertrages von Lissabon übernommen haben, gemeinsam eine Einleitung zu verfassen. Bei ihnen heißt es:

> *»50 Jahre nach Beginn der europäischen Integration ist die Herstellung eines dauerhaften Friedens zwischen den europäischen Völkern, allen voran zwischen Frankreich und Deutschland, zweifelsohne der größte Erfolg. … Über 60 Jahre nach dem Ende des Zweiten Weltkrieges reicht das Friedensargument allein aber nicht mehr aus, die Zukunft der europäischen Integration zu begründen. Die Sorgen der Unionsbürger beziehen sich heute auf Arbeitslosigkeit, sozialen Abstieg, innere und äußere Sicherheit sowie die Auswirkungen des Klimawandels. Um diese Herausforderungen zu bestehen, muss die Europäische Union von einer wirtschaftlichen Integrationsgemeinschaft zu einer politischen Union weiterentwickelt werden.«*[51]

Man mag unter Unionsbürgern in Europa unterschiedliche soziale Kontakte pflegen. Menschen, die den europäischen Frieden für weniger wichtig halten als die Risiken des Klimawandels, sind allerdings wohl nur schwer anzutreffen. In welchen Kreisen die Autoren Brok und Leinen verkehren, erschließt sich jedenfalls auf der Basis der vorstehenden Überlegungen nicht unmittelbar. Nach der Analyse des Vertragstextes ist ebenfalls unverständlich, wie beide Parlamentarier zu folgender Einschätzung gelangen:

> *»Mit dem Vertrag von Lissabon wird erstmals eine klare Kompetenzabgrenzung in der Europäischen Union eingeführt.«*[52]

Bei allem gebotenen Respekt vor den ehrenwerten Vertretern des europäischen Volkes im Hohen Hause ihres Parlamentes wird man an dieser Stelle feststellen müssen: Entweder die beiden haben den Vertrag von Lissabon, insbesondere dessen kompetenzregelnde Vorschriften, vor Abfassung ihres Einleitungstextes nie gelesen oder sie haben bei dem Verfassen ihrer Einführung in der Annahme gelebt, diese selbst werde nie gelesen. Immerhin wird von beiden Autoren zugestanden, dass die real existierende Europäische Union mit den bisherigen Verständnissen von Demokratie in Europa noch nicht reibungslos in Einklang gebracht werden kann. Die beiden formulieren:

> *»Die neuen Prinzipien, Werte und Ziele der Europäischen Union müssen von allen Akteuren der Europapolitik verinnerlicht werden. Dann wird die Politik der EU auch tatsächlich bürgernäher und offener sein. Das Europäische Parlament wird sein Bestes tun, um die neuen demokratischen Rechte auszuschöpfen und um noch besser mit Bürgerinnen und Bürgern über die europäischen Politiken zu kommunizieren. … Mit dem Vertrag von Lissabon bricht ein neues Zeitalter für die Europäische Union an. Die Herausforderungen des 21. Jahrhunderts können schneller und effektiver gelöst werden.«*[53]

Bislang also war die Politik der EU noch nicht bürgernah und offen. Vielleicht gelingt es allen nicht populistischen, nicht radikalen, nicht komödiantischen und nicht europafeindlichen Politikern im bestwollenden Europäischen Parlament, die planetaren Herausforderungen des neuen Jahrhunderts nun global schnell und effektiv zu lösen. Koste es, was es wolle.

Gegen derartigen, augenscheinlich wenig faktengestützten EU-Optimismus stehen die Stimmen vieler hoch qualifizierter intellektueller Mahner und Warner, die jenseits der Unverbindlichkeit abstrakter Begriffe und hochtrabender Bekundungen in die Konkretheiten der erkennbaren und sich abzeichnenden Schwierigkeiten eingestiegen sind.

Der Journalist Udo Ulfkotte hat im April 2013 ein akribisch recherchiertes Werk mit dem provokanten Titel *Raus aus dem Euro – Rein in den Knast* vorgelegt. In seiner sehr lesenswerten Zusammenstellung über damalige und heutige Stimmen zur Einführung einer Gemeinschaftswährung finden sich nicht nur Zitate ursprünglicher Kritiker, sondern insbesondere auch solcher Personen, die inzwischen kraft besserer Erkenntnis Abstand von der Idee einer Gemeinschaftswährung genommen haben. Erschreckenderweise werden die warnenden Stimmen über die Jahre durchaus schriller und die Ablehnung des Euro als dysfunktionales Währungsprojekt stärker. Zwei Beispiele mögen dies erhellen:

Arnulf Baring wird von Udo Ulfkotte mit dem Bericht über die Einschätzung eines Vorstandsvorsitzenden einer japanischen Großbank im Juni 1996 in Sydney zitiert. Ihn erinnere die Art, wie seine deutschen Kollegen (Mitte 1996!) auf Fragen nach der europäischen Währungsunion reagierten, an deutsche und japanische Militärs im Zweiten Weltkrieg: *»Sie hätten damals auch keine Fragen erlaubt und seien mit ihren Truppen, wider besseres Wissen, auf Befehl der Regierenden in den Abgrund marschiert.«*[54]

Den Außenminister Großbritanniens, William Hague, zitiert Udo Ulfkotte mit der Feststellung über die Euro-Zone:

> *»Es war Wahnsinn, dieses System zu schaffen; jahrhundertelang wird darüber als eine Art historisches Monument kollektiven Wahnsinns geschrieben werden.«*[55]

Auch der ehemalige Vorstandsvorsitzende der August Thyssen-Hütte AG, Dieter Spethmann, monierte bereits im Jahre 2003 deutlich, Griechenland die Mitgliedschaft in der Euro-Währung zum 1. Januar 2001 gewährt zu haben: »*Langfristig drohen den Griechen ernste Probleme.*«[56] Seine Warnung blieb ungehört. Zehn Jahre später betrachtete Hans-Olaf Henkel wiederum das währungspolitische Phänomen Griechenland:

> »*Warum, fragt man sich, wollen die Griechen eigentlich ihre Pleite abwenden? Sie würden doch die Importe aus Deutschland [in diesem Falle] zum Nulltarif bekommen haben. Nun, eben deshalb: Sie wollen sie weiterhin zum Nulltarif bekommen. Deshalb wollen sie ihren Ausstieg aus dem Euro verhindern, koste es, was es wolle. Wissen sie doch, kosten wird es nicht sie etwas, sondern die Deutschen.*«[57]

Karl Albrecht Schachtschneider kam im Juli 2011 angesichts der eskalierenden Euro-Rettungspolitik zu der Einschätzung, dass diese schlichtweg nur noch einen »illusionären Charakter« habe:

> »*Die Schlussfolgerungen zur Wirtschaftspolitik, die der Bundesminister der Finanzen veröffentlicht hat, sind makroökonomische Strategien, die sich durch Realitätsferne und integrationistische Ideologie auszeichnen.*«[58]

Wie dünn unterdessen die Decke des Vertrauens in die europäische Geldpolitik geworden ist, dokumentiert Walter Krämer im Jahre 2013. Er berichtet:

> »*Wollen die Girokonteninhaber alle auf einmal an ihr Geld, kommt es zu einer Bankpanik. Zuletzt geschah das im Sommer 2007 bei der britischen Bank Northern Rock und danach noch einmal im Herbst 2008 bei der schweizerischen UBS; hier hoben ängstliche Kunden binnen weniger Tage mehr als 20 Milliarden Schweizer Franken ab. Und während diese Zeilen entstehen, versuchen die Bürger Zyperns voller Hektik, ihre Bankkonten zu räumen. … Aus der Sicht*

> *der Aufseher über die Geldmenge ist das Buch- bzw. Giralgeld ein Störenfried. Denn die Menge der umlaufenden Banknoten kann man problemlos kontrollieren (von Geldfälschern einmal abgesehen). Aber die Sichtguthaben der Bankkunden nicht; welche Guthaben die mehrere Tausend Geschäftsbanken der Euro-Zone ihren Kunden einräumen, ist im Wesentlichen deren Sache. … Die Menge dieses Geldes hat die Europäische Zentralbank nur bedingt unter Kontrolle.«*[59]

Der Unterschied in den intellektuellen Kapazitäten zwischen einerseits den wolkigen Verteidigern eines Systems von immer *»mehr Europa«* und andererseits den sachlich argumentierenden Kritikern des eskalierenden Großprojektes Euro und EU wird schon aus diesen wenigen kontrastierenden Zitaten deutlich. Es drängt sich die Erkenntnis auf, dass die Organe der Europäischen Union inzwischen von einem Personal betrieben werden, das den gestellten Aufgaben nicht im Mindesten sachlich und fachlich gewachsen ist. Es gibt auch keinen Grund zu der Annahme, dass ein Mensch, dessen Begabung und Expertise darin besteht, sich im politischen Apparat durchzusetzen, schlussendlich die Kompetenzen haben könnte oder gar müsste, neben seinem politischen Karriereziel auch im administrativen Geschehen noch inhaltlich zutreffende Arbeit zu leisten. Möglicherweise liegt gerade an dieser Stelle ein bislang ungelöstes Problem der modernen Massendemokratie von Gesellschaften aus Hunderten von Millionen Menschen. Die gewählten Volksvertreter verfügen am Ende ihres heutigen Karriereweges über Kompetenzen und Möglichkeiten, die weit über ein gedeihliches, menschlich verantwortbares Maß hinausgehen. Kein Mensch ist in der Lage, *»planetare Probleme«* zu lösen. Wer sich anschickt, in dieser Weise politisch zu handeln, der disqualifiziert sich durch diese offengelegte Selbstüberschätzung schon selbst. Angenommen, dies wäre tatsächlich ein bislang ungelöstes Problem unserer Massendemokratie, dann steht die Frage zu beantworten: Welche Alternative gibt es?

Kapitel 3: Wege zu einer gedeihlichen Union für Europa

I.) Abschied von der Illusion namens »Weltinnenpolitik«

Die politische Weltgemeinschaft hat in den vergangenen Jahrzehnten immer wieder von dem Ideal einer »*Weltinnenpolitik*« geschwärmt. Im Kern dieser Überlegung steht der Glaube, zwischenstaatliche Kriege könnten für alle Zukunft ausgeschlossen werden, gäbe es eine einheitliche Weltregierung. Dieser käme dann die Aufgabe zu, alle Probleme des Globus gesamtverantwortlich zu verstehen, zu durchdenken und zu lösen.

Die Illusion von der Möglichkeit einer solchen Weltinnenpolitik ist nicht ungefährlich. Denn gäbe es zuletzt auf der ganzen Welt nur noch eine Regierung, dann besteht guter Grund zu der Annahme, dass diese Regierung sich bald zu einem totalitären System verdichten würde. Das, was keinen Gegensatz hat, wuchert nach aller Erfahrung in das Unendliche. Weltinnenpolitik hat – mit anderen Worten – kein Menschenmaß. Menschen können irren, auch unabsichtlich. Für den Bereich des Politischen muss daher vernünftigerweise gelten: Jeder Mensch, der einer Regierungsmacht unterworfen ist, muss die Möglichkeit haben, ihr ausweichen zu können. Einer Weltregierung kann kein Mensch ausweichen. Irrt die Weltregierung, wäre der Einzelne ihr schutzlos ausgeliefert. Mit guten Gründen lässt sich annehmen, dass das Naturrecht einer solchen allumfassenden Machtunterworfenheit des Individuums entgegenstünden.

Dies als richtig unterstellt, lassen sich Konsequenzen auch für die europäische Politik ableiten. In den einschlägigen Diskussionen ist bisweilen die Auffassung vertreten worden, das Zusammenwachsen der europäischen Staaten könne eine Blaupause für das Zusammenwachsen aller Staaten dieser Welt unter dem Dach der Vereinten Nationen sein. Dieser Überlegung liegt der Gedanke zugrunde, dass, wenn das Deutsche Reich aus seinen Kleinstaaten zu einer Einheit hat geführt werden können, dies erst für die europäischen Staaten und dann auch für alle anderen Länder dieser Welt in ähnlicher Weise möglich sein müsse.

Auch wenn Europa allerdings im Vergleich zu den übrigen Kontinenten der kleinste ist, erscheint seine Fläche im Vergleich zu einem einzelnen Menschen geradezu gigantisch. Stellt man sich vor, dass eines Tages das gesamte geografische Territorium Europas unter einer einheitlichen Regierungsmacht vereint wäre, hätte auch hier ein einzelner Mensch keine realistische Möglichkeit mehr, dieser großen Machtfülle zu entkommen. Auch dies hätte kein Menschenmaß und wäre absehbar rechtlich nicht zu legitimieren.

Das Recht eines einzelnen Menschen, einen Staat zu verlassen, gehört zu seiner Würde. Desgleichen gehört es zum Recht menschlicher Vereinigungen, sich aus größeren Territorien durch Sezession zu lösen. Einzelne Staaten müssen aus eingegangenen Staatenbünden austreten können. Jeder Zivilrechtler weiß, dass Verträge grundsätzlich nicht wirksam auf Lebenszeit abgeschlossen werden können. Was könnte staatsrechtlich einen anderen Maßstab legitimieren?

Wenn der Grundsatz richtig ist, dass Macht korrumpiert und absolute Macht absolut korrumpiert, weswegen Gewalt, namentlich staatliche Gewalt, der Teilung zu ihrer Balance bedarf, dann sind eine Weltregierung und eine einheitliche, unausweichbare europäische Gesamtregierung aus Gründen des Rechtes nicht vertretbar. Der Wille des Individuums, einer Gemeinschaft anzugehören oder ihr nicht anzugehören, muss respektiert werden. Dieser Wille ist prinzipiell nicht durch noch so überragende Mehrheitsentscheidungen aushebelbar. Mag es auch einen sehr großen Konsens unter Demokraten geben: Ein Einzelner, der abseits stehen möchte, muss abseits stehen dürfen. Ihn unausweichlich zu vereinnahmen widerspricht dem Gebot des Respektes vor der Würde eines jeden Einzelnen.

Die Rede von *»mehr Europa«* und insbesondere die Vorstellung, dass ein solches Mehr auch noch *»alternativlos«* wäre, ist unzutreffend. Kein Menschenwerk ist alternativlos. Zu allem gibt es mindestens eine zweite Variante. Das Recht, zu wählen, beschränkt sich nicht auf die Auswahl unter Möglichkeiten, die ein anderer für den Wählenden bereits eingegrenzt hat.

Aus alledem folgt: Ein Absolutheitsanspruch der europäischen Politik oder gar nur der Politik der Europäischen Union auf alleinverantwortliche Regierungsmacht über den gesamten Kontinent gibt es nicht. Anstelle von *»mehr Europa«*, das – wie berufener Mund erläutert – zunehmend scheitert, kann die Losung sinnvollerweise nur heißen *»weniger Europa«* und spiegelbildlich *»mehr bürgerliche Handlungsfreiheit«*. Wie ist dies umzusetzen? Durch eine Besinnung auf das Zivilrecht anstelle einer Ausdehnung des öffentlich-rechtlichen Verwaltungsrechts auf supranationaler Ebene.

II.) Plädoyer für eine Rückbesinnung auf das Zivilrecht

Das gewachsene europäische Zivilrecht beruht in einem seiner Grundsätze auf dem friedenstiftenden Konsensprinzip. Jeder Teilnehmer am Rechtsverkehr ist prinzipiell nur zu solchen Handlungen verpflichtet, zu denen er sich zuvor selbst freiwillig und eigenverantwortlich bereit erklärt hat. Dem Zivilrecht ist demgemäß der Gedanke fremd, dass ein

Teilnehmer am Rechtsverkehr von anderen gegen seinen Willen zu bestimmten Handlungen rechtlich verbindlich angehalten werden könnte.

Das öffentliche Recht basiert demgegenüber auf einem gänzlich anderen Modell. Hier wird der Einzelne staats- und verwaltungsrechtlich verpflichtet, Handlungen auszuführen oder zu unterlassen beziehungsweise Aktivitäten Dritter zu dulden, denen er zuvor nie zugestimmt hat. Grundlage dieser Pflichten ist eine öffentlich-rechtliche Ermächtigungsgrundlage, die andere ohne (oder gegen) den Willen des Betroffenen beschlossen haben. Im öffentlichen Recht existiert faktisch noch der *»Untertan«* des obrigkeitsstaatlichen Rechtsverständnisses.

Wird nun die Europäische Union – wie proklamiert – *»immer demokratischer«*, dann besteht für eine Mehrheit ihrer Mitgliedstaaten zunehmend die Möglichkeit, Staatengruppen, die in die Minderheit geraten, zu überstimmen und ihnen den fremden Willen der Mehrheit aufzuzwingen. Einzelne Staaten kommen dadurch in dieselbe Lage wie ein machtunterworfener einzelner Bürger, der ohne seine vorherige Bereitschaftserklärung zu bestimmten Handlungen, Duldungen oder Unterlassungen verpflichtet wird.

Wenn richtig ist, dass das zivilrechtliche Konsensprinzip Gesellschaften befriedet, dann trägt umgekehrt das öffentlich-rechtliche Zwangsprinzip Unfrieden in Gemeinschaften. An die Stelle des einwilligenden, akzeptierenden Konsenses tritt zwingende Gewalt. Je mehr Gewalt im Dissens ausgeübt wird, um bestimmte Verhaltensweisen zu erzwingen, desto unfriedlicher wird die Gemeinschaft.

Das deutsche Wohnungseigentumsrecht liefert ein wohl ebenso beeindruckendes wie überzeugendes Modell dafür, wie Gemeinschaften von Menschen friedlich verwaltet werden können. Das Wohnungseigentumsrecht unterscheidet hinsichtlich des auf einem Grundstück stehenden Gebäudes, das mehreren gemeinschaftlich gehört, zwischen

Gebäudebestandteilen, die Gemeinschaftseigentum sind, und Gebäudebestandteilen, die Sondereigentum einzelner Miteigentümer sind. Sondereigentum einzelner Miteigentümer steht in deren alleiniger Verfügungsbefugnis. Die übrigen Miteigentümer können über dieses Sondereigentum nicht mitbestimmen. Umgekehrt darf kein einzelner Sondereigentümer in die Substanz des gemeinschaftlichen Eigentums eingreifen, sofern es nicht von allen Miteigentümern im einvernehmlichen Konsens gestattet wurde. Das Wohnungseigentumsrecht gibt damit im schlimmsten Falle dem einzelnen Miteigentümer an einem gemeinschaftlichen Gegenstand extreme Blockademöglichkeiten. Im Gegenzug aber kann eine auch noch so große Mehrheit dem einzelnen Miteigentümer seine Miteigentümerrechte an dem gemeinschaftlichen Eigentum nicht abspenstig machen.

Übertragen auf das Konzert der Mitgliedstaaten der Europäischen Union würden diese Grundsätze zu folgender Überlegung führen:

Jeder einzelne Staat kann seinen eigenen Staatshaushalt so weit eigenverantwortlich zugrunde richten, wie es die Interessen der anderen Staaten nicht berührt. Umgekehrt können alle anderen Staaten keine Maßnahmen ergreifen, die das gemeinsame Gerüst in einer Weise betreffen, dass ein einzelner Staat in seinen Mitwirkungsrechten gegen seinen Willen beschränkt wird. Diese wechselseitige Abgrenzung zwischen Einzelinteressen und Gemeinschaftsinteressen, die sich im deutschen Wohnungseigentumsrecht seit Jahrzehnten – mit einer immer feiner austarierten Judikatur – bewährt hat, könnte übernommen werden für das Kooperieren der europäischen Staaten untereinander. Denn nur dann, wenn die individuellen Respekt- und Höflichkeitsabstände der Akteure untereinander und gegeneinander eingehalten werden, lässt sich das aufkommende Gefühl gegenseitiger Übervorteilung und Bedrängung vermeiden. Aus rechtlicher Sicht ist kein Grund dafür erkennbar, warum diese zivilrechtlichen Grundsätze des Wohnungseigentumsrechts nicht auch auf das internationale Geflecht der europäischen Staaten zu übertragen wären.

III.) Resümee

»Rettet Europa vor der EU!« ist ein Imperativ, der sich an alle diejenigen richtet, die – an welcher Stelle auch immer – Einfluss auf die Diskussionen um die Gestalt der Europäischen Union nehmen.

Bei nüchterner und realistischer Betrachtung der gegebenen Lage muss die Krise der staatlichen Gemeinschaftswährung ebenso eingestanden werden wie die zunehmende Handlungsunfähigkeit der überschuldeten Staaten nach innen und nach außen. So wie die EU heute konstruiert ist, kann und wird sie auf Dauer keinen Bestand haben. Wenn es ein gemeinsames Interesse aller Europäer – derer innerhalb und derer außerhalb der EU – gibt, ihr Territorium auch weiterhin kooperativ und friedlich zur weiteren Ausdehnung ihrer Sicherheiten, ihrer Freiheit und ihres Rechtes zu nutzen, dann muss Europa eine gesellschaftliche Stabilität erreichen, die heute weder gegeben noch mit dieser EU und diesem Euro erreichbar ist.

Wo Politiker und Organisationen handeln, die für die Konsequenzen ihres Tuns nicht die persönliche zivilrechtliche Verantwortung übernehmen müssen, da kann nachhaltige Politik nicht erwartet werden.

Das verkannte Subsidiaritätsprinzip bedeutet: Nur das, was geradezu ausnahmslos jeden einzelnen Europäer betrifft, kann und darf legitim auf europäischer Ebene geregelt werden. Alles andere gehört auf die Ebene von Nationalstaaten, Regionen, Kommunen oder einzelner handelnder Menschen. An die Stelle des notorischen *»Hochzonens«* muss ein intensives *»Herabzonen«* treten. Die Geschichte der Bundesrepublik Deutschland hat es – namentlich im direkten Vergleich zur Geschichte der DDR – empirisch erwiesen: Je geringer staatliche Zwangseingriffe auf Basis öffentlich-rechtlicher Normen in die privaten Lebenszusammenhänge der Bürger ausfallen, desto mehr prosperiert eine Gesellschaft. Je kleiner und effizienter ein Staatswesen organisiert ist, desto wohlhabender sind seine Bürger. Ein Staatswesen für das gesamte Territorium Europas kann – richtig verstanden – nur die kleinste aller noch denkbaren staatlichen Organisationen sein.

Jean Monnet soll einmal erklärt haben, er benötige für die Einigung Europas nur einen Schreibtisch, ein Telefon und eine Sekretärin. Ein glückliches Europa, gerettet von dieser EU, sollte das Ideal haben, zuletzt auf dieser Ebene von einem solchen Minimalorgan verwaltet zu sein und alles Übrige in die Hände der Menschen zu legen.

Denn ein prosperierendes Gemeinwesen kann nur auf der Grundlage von Rechtsregeln existieren, die von allen Beteiligten innerhalb ihres Weltbildes innerlich als richtig akzeptiert sind. Ein außerhalb des Rechtes manipuliertes Geldwesen kann diese Gemeinschaft weder herstellen, noch sie auf Dauer erhalten.

Anhang

Biedermann und die Euro-Brandstifter

(Erschienen im *Schweizer Monat*)

I.

Als ich »*Biedermann und die Brandstifter*« kürzlich wieder las, fiel mir auf: Max Frisch hat vor 55 Jahren einen Schlüsseltext verfasst, der uns heute helfen kann, die tragische Logik der Europäischen Union (EU) zu verstehen. Nicht jener Union wohlgemerkt, die von ihren Gründervätern einst erträumt wurde, sondern jener Union, die heute daraus geworden ist, die also real existiert. Jene Logik ist deswegen tragisch, weil sie dem anti-intellektuellen Gebot der Alternativlosigkeit zu gehorchen scheint, das heute den Ton in der Politik allzu sehr bestimmt. Diese Art von »*Alternativlosigkeit*« heißt: Es kann nur immer vorwärts in eine Richtung gehen – in die der Vergemeinschaftung. Max Frisch veröffentlichte das Theaterstück im Jahre 1958 – nach rund zehnjährigen Vorarbeiten in Gestalt von Prosaskizzen und Hörspiel. Noch im selben Jahr wurde das Stück erstmals in Zürich und dann in Frankfurt am Main aufgeführt. Gottlieb Biedermann tritt auf, der wohlhabende Haarwasserproduzent, zusammen mit seiner gesundheitlich schwächelnden Ehefrau Babette, die mit ihrem Hausmädchen Anna eine respektable Stadtvilla bewohnen. Am Ende werden alle in genau dieser Villa verbrennen. Das Haus und das ganze Stadtviertel werden von dem arbeitslosen Ringer Josef Schmitz und seinem Freund Willi Eisenring angezündet. Ein Polizist wird das Inferno ebenso wenig verhindern können wie ein merkwürdiger dritter, namenlos bleibender Brandstifter mit dem Titel »*Dr. phil.*«, der sich kurz vor der Tatvollendung noch von alledem distanziert.

Im Mittelpunkt des Stücks steht die zentrale Frage: *»Wie konnte es nur so weit kommen?«* Wie konnte es den Brandstiftern gelingen, sich als wildfremde Hausierer Zutritt und Aufenthalt in der Villa zu verschaffen, den ganzen Dachstuhl des Hauses vor den Augen des Hausherrn mit Benzinfässern zu füllen und ihr zerstörerisches Werk in Seelenruhe zu vollenden? Wie kann all dies geschehen, obwohl doch Gottlieb Biedermann schon vor seinem ersten Kontakt zu den Tätern aus eigener Zeitungslektüre Kenntnis von dieser Art des Verbrechens hat und obwohl er schon in der Öffentlichkeit lautstark gefordert hatte, man solle derlei Täter rigoros *»aufhängen«*?

II.

Max Frisch entwickelt die einerseits grenzenlose Wehrlosigkeit der Opfer und die andererseits unerbittliche Entschlossenheit der Täter in zermürbender Folgerichtigkeit. Er lässt uns ertragen, wie Biedermann und seine Frau ohne wahre Not jede der beinahe zahllosen Chancen verspielen, das Unheil noch abzuwenden, und wie – umgekehrt – rücksichtslos die Täter ihren Plan maschinenhaft umsetzen. Teilt man den Ablauf, lassen sich diese acht Entwicklungsschritte erkennen:

1. Unaufgefordertes Eindringen

Zu Beginn begehrt Josef Schmitz an der Tür beim Hausmädchen Eintritt in die Villa. Biedermann aber lässt ihm den Zutritt verbieten, gerade weil er – gewarnt durch die Zeitung – keinen Besuch von Hausierern wünscht. Dennoch tritt Schmitz ein, am Hausmädchen vorbei. Die erste Grenzüberschreitung ist vollbracht. Gegen den erklärten Willen von Biedermann steht Schmitz im Haus. Der übliche Abwehrmechanismus gegen unliebsamen Besuch hat versagt. Der Täter hat seinen Willen durchgesetzt.

2. Konsequente Anspruchshaltung im fremden Haus

Unter Hinweis auf sein Schicksal als obdachloser Arbeitsloser fordert Schmitz zunächst nur ganz höflich einfach «Menschlichkeit» von Biedermann, *»wenn ich nicht störe«*. Als der, statt ihn gleich wieder des Hauses zu verweisen, ihm nachgiebig entgegenkommend Brot und Wein bringen lässt, setzt Schmitz sofort nach: Jetzt will er auch noch Butter, Käse, kaltes Fleisch, ein paar Gurken, eine Tomate, etwas Senf. Das besitzergreifende Anspruchstellen im fremden Haus hat begonnen.

3. Intensivierung der Übergriffigkeiten

Schmitz lobt Biedermann für sein Gewissen, stellt aber gleich unmissverständlich klar, dass sein vorheriger Arbeitgeber bei einer Feuersbrunst zu Tode kam. Nachdem die körperlichen Kräfteverhältnisse geklärt sind, erinnert Schmitz die Gastgeberin an den vergessenen Senf und moniert die Temperatur des Weines. Dann kommt er sofort zum nächsten Begehren: *»Wenn Sie ein Unmensch wären, dann würden Sie mir heute Nacht kein Obdach geben. Und wenn's auch nur auf dem Dachstuhl ist.«* Biedermann, unfähig zur Grenzziehung gegen den Unverschämten, weiß jetzt von der Gefahr, in der er steht, flüchtet sich aber in die naive Frage: *»Sie versprechen es mir aber: Sie sind wirklich kein Brandstifter?«* Eine Antwort hierauf erhält er nicht – es braucht sie auch nicht mehr. Zu tief sitzt die Zecke schon im Fleisch.

4. Ausweitung der eigenen Handlungsspielräume

Während Biedermann sich und seine Frau über die entstandene Lage unter Berufung auf normale Verhältnisse zu beschwichtigen versucht (*»Man muss auch ein bisschen Vertrauen haben …«*), weiten die Täter ihre bereits gewonnenen Handlungsspielräume konsequent aus: Schmitz steigert den nächtlichen Komfort auf dem Dachboden durch ungefragte Nutzung des hauseigenen Schaffells, bestellt zum Frühstück bei Babette zwei Dreieinhalbminuteneier und erwirkt anschließend für seinen Freund Willi als weiteren Gast den Zutritt zum Haus mit dem bizarren Versprechen: *»Der hat Kultur, Madame.«*

5. Fakten schaffen

Die Phase der vorgeschützten Höflichkeit findet nun ein jähes Ende. Jetzt werden von den Tätern eigenständig Fakten geschaffen. Sie rollen Unmengen von Benzinfässern auf *»ihren«* Dachboden. Biedermann entdeckt die Fässer und den zweiten Gast. Überrannt von den Ereignissen, flüchtet er sich in eine Haltung des Nichtwahrhabenwollens: Benzin sei in den Fässern? *»Machen Sie keine Witze!«* Als ihm das insoweit noch wohlmeinende Schicksal sogar körperliche Schützenhilfe in Gestalt eines Polizisten in sein Haus sendet, verharrt er wieder in Untätigkeit. Auf die Frage des Polizisten nach dem Fassinhalt antwortet er feige mit: *»Haarwasser.«* Er weiß: Zu sehr ist er durch sein Zögern schon in die geschaffene Lage verstrickt. Es gibt kein Entrinnen mehr. Schließlich könnten die Täter ihre Fässer sofort anzünden. Und würde ihm der Polizist seine fehlende Mitwirkung an allem überhaupt noch glauben – bei allem, was an fatalen Fakten schon geschaffen ist?

6. Das Nichtglaubenwollen auf Opferseite

In seiner wachsenden Verzweiflung über die Lage intensiviert sich das Nichtwahrhaben- und Nichtglaubenwollen. Statt nur zarter Indizien präsentieren sich ihm jetzt im Wortsinne handfeste Anhaltspunkte für das Verbrechen. Biedermann aber beruhigt sein Gewissen mit dem Recht, denken bzw. nicht denken zu dürfen, was er wolle; die Gesundheit seiner Frau nicht gefährden zu wollen; einen Benzingeruch im Hause eigentlich gar nicht zu bemerken … Derselbe Biedermann also, der in einer Nebenhandlung des Stücks hart genug ist, mit einem widerborstigen Angestellten einen Gerichtsprozess zu führen, derselbe Mann weiß sich in physischer Gegenwart zweier Verbrecher nicht mehr zu wehren.

7. Versuch, Freund der Eindringlinge zu werden

Dann plötzlich erhofft sich Biedermann Rettung durch Freundschaft mit den Brandstiftern. Er lädt sie zum Gänseessen ein und fordert sie auf, sich gerne auch in seinem Badezimmer zu waschen, da auf dem Dachboden nicht einmal eine Toilette vorhanden sei. Die Antwort von Eisenring fällt eiskalt aus: »Im Gefängnis gab's auch kein Badezimmer.« Und nachdem die Lage nun deutlich ist, wie sie deutlicher gar nicht mehr werden kann, lässt Max Frisch jenen Eisenring die legendären Worte sagen: *»Scherz ist die drittbeste Tarnung. Die zweitbeste: Sentimentalität. Aber die beste und sicherste Tarnung ist immer noch die blanke und nackte Wahrheit. Komischerweise. Die glaubt niemand.«*

8. Assimilationsversuche

Nachdem auch das Freundwerdenwollen die Gefahr nicht hat bannen können, flüchtet sich Biedermann noch weiter vorwärts in eine Art Assimilation mit den Tätern. Um *»Klassenunterschiede«* zu beseitigen, weist er sein Hausmädchen an, Tafelsilber und Tischdecke für das anstehende Gänseessen zu entfernen: *»Es gibt ganze Völkerstämme, die ohne Servietten leben.«* Doch auch diese Art der Verbrüderung führt nicht zu einer Entspannung der Lage. Im Gegenteil. Schmitz und Eisenring sind inzwischen längst die wahren Herren im Haus. Der arbeitslose Kellner Eisenring fordert: *»Gans und Pommard – dazu gehörte eigentlich bloß noch ein Tischtuch.«* Biedermann lässt Anna sofort allen Tischschmuck wieder herbeibringen, einschließlich des silbernen Kandelabers, dessen Kerzen er auf Geheiß von Eisenring gleich mittels Streichholzes anzündet. Während schon Sirenen auf den Straßen zu hören sind, bettelt Biedermann beide an: *»Scherzen wir nicht länger über Brandstifterei.«* Doch Schmitz entgegnet: *»Wir scherzen ja nicht!«*

Als Zeichen seines Vertrauens fordern sie Biedermann zur Herausgabe seiner Streichhölzer und der beruhigt seine Babette: *»Wenn die wirklich Brandstifter wären, du meinst, die hätten keine Streichhölzer?«* Im Gefühl der eigenen Unschuld verbrennen Anna und Gottlieb Biedermann mit ihrer Villa.

III.

Max Frisch hat auf die Frage, welche politischen Brandstifter er denn historisch konkret habe beschreiben wollen, geantwortet, er verstehe die Tat selbst apolitisch. Ihm sei daran gelegen gewesen, die dämonische Beziehung zwischen Biedermann und den Brandstiftern als solche zu beschreiben. Tatsächlich deutet auch der Untertitel des Stücks – *»Ein Lehrstück ohne Lehre«* – darauf hin, dass hier eine allzu menschliche Schwäche thematisiert ist: die Unfähigkeit des gewöhnlichen Menschen mit allen Stärken und Schwächen, einer konsequent handelnden, destruktiven Unverfrorenheit schrankensetzend entgegenzutreten. Und genau hier scheint mir der ureigentliche politische Kern des Stücks zu liegen – es geht um den Mangel an Mut. Es ist das Fehlen von Zivilcourage aus Furcht vor der eigenen Unzulänglichkeit, das den tatfreudig Ruchlosen immer wieder die Tür zum Unfassbaren öffnet.

Müssen wir Europäer uns demnach auch heute mit dieser spezifischen Art menschlicher Schwäche befassen, mit einem solchen Wachsamkeitsmangel und einem falsch verstandenen Appeasement? Konkret: Birgt die gegenwärtige Politik der EU das Potenzial zu einer solchen Brandstiftung? Finden sich die genannten acht Entwicklungsschritte im historischen Werden der EU?

1. Ein unaufgefordertes Eindringen der EU in die souveränen Staaten liegt in dem Umstand, dass die Völker bis heute nie aufgefordert wurden, selbst über das Projekt einer europäischen Verfassung unmittelbar

demokratisch abzustimmen. Mehr noch: Wo derartige Abstimmungen abgehalten wurden, im Mai 2005 in Frankreich und im Juni 2005 in den Niederlanden, lehnten die Bürger eine EU-Verfassung bekanntlich ab, ohne dass dies irgendwelche substanziellen Konsequenzen gehabt hätte. Ersatzweise schlossen die Regierungen der EU dann im Juni 2007 den Vertrag von Lissabon. Die ursprünglich ablehnenden Bürger in Irland wurden – milde gesprochen – mit einem zweiten Wahlgang zur Zustimmung gebracht. Der Integrationsprozess wurde fortgesetzt.

2. Auch für eine konsequente Anspruchshaltung der EU im fremden Haus der souveränen Staaten steht beispielhaft die beständige Ausdünnung des Grundprinzips der Subsidiarität. Während der Vertrag von Maastricht 1992 die Befugnisse der EU noch auf jene Gebiete beschränkte, die von Mitgliedstaaten nicht ausreichend selbst bewältigt werden konnten, bringt die gelebte Rechtswirklichkeit immer größere Kompetenzzuwächse für den Brüsseler Zentralstaat. Mehr noch: Die Zuständigkeitsdefinition ist zur Aufgabe ausgerechnet des eigenen Gerichtshofes der EU gemacht worden, von dem – als einem Organ der EU – realistisch kaum Kompetenzeinschränkungen zulasten der eigenen Zentrale zu erwarten sind.

3. Die sich verschärfenden Übergriffe der EU auf die souveränen Staaten zeigen sich besonders auf dem Gebiet der Währungsfragen. Die für alle finanzpolitischen Laien vordergründig harmlose – weil scheinbar nur handelserleichternde – Währungsunion war im bürokratischen Hintergrund seit den frühen 1990er-Jahren ein konsequentes Mittel zur Machtverschiebung auf eine europäische Zentralregierung. Geldpolitische Zuständigkeiten wurden Stück für Stück von den einzelnen Staaten auf die europäische Ebene verlagert. Aus einem vermeintlich immer freieren gemeinsamen europäischen Wirtschaftsraum wurde ein zentraler Währungs- und damit ein vereinheitlichter Regierungsraum.

4. Eine konsequente Ausweitung der eigenen Handlungsspielräume fand im Jahr 2010 im Euro-Raum statt, als die europapolitischen Akteure sich auf einen Verstoß gegen die No-Bail-Out-Klausel aus Artikel. 125 des Vertrages über die Arbeitsweise der Europäischen Union einigten. In den unverfroren offenen Worten der ehemaligen französischen Finanzministerin und heutigen IWF-Chefin Christine Lagarde wurde der Maastrichter Vertrag von den Verantwortlichen *»bewusst gebrochen, um Europa zu retten«*. Merke: Die beste Vorgehensweise ist immer noch die Verkündung der nackten Wahrheit.

5. Mit derartigen Aktionen werden von europäischen Politikern naturgemäß auch unumkehrbare Fakten geschaffen. Immer neue Behörden erhalten immer neue Befugnisse und Eingriffsrechte in nationale Gesetzgebungs- und Verwaltungskompetenzen; immer weitere Mittel werden ihnen zugewiesen; zum äußeren Zeichen des Machtzuwachses prangt über allen öffentlichen Gebäuden und auf bald allen behördlichen Schriftstücken der blaugelbe Sternenkranz. Mit jeder Neuschöpfung von Geld, die nun mit der Währungsverantwortung in der zentralen Regie der europäischen Machthaber liegt, wird in Zeiten der *»lockeren Geldpolitik«* ein Mehr an Zahlungsmitteln geschaffen. Mit dieser Geldvermehrung kann das realwirtschaftliche Wachstum nicht Schritt halten, aber die Zuweisung des Geldes an politisch gewollte Empfänger steuert auch wesentlich das gesamte Gemeinwesen in zentralisierte Richtungen. Ist das Abschöpfen der realwirtschaftlich nicht verkrafteten Liquidität dann schließlich geldpolitisch unmöglich, setzt unausweichlich Inflation ein. Dieser Geist kommt nimmermehr zurück in die Flasche.

6. Dass die für ihre einzelnen Staaten Verantwortlichen die Konsequenzen dieser Politik nicht wahrhaben wollen, selbst wenn die Fakten von verschiedensten kompetenten Seiten auf den Tisch gelegt werden, fügt sich in das Gesamtbild. Mögen skeptische Experten insbesondere das deutsche Bundesverfassungsgericht wieder und wieder anrufen,

mögen anerkannte Finanz- und Geldexperten ihre Argumente Mal um Mal publizieren: Ihre substanziierten Kritiken bleiben vom politischen Establishment ungehört. Die Zeitungen berichten von steigender Arbeitslosigkeit und Staatsverschuldung in Europa; Hunderte Ökonomen rufen ihre Warnungen in die Welt; in den Straßen der überforderten Länder brennen schon die Barrikaden. Doch die Biedermänner in Gestalt der nationalen Regierungen machen weiter wie bisher, sie treiben ihr europapolitisches Integrationsprojekt ungerührt immer tiefer in seine Probleme. Auch in den Parlamenten regt sich kein spürbarer Widerstand dagegen. An die erste Phase ihrer Beschwichtigungspolitik, in der Parolen verkündet wurden wie *»Niemand hat so sehr vom Euro profitiert wie Deutschland«*, schließt sich die Propaganda namens *»Scheitert der Euro, dann scheitert Europa«* an; diese wiederum mündet in die Phase, in der es heißt: *»Kein Preis ist zu hoch für Europa.«* Was es tatsächlich heißt, wenn gesagt wird, man rette den Euro *»um jeden Preis«*, dürfte manchen im Nachhinein noch bitter erstaunen.

7. In das Bild, ein Unheil abzuwenden, indem man versucht, Freundschaft mit dem Gefahrenbringer zu schließen, fügen sich immer wieder beispielhaft die Verhandlungen zwischen Angela Merkel und François Hollande, jüngst über eine gemeinsame Bankenaufsicht in der Euro-Zone. Konsequent ignorieren die Akteure auf den nationalen Regierungsebenen, dass sie zusammenzufügen versuchen, was nicht zusammengehört, weil es nicht zusammenpasst. Dass eine (zumindest nominell) konservative Regierungschefin aus einem einstmals auf Geldwertstabilität setzenden Land mit einem sozialistischen Regierungschef aus einem inflationsfreudigen Land nicht ohne Weiteres Einigkeit erzielen kann, liegt auf der Hand. Einigt man sich dann aber auf einen Kompromiss und tritt zuletzt – nach dem gemeinsamen Gänseessen am Staatsbankett – einander umarmend vor die Pressefotografen, dann ist zumindest für den medienwirksamen Anschein einer Konfliktvermeidung gesorgt. Die nationalen Biedermann-Regierungen unterwerfen sich in Eintracht den Regeln der supranationalen

Brandstifter. Der europäische Biedermann im Parlament kann weiter an die deutsch-französische Freundschaft als volkswirtschaftliches Allheilmittel glauben.

8. Das blankste Anpassungsverhalten liegt schließlich in dem Willen zum Gleichmachen aller Schuldlasten und Zinskosten. Hier trösten sich die wohlhabenderen ebenso wie die weniger wohlhabenden Staaten mit dem wohlig-warmen Gedanken von der friedenstiftenden Gleichheit: Man hofft, durch ausgleichendes Geben und Nehmen alle bestehenden Gegensätze auszuräumen. Wenn die (relativ) seriös wirtschaftenden Volkswirtschaften der nördlichen Euro-Zone aber die (relativ) unseriös wirtschaftenden Länder der Südsphäre nicht mit sparkommissarischer Gewalt zu anderem Handeln bewegen können, dann bleibt schließlich nur der Weg des Moral Hazard, die Einheitlichkeit durch eigenes Hasardeurwirtschaften herbeizuführen. Alle Anreize zum eigenen Sparen schwinden.

VI.

Zum Schluss wird das Haus der Biedermanns brennen und dann bald die ganze Stadt. Warum nur dulden neben den willfährigen Parlamentariern in allen Ländern insbesondere auch die angeblich so kritischen und aufgeklärten Öffentlichkeiten überall das Zündeln am Geld? Warum lassen wir europäische Bürger und unsere vermeintlich wachsamen Medien geschehen, dass mit der Zustimmung offensichtlich ahnungsloser Parlamentarier nationale Regierungen und europäische Zentralverwaltung immer neue Geldmengen in Fässern auf den europäischen Dachboden rollen? Warum nehmen wir hin, dass im vorgeschützten Namen von europäischer Menschlichkeit, von historischem Gewissen, internationalem Frieden und politischer Einigung mathematische Gleichungen gerechnet werden, die nicht aufgehen können? Sind Rücktritte wie die von Horst Köhler, Axel Weber, Jürgen Stark oder sonstigen *»Dr. phil.«* wirklich schon die schärfsten Proteste, zu denen wir in der Lage sind? Oder handelt es sich bei derartigen Rückzügen nicht in Wahrheit um Konfliktvermeidungsstrategien? Präsentiert das Establishment den Rettungsschirmträgern mit solchem Platzmachen am Tisch nicht nur immer neue Handlungsspielräume?

Der jahrzehntelange Friede in Europa seit 1945 war bis 1999 von einem währungspolitischen Charakteristikum geprägt: Von einer Vielzahl prinzipiell unterschiedlicher Währungen und Wirtschaften. Wollen wir diesen Frieden nicht gefährden, müssen wir uns eingestehen, dass ein multikulturelles Europa hier ebenso wie andernorts Vielfalt braucht. Die merkwürdige Sehnsucht nach einem Gleichschritt der Massen gefährdet diese Harmonie. Gestehen wir uns endlich ein: Wechselkursschwankungen markieren den Höflichkeitsabstand zwischen den Völkern!

Die Schweiz hat sich gegen derartige übernationale Vereinnahmungsversuche lange (relativ) erfolgreich gewehrt. Sie ist insofern – ebenso nach außen wie auch nach innen gegenüber ihren eigenen Kantonen – lange (relativ) beweglich geblieben. Diese Unabhängigkeit und Eigenständigkeit, diese Flexibilität ist notwendig, um heranziehenden Gefahren schnell ausweichen zu können. Insofern kann und muss die EU lernen von der Schweiz.

Demokratie heißt wählen können. Ihr Lebenselixier sind daher Vielfalt und Alternativen. Und die jeweilige Wahl muss eine wohlbedachte sein, im besten Falle eine, die auf hinreichender Tatsachenkenntnis beruht. Nicht nur die Deutschen im Besonderen, sondern alle Europäer sind mit ihrer gemeinsamen Geschichte aufgerufen, immer wieder von den fatalen politischen Fehlern zu berichten, die in Europa während der letzten hundert Jahre gemacht wurden. Dazu gehört, Erfahrungen zu teilen und scheinbar merkwürdige, irrsinnige Beobachtungen zu erklären.

Der britische Journalist Adam Fergusson zitiert die Schriftstellerin Erna von Pustau als Zeitzeugin der deutschen Inflation von 1923 in seinem Buch *When Money Dies* aus dem Jahre 1975 (deutsch: *Das Ende des Geldes*, 2010, herausgegeben von Max Otte) mit den Worten:

»*Üblicherweise sagten wir: ›Der Dollar steigt schon wieder‹, während der Dollar in Wirklichkeit stabil blieb, aber unsere Mark an Wert verlor. Aber sehen Sie, wir konnten kaum sagen, dass unsere Mark fiel, weil sie in Zahlen gemessen ständig stieg – und so auch die Preise. Das war wesentlich sichtbarer als die Erkenntnis, dass der Wert unseres Geldes abnahm … All das erschien einfach nur wie ein Irrsinn und er machte die Menschen irre.*«

Wenden wir uns also gegen die schier irrsinnige Vorstellung, eine politische Integration in Europa könnte durch eine funktionsunfähige und konfliktschürende Kunstwährung vorangebracht werden. Setzen wir den makroökonomischen Hasardeuren und Voodoo-Ökonomen Grenzen. Verteidigen wir politische Vielfalt und ökonomische Beweglichkeit in Europa gegen die Starrheit und Überheblichkeit einer undemokratischen Zentralregierung.

Europa braucht keine hochfinanzherrschaftlichen Superstrukturen, in denen wie auf einem neuen Wiener Kongress immer starrere Menuette getanzt werden. Europa soll die Hüften schwingen können, wie es Elvis dem Kontinent just in dem Jahr 1958 gezeigt hat, in dem Max Frisch seinen Biedermann auf die Bühne brachte. Und mit der Hilfe nicht zuletzt des Internets werden wir diese Version eines friedlichen, bunten, vielfältigen Europas ohne eine machthungrige Zentrale auch an allen unkritischen Medien vorbei in die Welt senden. Auf dass daraus kein endgültig niederbrennendes Haus der Biedermänner und Brandstifter werde.

Rettet Europa vor der EU! Warum jetzt die wahren Europäer gefordert sind

(Erschienen in *eigentümlich frei*)

Es ist noch nicht lange her, da konnten Politiker in Europa ihre Völker mit wenig propagandistischem Aufwand aufeinanderhetzen und die entsetzlichsten Kriege auslösen. Meinen Großvater, einen friedfertigen Kaufmann, zwangen sie, mit dem Bajonett nach Frankreich zu ziehen, und meinen Vater, einen sanftmütigen Schöngeist, mit der Infanterie nach Russland. Große Teile meiner engsten Familie habe ich nie persönlich kennengelernt, weil der Krieg und seine Folgen sie hinwegrafften, weil sie starben, mitten in Europa, noch bevor ich geboren wurde.

Kluge und besonnene Menschen haben nach dem Toben vieler Kriege in Europa vor nur wenigen Jahrzehnten beschlossen, endlich kooperativ miteinander umzugehen. Die zweite Hälfte des 20. Jahrhunderts hat uns diese Perspektive tatsächlich eröffnet. Meine Generation ist in dem Geist eines friedlichen und offenen Europas geboren und groß geworden. Die Strände von Holland und Belgien wurden uns auf Reisen ebenso vertraut wie die von Spanien und Portugal. Wir spazierten an österreichischen Seen und durch italienische Berge. Als Schüler besuchten wir Schulen in vielen Nachbarländern, als Jugendliche zogen wir durch Paris und Athen. Sogar der Eiserne Vorhang begann sich schon für uns zu öffnen, als erste Freunde antraten, in Ungarn zu studieren, von späteren Reisen zu den anderen östlichen Nachbarn gar nicht zu reden. Heute sprechen wir mehrere Sprachen unseres Kontinents und besuchen alte Freunde, die in den unterschiedlichsten Ländern leben und arbeiten. Europa ist uns eine Heimat geworden, größer zwar als das eigene Land, aber deswegen nicht unvertrauter. Wir bewegen uns in Lissabon, Edinburgh oder Thessaloniki genauso selbstverständlich durch die Straßen wie in Stuttgart, Passau oder Köln.

Wie absurd wäre es, heute einem Deutschen ein Gewehr in die Hand zu drücken und ihm zu erklären, er müsse einen Erbfeind in Verdun erschießen!

Solche zwei Männer stünden sich auf einem Schlachtfeld nicht, wie ehedem, unausgebildet sprachlos als Fremde gegenüber. Sie wären weithin in der Lage, in der einen oder anderen Sprache miteinander zu reden. Sie würden dabei bald feststellen, dass sie beide über das gleiche Mobiltelefon oder den gleichen MP3-Player verfügen. Sie würden feststellen, dass sie dieselbe Musik hören, das gleiche Auto fahren, Hemden und Hosen von derselben Marke tragen und beide am Wochenende das Gleiche trinken und rauchen. Wie könnte man einer solchen Generation, die länderübergreifend voneinander weiß, Krieg, Gewalt und Zerstörung gegeneinander schmackhaft machen? Ein Europa in friedlichem Miteinander ist keine Vision mehr, kein ferner Zukunftstraum und keine blasse Perspektive. Ein solches Europa ist gegenwärtige Realität.

So großartig und positiv all dies ist, so bitter ist aber auch der Blick auf die andere Realität, dass nämlich genau dieser Zustand von einigen Menschen derzeit in erhebliche Gefahr gebracht wird. Für gewöhnlich heißt es, Europa erlebe eine lange Phase des Friedens und der ausbleibenden nationalen Konflikte deswegen, weil Politik dies klug herbeigeführt habe. Richtiger ist aber wohl, dass Politik dieser Entwicklung allenfalls nicht allzu hemmend entgegengestanden hat. Denn der wahre Klebstoff für internationale Beziehungen sind nicht politisch-administrative Verflechtungen, selbst wenn das dazu tätige Personal sich ersichtlich alle Mühe gibt, in möglichst großer Mannstärke und mit möglichst großem Aufwand entsprechende Aktivitäten vorzuschützen. Das wahre Bindeglied zwischen Ländern und Völkern sind die ungezählten und unzählbaren persönlichen Kontakte und Vertrauensverhältnisse quer über den Kontinent. Diese Menschen haben jene Welt konkret gestaltet, nicht ihre Politiker. Und weil sie emsig miteinander kooperieren, schaffen sie denjenigen Wohlstand, der es überflüssig macht, hungrig und aggressiv über einen vielleicht satteren Nachbarn herzufallen. Ingenieurkunst, Fleiß und Handel haben diejenigen Ressourcen geschaffen, auf denen die Friedfertigkeit des Kontinents beruht. Und maßgeblich die Technik hat möglich gemacht, Menschen und Kulturen medial oder gar persönlich so zusammenzuführen, dass sie einander nicht fremd geblieben sind.

Diese im besten Sinne internationale und multikulturelle Leistung wird nun allerdings wiederum durch politische Taten gefährdet. Im Zentrum der Gefahr steht das unglückliche Projekt einer Einheitswährung für die Staaten der EU. Weil manche Altväter der europäischen Einigung sich offenbar tief in ihrem Herzen nicht vorstellen konnten, dass die Menschen einer kommenden Generation ein wirkliches Interesse an aggressionslosem Miteinander haben würden, zwangen sie dem europäischen Embryo eine Zwangseinheitswährung auf. Ihrem Weltbild lag die Perspektive zu nahe, ein wirtschaftlich starkes Deutschland inmitten des Kontinents könne andere, wirtschaftlich schwächere Regionen dereinst wieder unterjochen wollen. Doch dieses als Schutz der Gemeinsamkeit gedachte Instrument wendet sich jetzt, unmittelbar vor unseren Augen, zu ihrer schwächsten Stelle.

Die Warnungen weitsichtiger Experten, dass der Euro miteinander verbinde, was nicht zusammenpasst, waren politisch in den Wind geschlagen worden. Nun rächt sich die Tat und scheitert an Realität und Mathematik. Der todgeweihte Euro grüßt seine Schöpfer. Doch die politische Klasse hält nach wie vor unbeirrt an der Währungsleiche fest. Zu groß ist offenbar die Verlockung, mit immer neuen Rettungspaketen Zeit zu erkaufen, damit sich während der Verzögerung doch noch wundersame Lösungen ergäben. Wie aber der Friede in Europa auf

Dauer sichergestellt bleiben soll, wenn namentlich schwächere Länder finanz- und währungspolitisch in den Schraubstock gedreht werden, bleibt völlig unklar. Die Wahl zwischen radikalen Leistungskürzungen einerseits und zentralstaatlicher Haushaltsfernsteuerung andererseits ist augenscheinlich keine, die den kooperativen Gemeinschaftsgeist in ärmeren Ländern stärkt.

Über die intellektuelle Qualität der Euro-Rettungs-Rhetorik lässt sich folgerichtig nur noch staunen. Die populäre nationalökonomische Masturbationstheorie (Griechenland brauche deutsches Geld, um deutsche Produkte zu kaufen, was wiederum dem deutschen Arbeitsmarkt diene) kommt über das flache Niveau eines *»Gib-mir-Geld-ich-kauf-dir-was!«* greifbar nicht hinaus. Henrik Enderlein von der Hertie School of Governance erklärte dem Fernsehsender Phoenix sogar, ohne festen Wechselkurs seien Exportgeschäfte unmöglich (!), und Alexander Graf Lambsdorff (FDP) meint, angesichts eines Bruttoinlandsprodukts von *»mehreren Tausend Milliarden«* fielen derartige Rettungsschirme für Deutschland im Grunde gar nicht ins Gewicht.

Einen vorläufigen Höhepunkt der Kopfschüttel-Debatte lieferte vor einigen Wochen der EU-Parlamentarier Jorgo Chatzimarkakis (ebenfalls FDP) bei einem Vortrag in Duisburg: Er will Griechenland gegen dessen Überschuldung gezielt weitere 20 Milliarden Euro zur Verfügung stellen, damit alle 3,7 Millionen Einwohner im Großraum Athen von gewöhnlichen Pkws auf Elektrofahrzeuge umsteigen können. Diese sollen dann mit Strom von Sonnenkollektoren auf griechischen Inseln betrieben werden. Das werde Griechenland kurzfristig zum Weltmarktführer für Sonnenenergie machen, weswegen das Land dann alle erdenklichen Kredite effektiv zurückzahlen könne.

Die großartige Idee Europas hat nicht verdient, auf diesem Niveau wieder demontiert zu werden. Wir müssen unser europäisches Zuhause gegen solcherlei Einfalt verteidigen, damit weiter Friede herrscht.

Richterrecht in politikverliebten Zeiten
Über das Verfassungsgerichtsurteil zum ESM vom 12. September 2012

(Erschienen in *eigentümlich frei*)

Juristische Urteile haben ihre Gründe. Dogmatisch unterscheidet man die mündlichen Entscheidungsgründe von den schriftlichen. Während die mündlichen gleich bei der öffentlichen Urteilsverkündung eine gedrungene Darstellung der wesentlich tragenden Argumente einer Entscheidung skizzieren, sollen die später in Schriftform abgefassten und den Parteien abschriftlich zugestellten Urteilsgründe eine detailliertere Darlegung der Rechtserkenntnis geben.

Unter Juristen kursiert allerdings jenseits dieser nüchtern-technischen Klassifizierung der flotte Spruch, man müsse in Wahrheit zwischen den mündlichen, den schriftlichen und den wahren Urteilsgründen differenzieren. Diese kesse, im Alltag aber häufig treffende Unterscheidung weist auf einen gerne verschwiegenen Umstand jeder richterlichen Urteilsfindung hin: Der Richter ist eben nicht nur eine mehr oder minder rationale Schachfigur auf dem Gerechtigkeitsbrett, er ist – in erster Linie sogar – Mensch unter Menschen und Bürger unter Zeitgenossen. In diesen Rollen ragen nicht seine juristischen Kenntnisse, sondern seine allgemeinen Lebenseinstellungen, seine Wertvorstellungen und mithin seine generellen Überzeugungen darüber hervor, wie er meint, dass die Welt funktioniert oder am besten zu funktionieren habe.

In eben dieser Situation stehen nicht zuletzt auch Verfassungsrichter, wenn sie sich mit staatsrechtlichen und staatspolitischen Fragen auseinanderzusetzen haben. Ihre juristische Entscheidungsfindung ist gefangen – um nicht zu sagen: befangen – in ihren eigenen Vorverständnissen darüber, wie sich ihnen höchstpersönlich die Welt im Allgemeinen darbietet. Folglich befanden sich auch die bundesrepublikanischen Verfassungsrichter, die am 12. September 2012 über den Vertrag zu einem Europäischen Stabilisierungsmechanismus ESM zu befinden hatten, in jener Gemengelage zwischen eigenen Motiven und Umwelterwartungen, aus der heraus sie eine – anschließend mündlich und schriftlich zu begründende – Entscheidung zu treffen hatten. Um diese Lage waren die Richter nicht zu beneiden.

Der ehemalige Verfassungsrichter Udo di Fabio beschrieb die Befindlichkeit der Richter nach einer vorangegangenen Entscheidung des Gerichts zur sogenannten Euro-Rettung im September 2011 bei einem Vortrag an der Universität Duisburg-Essen. Alle Blicke der Richter seien demnach im Anschluss an die Urteilsverkündung gebannt auf die Börsen der Welt gerichtet gewesen, wie diese ihre Entscheidung wohl einordneten. Entspannung unter den Beteiligten sei erst eingekehrt, als sich abgezeichnet habe, dass das Bundesverfassungsgericht die Weltfinanzarchitektur für dieses Mal noch nicht zum Einsturz gebracht hatte.

Kaum anders wird sich der Entscheidungsdruck auf die nun agierenden Richter vor und an dem 12. September 2012 dargestellt haben. Völlig losgelöst von allen verfassungsrechtlichen Fragen, um die es doch eigentlich ging, mussten sich die Richter – ein jeder für sich selbst und alle miteinander in der Gruppe – Klarheit darüber verschaffen, welche Handlungsoptionen ihnen überhaupt ergebnishaft zukamen.

Niemand dürfte wohl bis heute Verfassungsrichter geworden sein, der nicht in der Tiefe seines Herzens fest davon überzeugt wäre, dass das gegebene System der gewachsenen bundesrepublikanischen und europäischen Strukturen geeignet und willens, fähig und in der Lage wäre, alle wirtschafts- und finanzpolitischen Probleme unserer Welt sachangemessen zu lösen. Aus diesem Vorverständnis resultiert ganz zwanglos die Überzeugung der Richter, der Staat werde es im Ergebnis schon richten, wenn man ihn nur lasse. Eng verbunden mit dieser Voreinstellung sind naturgemäß menschliche Loyalitäten. Wer Bundesverfassungsrichter geworden ist, kennt die politisch maßgeblich handelnden Akteure auch persönlich. Ihnen durch Verfassungsurteil Misstrauen entgegenzubringen oder Inkompetenz zu unterstellen wäre ein zwischenmenschlich kaum naheliegender Akt der Ungezogenheit. Folglich neigt der etablierte Verfassungsrichter geradezu naturgegeben zu einer gewissen Systemgläubigkeit.

Gegenläufig stehen Verfassungsrichter allerdings auch unter einem nicht unmaßgeblichen Erwartungsdruck der Öffentlichkeit. Wenn inzwischen ganze Zehntausendschaften von Bürgern gleichzeitig Verfassungsbeschwerde erheben, bringen sie dem Gericht nicht nur Hoffnung und Vertrauen entgegen. Es sind dies mit aller Wahrscheinlichkeit auch just solche Bürger, die politisch besonders wach und interessiert sind. Deren prinzipielle Zuneigung und Gewogenheit sollten Verfassungsrichter tunlichst nicht verspielen. Denn in den Reihen gerade dieser Bürger wohnt der Glaube an Staatsorganisationen und formalisierte Problembewältigung durch etablierte Institutionen ganz besonders.

Wem also soll sich das verfassungsrichterliche Herz vor aller verfassungsrechtlichen Rechtsprüfung zuwenden? Dem Herrschaftssystem, aus dem es kommt und in dem es lebt? Den sorgenvollen Bürgern, die es hoffnungsvoll anrufen? Den internationalen Märkten, die alles tosend umspülen?

Angst und Furchtsamkeit sind nicht zum Mindesten Treiber auch richterlicher Entscheidungen. Während der Amts- und Landrichter nachts schlaflos sich wälzen mag, dass eine höhere Instanz ihre Urteile ändern und der Karriere damit Schaden zufügen könnte, stellt sich die Sorge des Verfassungsrichters anders dar: Er kann nicht von einer höheren Instanz eines Besseren, Richtigeren belehrt werden. Aber er kann die faktische Wirkungslosigkeit seiner hohen Rechtserkenntnis erleben müssen. Wie schmachvoll schließlich wäre es, betrachten zu müssen, dass eine verfassungsrechtlich exzellent begründete Beendigung des Euro-Rettungszirkus mit den Mitteln des Rechts durch eine hohnlachende Leitlinienänderung der Europäischen Zentralbank sogleich wieder Makulatur würde. In diesem Falle wäre nicht nur das richterliche Ansehen bei den politisch-administrativen Institutionen ruiniert, sondern gleich auch der ganze Geltungsanspruch der deutschen Verfassungsgerichtsbarkeit. Im Kontext dieses Sinngefüges konnte nicht überraschen, dass das Gericht dem administrativen Monster namens ESM seinen Segen gab, wenn auch – zur Gesichtswahrung – unter gewissen Auflagen. Das *»Ja, aber«* wahrt das Richtergesicht und macht es allen irgendwie recht, es schafft aber eben kein Recht.

Nach wie vor ungeklärt ist nämlich das Verhältnis zwischen Recht und Politik in unserem Kulturkreis. Während wir uns einerseits stets sagen (und sagen lassen), in einem Rechtsstaat zu leben, hören wir gleichzeitig die Rede vom Primat der Politik. Das eine geht aber mit dem anderen nicht zusammen. Und eine Verfassungsrechtsprechung kann nicht glänzen, wenn sie sich im Konfliktfall gerne in die Argumentationsfigur flüchtet, nichts Genaues wisse man nicht, deswegen komme das nichtjustiziable Einschätzungsvorrecht nun einmal der Politik zu. Nur aus dem genauen Gegenteil dieses Verhältnisses kann ein tragfähiges Modell erwachsen: eine Rechtsordnung, die in einer zentralen Frage wie der unserer Geldordnung seit Jahren wieder und wieder vorexerziert bekommt, dass sich Politik um Recht und Verträge nicht schert. Eine solche Rechtsordnung braucht Richter, die der Politik definitive Grenzen setzen. Richter hingegen, die den notorischen politischen Rechtsbruch hinnehmen, töten das Recht. Eine Gesellschaft kann ohne Politik überleben. Ohne Recht aber nicht.

Der Sargnagel der Europäischen Union
Protokoll einer völkerrechtlichen Selbsttötung

(Erschienen in *eigentümlich frei*)

Die europäische Integration, heißt es, sei das Friedensprojekt schlechthin, das Ende jahrhundertelanger Kriege und Streitigkeiten um Land und Macht rund um das Mittelmeer. Tatsächlich ist die Bilanz des Schweigens der Waffen seit 1945 auf diesem alten Kontinent beeindruckend. Das faktisch schon wenigstens zwei Jahrtausende dokumentierte Hin- und Herschieben der Grenzen und Einflusssphären mittels roher Gewalt hat mit dem Ende des Zweiten Weltkriegs ein zweifelsfrei rühmliches Ende gefunden, sieht man einmal ab von bombenden Sezessionisten da und dort und von dem Aufflammen der Waffen am Ende des anderen Vielvölker-Friedensprojekts namens Jugoslawien. Die Unkenrufe der Militärs an die Adresse der friedensbewegten 1980er-Jahre, man lebe nicht in einer Nachkriegs-, sondern in einer Zwischenkriegszeit, sind lange verstummt. Wer nicht einer weiteren europäischen Integration das Wort redet, der sieht sich schnell als reaktionär-nationalistischer Kriegstreiber verunglimpft. Auf dem Boden dieses Weltbildes gedeihen alle Reden über die Alternativlosigkeit von *»Mehr Europa«* nur allzu gut.

Auf diesem Weg in die *»Vereinigten Staaten von Europa«* mit einer dann einheitlichen Währung, einer einheitlichen Finanzverfassung, einer einheitlichen Wirtschaftsordnung und einer möglichst einheitlichen Gesamtregierung wird jedoch interessanterweise niemals auf einen gewichtigen Gesichtspunkt hingewiesen: Jener langen Friedensperiode seit 1945 lagen als Basis unbestreitbar eine Vielzahl von Staaten mit einer Vielzahl von Regierungen, mit einer Vielzahl von Finanz- und

Wirtschaftsordnungen sowie mit einer Vielzahl von Währungen zugrunde. Woher also nur rührt die Überzeugung, dieser Friede in Europa könne ausgerechnet dadurch verlängert und intensiviert werden, dass man ihm jene sicher nicht ganz unwesentlichen Grundlagen entziehe?

Nach der heutigen Quellenlage ist kaum mehr ernstlich zu bestreiten, dass das anschließende Ende der Deutschen Mark der politische Preis war, den Deutschland 1990 für seine Wiedervereinigung zu zahlen hatte. Ebenfalls nicht zu bestreiten ist, dass kluge Mahner diesen Schritt zum *»Euro«* schon seinerzeit für mindestens verfrüht, jedenfalls aber für äußerst riskant hielten. Unterstellt man den maßgeblich entscheidenden Akteuren in der damaligen internationalen Gemengelage einmal freundlich jene häufige Mischung aus wildentschlossenem guten Willen und fröhlich-fachlicher Unkenntnis, die oftmals Geschichte schreibt, so wird man allerdings eines feststellen müssen: Ausgerechnet jener Treibstoff namens Einheitswährung, der die friedliche europäische Integration nun machtvoll voranbringen sollte, war von Beginn an gänzlich ungeeignet, genau das zu erreichen.

Als Papiergeldwährung im Zentralbanksystem war der Euro von Anfang an zu dem verurteilt, wozu jede Währung dieser Art in der bekannten Geschichte stets verurteilt ist: zum Scheitern. Alles europäische Integrieren, alles Völkerverständigen, alles gemeinschaftliche Handeln über sich öffnende Grenzen, alle internationale Friedlichkeit wurde nun zentral und einheitlich gebaut auf ein ungedecktes Geldsystem, auf Scheingeld also und damit – im Kern – auf eine Illusion.

Man wird endlos darüber sinnieren können, ob die Konstrukteure des Euro ihn 1992 eher aus Verblendung oder aus Unwissen gebaren. Sicher jedoch ist, dass seine selbsternannten Retter heute es bei gehöriger Sorgfalt mindestens besser wissen könnten. Ihre Rettungsschirmpakete und Brandmauerwerke, allem voran der unsäglich demokratiefremde

ESM, werden den Frieden in Europa nicht bewahren, sondern ihn ganz im Gegenteil massiv gefährden. Mit fachlichem Unwissen werden sich willfährige Parlamentarier im Nachhinein nicht entschuldigen können. Denn selbst ein Währungslaie auf dem Dorfe würde nicht fünf brennende Häuser dadurch zu löschen versuchen, dass er die übrigen zwölf Häuser der Gemeinde auch noch anzündet. Zwischen den glücklichen Häusern friedlicher Nachbarn klafft bekanntlich traditionell stets ein Mindestabstand, der sogenannte Bauwich.

Welche weitere Entwicklung ist im Getriebe der europäischen Superintegration mit ihren internationalen Transferumverteilungen zu erwarten? Auf dieser Ebene wohl kaum eine gute. Jedenfalls sah man in der guten Friedenszeit vor dem Euro keine Bildmontagen von deutschen Bundeskanzlern mit Hakenkreuzgehänge in griechischen Zeitungen. Das ist nun anders. Der zwischenstaatliche Sozialneid ist auf den Weg gebracht und gewaltsame Umverteilungsgelüste keimen auf. Schon Claude Frédéric Bastiat schrieb über staatliche Umverteilungsgesetze: *»Das Gesetz ist keine Brust, die sich von selbst füllt. Es fließt nichts in den Staatshaushalt, als was andere Bürger gezwungen waren, dort hineinzugeben.«* Und der – tatsächlich oder vermeintlich – reichere Nachbar ist im Namen der europäischen Solidarität naturgemäß aufgerufen, in die gemeinsame Kasse einzuzahlen, notfalls angehalten durch Gewalt.

Wer aber ist der reichere Nachbar? In erster Linie der, von dem es das all gemein geglaubte Klischee besagt! Kurz: Die Ära der Klischees lebt wieder auf, das Übereinanderwissen, was den anderen in Wahrheit ausmache, in der Qualität etwa von *»reicher Deutscher, fauler Grieche«* – mit allen Konsequenzen des anschließenden Beleidigtseins beiderseits. Wie bemerkenswert langlebig derlei Vorurteile sind, berichtet der Historiker Frank Rexroth. Schon im europäischen Hochmittelalter lasse sich nachweisen: *»Ungarn seien unterwürfig und treulos, Bulgaren diebisch. Franzosen gelten als arrogant, Engländer als perfid, Römer treibt ein unstillbarer Hunger nach Geld. Die Deutschen kommen nicht un-*

geschoren davon: ›Unsere Leute konnten die Deutschen nicht ertragen‹, schreibt ein Franzose.«

Es sieht also keinesfalls danach aus, als könnten händchenhaltende Staatsmänner derlei jahrhundertealte Klischees binnen Kurzem überwinden. Durch den Fall der währungspolitischen Bauwiche bilden sie vielmehr einen Sprengsatz im Zentrum des europäischen Hauses. Statt den Völkern Bewegungsspielräume zurückzugewähren, auf dass sie sich wirtschaftlich erholen, erhöht die EU aber den währungspolitischen Zwangsdruck auf das kollabierende Scheingeldsystem. Auch insoweit handeln die Akteure erwartungsgemäß wie jeder Betreiber einer Ideologie, die an der Realität zerschellt. Im Zusammenbrechen des Vielvölker-Friedensprojekts namens UdSSR verlief es ähnlich.

Welche Konsequenzen sind für uns Bürger zu erwarten? Es lohnt ein Blick auf Beobachtungen des Psychiaters und Therapeuten Fritz B. Simon: *»Als Psychiater verfügte ich über eine beträchtliche Menge an Machtmitteln. Ich konnte meine Patienten mit Lederriemen am Bett fixieren und ihnen Spritzen verabreichen. Mir waren, staatlich legitimiert, Gewaltmaßnahmen erlaubt. Allerdings konnte ich all die Macht nur dort einigermaßen zuverlässig nutzen, wo es darum ging, Patienten vorübergehend an unerwünschten Verhaltensweisen zu hindern. Kurz gesagt: Ich konnte sie daran hindern, zu tun, was sie wollten. Ich konnte aber trotz aller Macht nicht sicherstellen, dass sie taten, was ich wollte. Ganz im Gegenteil, sehr häufig hatte die Nutzung meiner institutionellen Macht paradoxe Effekte. Die Patienten behielten nicht nur ihre Verhaltensweisen bei, sondern nicht selten entwickelten sie eine erstaunliche Kreativität bei der Entwicklung neuer, von mir befürchteter Verhaltensweisen.«*

Was folgt aus alledem? Die EU wird mit ihrem Scheingeldsystem scheitern. Alle noch so rigiden Maßnahmen zu dessen *»Rettung«* werden dieses Scheitern nur beschleunigen. Am Horizont erscheinen kreative, flexible neue Währungen anstelle des *»Euro«*, solche, welche die

Bürger akzeptieren. Die Geschichte des liberalen Europa wird also weitergeschrieben werden. Wenn es nach mir geht, gerne gewaltlos und friedlich.

Postnukleares Befriedungsprojekt namens Euro
Zwischen den Kriegen?

(Erschienen in *eigentümlich frei*)

Die aktuelle Lage unserer Währung könnte eine Frage provozieren: Entwickelte der Euro seine ersten Wurzeln vielleicht schon am 8. Mai 1945, dem Tag, an dem der Zweite Weltkrieg in Deutschland beendet wurde?

Wiederholt ist an unverdächtigen Stellen berichtet worden, britische Truppen hätten die deutsche Wehrmacht nach deren Kapitulation nicht sofort entwaffnet. Grund seien Überlegungen insbesondere Churchills gewesen, gleich im Anschluss an diesen Waffengang gemeinsam mit den verbliebenen deutschen Streitkräften gegen die Sowjetunion zu kämpfen. Auch Wladimir G. Truchanowski formulierte 1968 in seiner Biografie über Winston Churchill aus sowjetischer Sicht, zum Kriegsende habe sich hinsichtlich der Zukunft Deutschlands »eine ernsthafte Metamorphose« vollzogen. Die britische Regierung habe Überlegungen angestellt, *»ob es nicht besser sei, nach dem Kriege ein ziemlich starkes Deutschland zu haben, um es gegen die Sowjetunion benützen zu können.«*

Churchill selbst hatte – infolge seiner Abwahl – keine eigene Gelegenheit mehr, die erste Nachkriegsphase im Amt mitzugestalten. An die Stelle eines unmittelbaren militärischen Vorgehens gegen die UdSSR setzte er daher seine Idee von einem vereinigten Europa, die er am 19. September 1946 in Zürich präsentierte: *»Es kann keine Erneuerung Europas ohne Deutschland geben.«*

Damals musste allen Siegermächten des Westens bewusst werden: Ein auf Trizonesien verschlanktes Deutschland bildete geostrategisch zwischen Nordsee und Alpen einen perfekten Pfropfen gegen militärische Gefahren von östlich des Eisernen Vorhangs. Wer könnte es auch irgendeiner Siegermacht nur im Ansatz verdenken: Das Risiko einer weiteren kriegerischen Auseinandersetzung mitten in Europa sollte möglichst auf deutsches Gebiet verlagert werden. Hiroshima und Nagasaki gemahnten eindringlich, künftigen sowjetischen Atombomben lieber München, Köln und Hamburg zu opfern als Nancy, Den Haag oder Birmingham.

So war es nur rational, gemeinsam mit den USA (anstelle des Morgenthau-Plans mit dem Ziel der strafweisen Umwandlung Deutschlands in eine bloße Agrarfläche) den Marshall-Plan umzusetzen und die infrastrukturelle Erholung Westeuropas zu betreiben. Autobahnen beispielsweise würden die zügige Verlegung von Truppen ebenso ermöglichen wie das Landen von Fluggerät beinahe überall. Rings um das »Fulda-Gap« konnte eine perfekte militärische Verteidigungszone gestaltet werden. Dabei wurden selbst Kanaldeckel so dimensioniert, dass unter jedem – *»Duck and cover!«* – ein Soldat Schutz finde.

Da die Deutschen zu jener Zeit immerhin vorübergehend einmal von staatlichen Beglückungsversprechungen geheilt waren, gestalteten sie ihren Wiederaufbau in marktwirtschaftlicher Demut. Die Siegermächte ließen sie gewähren. Der militärische Pfropfen diesseits des antifaschistischen Schutzwalls lieferte zudem empirisch-ökonomisches Anschauungsmaterial im Systemstreit mit den östlichen Planwirtschaften. Durch die gleichzeitige Westanbindung Deutschlands schien ein Modus Vivendi gefunden, um den Gefahren des nun weiter reduzierten Germaniens zu begegnen und zugleich gemeinsam den Kalten Krieg unbeschadet zu überstehen.

Mit dem Zusammenbruch des Ostblocks stellte sich jedoch nicht nur für die seinerzeitigen Siegermächte, sondern für alle unmittelbaren deutschen Anrainerstaaten die bange Frage nach einer Bändigung

Deutschlands praktisch wieder neu. Die wirtschaftlichen Stärken der Bonner Republik waren unübersehbar und die in Gang gesetzte Vereinigung mit der kollabierten DDR weckte ängstliche Erinnerungen bei all jenen, die noch selbst deutsche Panzer durch ihre Heimat hatten rollen sehen. Mit derselben Furcht als Triebfeder, die unmittelbar nach 1945 Westdeutschland zu jenem starken Pfropfen vor dem Kommunismus sich hatte entwickeln lassen, forderte nun insbesondere Francois Mitterand ein Schwächungselement gegen die Potenziale eines neuen Furor Teutonicus. Da er die relativ starke Deutsche Mark als eine »Atombombe« eigener Art empfand, wünschte er deren Tod als Preis für eine Wiedervereinigung. Helmut Kohl hat dieses Junktim zwar oft bestritten. Man wird es gleichwohl als wahr unterstellen müssen.

»Plündert« nun aber – wie Dieter Spethmann sagt – der Euro Deutschland, weil er nur ein hektischer und untauglicher Versuch war, wirtschaftliche Konvergenzen inmitten Europas zu erzwingen? Oder stimmt umgekehrt die wiederholte Behauptung insbesondere der Bundeskanzlerin, dass niemand so sehr vom Euro profitiert habe wie Deutschland?

Wäre Deutschland Profiteur, dann hätte sich die Währungsunion als genau das entwickelt, was sie nie hatte sein sollen. Nicht wenige Mitglieder der Währungsunion hätten folgerichtig im historischen Kontext den besten Grund, das Projekt sofort zu beenden. Richtig ist aber vielmehr: Die Euro-Transferunion zehrt Deutschland aus und dient vorläufig nur (fast) allen anderen.

Dass der gesamteuropäische Wirtschaftsraum auf längere Sicht nicht zusammenwächst, sondern – im Gegenteil – von ökonomischen Fliehkräften sagenhaftesten Ausmaßes erfasst werden wird, ist immer unübersehbarer. In den USA weiß man längst, welche Folgewirkungen der anstehende Euro-Kollaps auf die dortigen Kennzahlen haben wird.

Robert Zoellick wird schon mit dem Satz zitiert, bei der Schaffung des Euro habe man augenscheinlich gar nicht gewusst, was man da in Wirklichkeit treibe.

So richten die Staaten der EU heute nicht ihre Waffen gegeneinander, finden aber den währungstechnisch verunglückten Euro als eine Art postnukleares Befriedungsprojekt in ihren Taschen. Und dennoch: Griechenland brennt, Portugal glimmt, Spanien qualmt, die USA straucheln. Und ausgerechnet China bietet Hilfe an. Wen wundert es, wenn die Verwirrung maximal ist, wie mit dieser Situation nun umzugehen sei?

Von dem verkorksten Euro-Projekt Abstand zu nehmen fällt gleich aus mehreren Gründen schwer: Alternativen sind niemals breit diskutiert, sondern verteufelt und verschwiegen worden. Neuartigen Konsens unter unabsehbar vielen Playern im höchst komplexen Geschehen herzustellen scheint aussichtslos. Zu süß schmeckte das leichte Geld allen politischen Akteuren und ihren Verbandelten. Und propagandistisch war der Weg zu lang, auf dem alle für die Einheitswährung eingeschworen wurden, um nun ohne Gesichtsverlust umzukehren. Was bleibt, scheint: Kurs halten, *»koste es, was es wolle«*.

Wohin aber führt dieser Weg? Das Horrorszenario eines diktatorisch ermächtigten Gouverneursrates kann – gerade wegen unserer gemeinsamen europäischen Geschichte – keine Option zur Problemlösung sein. Gleichschaltung hat sich noch immer gerächt. Symptomatisch ist der krampfhafte Rückgriff just auf jenen winzigen Zirkel von makroökonomischen Superhirnen, die in jüngster Vergangenheit ihre Qualitäten als Milliardenversenker schon eindrucksvoll bewiesen haben. Kurz: Im Auge des Sturms herrschen Personalmangel und Ratlosigkeit.

Soll Währung nach allem ein Instrument des Friedens bleiben, gibt es nur einen Weg aus dem angerichteten Chaos: Das bedingungslose

Geständnis aller maßgeblichen Akteure, auf einen entsetzlichen Abweg geraten zu sein, und ihre glaubwürdige Zusage, zu seriösen Währungen zurückzufinden. Anders ist die allgemeine Opferbereitschaft nicht herzustellen, die für eine kooperative Restrukturierung unabdingbar ist – mag sie auch mit einzelnen politischen Karriereenden verbunden sein. Es geht um viel. Denn niemand will in die Zeit vor dem 8. Mai 1945 zurück.

Über den Autor

Carlos A. Gebauer studierte Philosophie, Neuere Geschichte, Sprach-, Rechts- und Musikwissenschaften. Neben seiner Tätigkeit als Rechtsanwalt in Düsseldorf ist er ebendort auch Anwaltsrichter. Als Autor schrieb er u.a. für die *Frankfurter Allgemeine Zeitung*, die *Neue Juristische Wochenschrift*, die *Zeitschrift für Rechtspolitik*, die *Freie Presse Chemnitz*, den *Schweizer Monat*, die *Schweizerzeit*, die Magazine *Cicero* und *Pardon*, *Novo Argumente*, *The European* sowie als regelmäßiger Kolumnist für die *Wirtschaftswoche* und für *eigentümlich frei*. Im Lichtschlag-Verlag erschienen seine Bücher »*Warum, wir alle reich sein könnten und wie unsere Politik das verhindert*« und »*Der Gesundheitsaffront*«. Er veröffentlicht zudem Texte und Videos über seine Deregulierungshomepage »make-love-not-law.com« und er ist Mitglied der Friedrich-August-von-Hayek-Gesellschaft.

Anmerkungen

1 Matthias Mahlmann: *Rechtsphilosophie und Rechtstheorie*, 2. Auflage, Baden-Baden, 2012, Seite 43.

2 Wolfgang Reinhard: *Geschichte der Staatsgewalt*, 3. Auflage, 2002, Seite 277 f.

3 Murray N. Rothbard: *Eine neue Freiheit*, übersetzt von Sascha Tamm, Berlin, 1. Auflage 1999, Seite 24 ff.

4 Wolfgang Waldstein und Michael Rainer: *Römische Rechtsgeschichte*, 10. Auflage, München 2006, Seite 38 f.

5 Hans-Herrmann Hoppe: *Sozialismus oder Kapitalismus – Gestaltung und Entwicklung der menschlichen Gesellschaft*, Wien 2005, Seite 173.

6 Bernd Rüthers: *Die unbegrenzte Auslegung*, 6. Auflage, 2005, Tübingen, Seite 360 bis 365.

7 Bernd Rüthers: *Rechtstheorie*, 2. Auflage, 2005, Rn 542 f.

8 Hans-Hermann Hoppe: *Demokratie*, 2003, Waltrop und Leipzig, Seite 137 f.

9 Friedrich August von Hayek: *Geldtheorie und Konjunkturtheorie*, Nachdruck 1976, Salzburg, Seite 90.

10 Roland Baader: *Geld, Gold und Gottspieler – Am Vorabend der nächsten Weltwirtschaftskrise*, 1. Auflage, Gräfelfing, 2004, Seite 186 f.

11 Roland Baader: *Geldsozialismus – Die wirklichen Ursachen der neuen globalen Depression*, 1. Auflage, Gräfelfing, 2010, Seite 29.

12 Jörg Guido Hülsmann: *Die Ethik der Geldproduktion*, 1. Auflage, Waltrop und Leipzig, 2007, Seite 119.

13 Jörg Guido Hülsmann: a.a.O.

14 Palandt-Grüneberg: BGB Rn 1, 73. Auflage, 2014, § 245.

15 Palandt-Bassenge: § 309 BGB Rn 1.

16 Palandt-Gründeberg: § 245 BGB Rn 15.

17 Thomas Fischer, StGB-Kommentar, 56. Auflage, 2009, § 242 StGB Rn 5.

18 Thomas Fischer, a.a.O., Kommentierung vor § 146 StGB.

19 Hans-Hermann Hoppe: *Eigentum, Anarchie und Staat – Studien zur Theorie des Kapitalismus*, Waltrop und Leipzig, 2005, S. 55.

20 Raimund Brichta und Anton Voglmaier: *Die Wahrheit über Geld*, Kulmbach, 2013, Seite 14 f.

21 Jesús Huerta de Soto hat die Abgrenzung zwischen Leihverträgen und Depositenverträgen dieser Art in seinem von Philipp Bagus 2011 ins Deutsche übertragene Werk »Geld, Bankkredit und Konjunkturzyklen« (Stuttgart, 2011) im Einzelnen analysiert und dargestellt. Zutreffend bemerkt er: *»An dieser Stelle ist wichtig, die fundamentalen Unterschiede zwischen dem monetären Depositum irregulare und dem Darlehensvertrag zu bewerten und zu betonen. Wie wir später in verschiedenen Kontexten sehen werden, stammen ein Großteil der Verwirrung und viele rechtliche und ökonomische Irrtümer hinsichtlich unseres Themas vom fehlenden Verständnis der Unterschiede der beiden Verträge.«* (A.a.O. Seite 9)

22 Bundesverfassungsgerichtsentscheidung, amtliche Sammlung, Band 50, Entscheidung Seite 290 ff., insbesondere Seite 339.

23 Carsten Peter Claussen: *Bank- und Börsenrecht für Studium und Praxis*, 4. Auflage, 2008, Seite 7.

24 Carsten Peter Claussen: a.a.O., Seite 8.

25 Murray N. Rothbard: *Das Schein-Geld-System*, Gräfelfing 2000, 1. Auflage, Seite 89.

26 Bundesbank.de/Redaktion/DE/Downloads/Bundesbank/Aufgaben_und_Organisation/10_Jahre_Euro/fuer_eine_stabile_Gemeinschaftswaehrung.pdf?_blob=publicationFile

27 Ludwig von Mises, *Theorie des Geldes und der Umlaufmittel*, unveränderter Nachdruck der zweiten, neu bearbeiteten Auflage von 1924, Berlin, 2005, Seite 11 f.

28 Helmut Coing: *Grundzüge der Rechtsphilosophie*, 4. Auflage, 1985.

29 Helmut Coing: a.a.O., Berlin, Seite 188 f.

30 Reinhard K. Sprenger: *Der dressierte Bürger – Warum wir weniger Staat und mehr Selbstvertrauen brauchen*, Frankfurt/Main, 2005, Seite 113.

31 Hans-Hermann Hoppe: *Sozialismus oder Kapitalismus – Gestaltung und Entwicklung der menschlichen Gesellschaft*, Wien, 2005, Seite 85 f.

32 Wolfgang Herles: *Neurose D – Eine andere Geschichte Deutschlands*, München, 2008, Seite 105 f.

33 Franz Kromka: *Markt und Moral – Neuentdeckung der Gründerväter*, Grevenbroich, 2008, Seite 72 ff.

34 Gerd Habermann, *Der Wohlfahrtsstaat*, München 2013, Seite 25.

35 Gerd Habermann, a.a.O., Seite 135.

36 Gerd Habermann, a.a.O., Seite 36 m. w. N.

37 Hans Magnus Enzensberger: *Sanftes Monster Brüssel oder Die Entmündigung Europas*, Berlin 2011, Seite 39 bis 42.

38 Hans-Olaf Henkel: *Rettet unser Geld!*, München 2010, Seite 75 f.

39 Hans-Olaf Henkel, a.a.O., Seite 85.

40 Hans-Olaf Henkel, a.a.O., Seite 111.

41 Meyers Enzyklopädisches Lexikon, Mannheim 1978, Teilband 18.

42 Joachim Starbatty: *Der Riss durch die Eurozone*, in: Hankel et al. *Das Euro-Abenteuer geht zu Ende*, Rottenburg 2011, Seite 215 ff. (228)

43 Joachim Starbatty, ebenda, Seite 227.

44 Henry Hazlitt: *Economics in One Lesson* (Dt. *Die 24 wichtigsten Regeln der Wirtschaft*) – sehr lesenwert!

45 Ursula Muscheler: *Die Nutzlosigkeit des Eiffelturms*, 3. Auflage, 2008, Nördlingen, Seite 122 ff.

46 Arthur Schopenhauer: *Kopfverderber*, 1. Auflage, 1982, Frankfurt am Main, Seite 42.

47 Thilo Sarrazin: *Europa braucht den Euro nicht*, 1. Auflage Mai 2012, Seite 399.

48 Martin Schulz: *Der gefesselte Riese – Europas letzte Chance*, 2. Auflage 2013, Berlin, Seite 255 ff.

49 Daniel Cohn-Bendit und Guy Verhofstadt: *Für Europa!* München 2012, Seite 18 f.

50 Daniel Cohn-Bendit und Guy Verhofstadt, a.a.O., Seite 29 f.

51 Elmar Brok und Jo Leinen: *Einführung zum Vertrag von Lissabon*, Bonn 2008, Seite 22.

52 Elmar Brok und Jo Leinen, a.a.O., Seite 23.

53 Elmar Brok und Jo Leinen, a.a.O., Seite 28 f.

54 Uwe Ulfkotte: *Raus dem Euro – Rein in den Knast*, Rottenburg, April 2013, Seite 90.

55 Uwe Ulfkotte: a.a.O., Seite 250.

56 Dieter Spethmann: *Gemeinsames Geld ist gemeinsames Schicksal*, Stuttgart 2003, Seite 67.

57 Hans-Olaf Henkel: *Die Euro-Lügner*, München 2013, Seite 164.

58 Karl Albrecht Schachtschneider: *Sachverhalt zum Ende des Euro-Abenteuers* in: Wilhelm Hankel et al.: *Das Euro-Abenteuer geht zu Ende*, Rottenburg, 2011, Seite 104 ff. [119 f.]

59 Walter Krämer: *Kalte Enteignung – Wie die Euro-Rettung uns um Wohlstand und Renten bringt*, Frankfurt 2013, Seite 48 f.

Stichwortverzeichnis

Ludwig von Mises

Prof. Dr. Thorsten Polleit

Ludwig von Mises (1881–1973) gehört zusammen mit Friedrich August von Hayek zu den wichtigsten Vertretern der Österreichischen Schule der Nationalökonomie. Er gilt als bedeutendster Wirtschafts- und Geldtheoretiker des zwanzigsten Jahrhunderts.

Erstmals geben vier profilierte und ausgewiesene Kenner der Arbeiten von Mises' einen Einstieg in die Lehren und Sichtweisen des großen Ökonomen. Hans-Hermann Hoppe gibt eine Einführung in Ludwig von Mises' Leben, sein Werk sowie den Liberalismus. Jörg Guido Hülsmann beleuchtet Mises' Geldtheorie. Philipp Bagus widmet sich seiner Staats- und Interventionismuskritik und Herausgeber Thorsten Polleit erläutert von Mises' wissenschaftliche Methode.

160 Seiten | Broschur | 14,99 € (D) | ISBN 978-3-89879-824-2

Krise der Inflationskultur

Jörg Guido Hülsmann

Da heute keine einzige Währung mehr eine Anbindung an Gold oder Silber hat, ist die Geldschöpfung durch die Zentralbanken und Geschäftsbanken praktisch unbegrenzt. Viele Ökonomen sehen diese neue Freiheit als einen großen zivilisatorischen Fortschritt, Hülsmann und die Ökonomen der Österreichischen Schule bewerten diese Entwicklung kritisch.

Er charakterisiert die grundlegende Bedeutung des Sparens und erklärt, warum es nicht durch Geldschöpfung ersetzt werden kann. Er zeigt auf, dass die Verstaatlichung der Geldordnung dem Staat zugleich den Zugriff auf das Vermögen seiner Bürger erleichtert und erläutert, welche wirtschaftlichen und kulturellen Folgen sich aus den prinzipiell unbegrenzten Geldschöpfungsmöglichkeiten der Zentralbanken ergeben.

320 Seiten | Hardcover | 17,99 € (D) | ISBN 978-3-89879-797-9
Mehr Informationen zu Finanzthemen finden Sie unter www.tradersjournal.de

Geld war gestern

Christine Koller
Markus Seidel

Sie heißen Chiemgauer, WIR-Franken, Wörgler Wundergeld und Bitcoin. So unterschiedlich die Entstehung dieser Regional- oder Alternativwährungen ist, so gleichen sich doch ihre Ziele: Die Unabhängigkeit von den globale Währungen wie Euro oder Dollar. Denn das Vertrauen der Menschen in diese Währungen bröckelt, spätestens seit die Zentralbanken angefangen haben, im permanenten Krisenmodus fast unbegrenzt Geld zu drucken. Alternative Währungen wie der Bitcoin gewinnen damit immer mehr an Bedeutung.

176 Seiten I 19,99 € (D) I Broschur I ISBN 978-3-89879-858-7
Mehr Informationen zu Investmentthemen finden Sie unter www.portfoliojournal.de